本专著为太原师范学院"百亿工程"
艺术学学科发展经费资助成果

四北朝墓葬画图像叙事研究

常晓君 著

中国文联出版社

图书在版编目（CIP）数据

山西北朝墓葬壁画图像叙事研究 / 常晓君著. --
北京：中国文联出版社，2025.1. -- ISBN 978-7-5190-
5755-8

Ⅰ．K879.414

中国国家版本馆 CIP 数据核字第 20244SZ260 号

著　　者　常晓君
责任编辑　贺　希　张　甜
责任校对　秀点校对
装帧设计　吕金光　贾闪闪

出版发行　中国文联出版社有限公司
社　　址　北京市朝阳区农展馆南里10号　邮编100125
电　　话　010-85923091（总编室）　　010-85923025（发行部）
经　　销　全国新华书店等
印　　刷　廊坊佰利得印刷有限公司

开　　本　710 毫米×1000 毫米　　1/16
印　　张　23.25
字　　数　316 千字
版　　次　2025 年 1 月第 1 版第 1 次印刷
定　　价　98.00 元

版权所有·侵权必究
如有印装质量问题，请与本社发行部联系调换

序

◇ 彭吉象

中国历史上政权更迭最频繁的时期，莫过于魏晋南北朝。北朝结束了中国将近150年的中原混战的局面，公元581年，杨坚在北周基础上建立的隋朝，虽然短暂，但其实现了中国的"大一统"。北朝上承两汉，下启隋唐，隋唐两朝都承继北朝，执政者祖先都是北朝名贵，是中华文明的重大转型期，也是中华民族"多元一体"格局的重要形成期。后世不仅从军事和政治制度等各个层面都沿袭了北朝，并又不断创新，奠定了后期隋唐盛世和民族大融合的基础。

山西地区作为北朝时期的军事重镇之一，也是北朝政权近300年统治的核心地带。目前，山西已发掘的北朝壁画墓共计23座，墓葬年代跨度130余年，历经北魏、东魏、北齐三代。虽然年代不同，但其历史遗存莫不折射出当时丝绸之路上东西方交往交流之繁荣，商贸繁荣更是体现出文化交流的活跃，同时也留下了丰富的不同民族审美的艺术符号。从北魏政权至北齐，是北魏游牧民族融入汉文化形成新的文化特质的时代，无形中造就了北朝独特的文化气息和物质载体。常晓君老师作为山西本土地域成长起来的一位学者，在地性的基因及其美术专业的背景，为其探索北朝时期的文化宝藏奠定了坚实的基础，尤其在图像研究方面投入很大的精力，进而完成了《山西北朝墓葬壁画图像叙事研究》一书的撰写工作。本书共有六章，第一章通过对近几年北朝墓葬壁画研究的综述分析，提出本书研究的切入点。第二章在对山西北朝壁画墓分布的有关"地理脉络"的整理中提出问题，梳理了山西北朝壁画墓的历史背景、壁画墓分布考察及数据统计情况，通过历史轴线上前后图像变异的比较方法，对壁画墓图像分类整理、归纳。第三章从人物、服饰、车马、仪仗、日常用品等不同图像类型数据分析中，试图梳理出山西北朝墓葬壁画——世俗造型图像叙事的特征。第四章从山西北朝墓葬壁画中纹样、畏兽、天国图像、宗教图像的梳理中分析北朝时期图像背后的精神符号和信仰特征。第五章从图像研究中剥离出其附带着历史不同维度所给予的时代信息，无形中体现出当时交织在墓葬空间中的文化印记。第六章总结了山西北朝墓葬壁画中丝绸之路文明交流中独特的时空图像叙事语言的形成与影响。

本书从区域文化遗存墓葬壁画点的研究拓展到古代丝绸之路世界性面的研究，从微观到宏观，以小见大探究壁画图像在时间和空间的演变中所形成的特有的叙事语言和结构。作为叙事的图像和文本一定意义上具有人为设计及虚构偏离事实的原生性，而图像具备文字不可具备的指示性，这也是图像叙事与文本叙事共同承担和还原历史真实的客观依据。这种组合为学术研究提供了一定的实践路径，由此可见图像具有文本不可比拟的叙事功能。这样的图像叙事研究为"一带一路"人文交流提供了历史依据与实践路径，强调了中华民族共同体，并且助力构建人类命运共同体话语体系。同时，打破西方中心主义的丝路叙事，以中国本土壁画实证中华文明的主体性贡献，增强文化自信与国际传播影响力。

本书尝试从山西地区北朝时期墓葬壁画图像叙事研究中探寻一种图像符号背后的历史隐喻。在这个历史时间的空间切片中，作者试图将凝聚在那个时代壁画图像符号中的社会信息通过对其艺术形式特点的分析逐一剥离出来。虽然研究尚显不足，但是通过图像比较的方法对历史图像叙事研究做出了一定的探索，其研究路径清晰，方法有效，期待未来通过艺术比较学的方法在艺术史的研究中获得更多的成果。

前　言

　　山西省考古研究所原所长张庆捷先生提出"山西和丝绸之路的关系由来已久，先秦就有明确的物证。然，山西与丝绸之路保持最密切关系的时期，莫过于北朝。北朝山西与丝绸之路的关系，领先于全国其他地区，对全国乃至隋唐都有极大影响"。从山西出土文物来看，均可证汉代山西与西域的联系。公元398年，鲜卑拓跋氏迁都平城，翻开了平城历史上最为辉煌的一章。太武帝攻灭北凉，再次开通东西方交往之路，平城派出使节远赴西域，西域人也成批东赴平城。平城成为该时期唯一的丝绸之路东端。翻阅《汉书·西域传》《后汉书·西域传》和《晋书·西域传》可知，三书分别记载了西域诸国到达中原目的地（东端）的距离：《汉书》记载诸国距中原的距离，是以长安为目的地。《后汉书》和《晋书》记载西域诸国距中原的距离，均以洛阳为目的地。到了北魏，《魏书·西域传》和《北史·西域传》记述西域诸国，多是记载距离代（平城）多少里，如破洛那国（今中亚费尔干纳盆地，位于今乌兹别克斯坦、塔吉克斯坦和吉尔吉斯斯坦三国交界处）"去代一万四千四百五十里"，粟特国（今乌兹别克斯坦共和国）"去代一万六千里"，波斯国（今伊朗）"去代二万四千二百二十八里"，大秦国（古代罗马帝国）"去代三万九千四百里"，都是以平城为目的地的，所以说，北魏王朝所在的平城才是北魏早期丝绸之路的东端。丝绸之路的繁荣必然带来商品贸易的繁荣以及商品背后的文化信息交流和艺术图形符号的审美认可。延续了北魏政权的北齐上承中原汉文化以及北魏游牧民族融入汉代时形成的新的文化特质，进而无形中形成北朝时期独特的文化气息。

　　绘画作为历史见证的图像佐证材料之一，无时无刻不存在于宗教、世俗生活中，图像因此也成了当时社会影像的即时反映。虽然图像不能完全客观地反映事实本质，但是某种程度上，它又以近似实物的还原性，叙述了那时那刻的历史。针对绘画图像，笔者认为绘画形式因其服务性质和对象大体可以分为三种：佛教绘画；世俗绘画；墓室绘画。三者中佛教绘画是以佛教教义、义理为主的绘画，是佛法讲求因果、未来世界的图像信息；世俗绘画可以泛指一切有行为活动能力的人在其生活的世间面对宇宙一切事物及自身精神所指而创作的绘画；墓室绘画就是为墓主人营造另一个世界所做的图像符号指引。作为墓葬壁画却是唯一一种把墓主人生前死后及信仰完全统联起来的艺术表现形式，其图像叙事有其独特的时间性和空间性，同时也具有自己独有的图像叙事语言和结构。作为叙事的图像和文本，文本一定意义上有人为设计及虚构偏离事实的原生性，而图像具备文字不可具备的事物明确的指示性，这也是图像叙事与文本叙事共同承担和还原历史真实的客观依据。这种组合提供了一定的可参考的实际意义，由此可看到图像存在着文本不可比拟的叙事功能。

　　本书希望能从山西地区北朝时期墓葬壁画图像叙事研究中探寻一种图像符号背后的历史隐喻。在这个历史时间的空间切片中，本书试图将凝聚在那个时代中的图像信息所转化成的壁画中众多的图像符号逐一地通过图像艺术形式特点的分析来解读，从中可以看到那个历史时期作为丝绸之路文明交流主干道的山西地区，其丝路商业贸易对北朝社会的政治、经济、军事、文化、生活、习俗等方面的影响。山西作为经贸往来走向中原地区的一大驿站，它将中原与西域地区、中原与草原地区连在一起。当时，山西地区随着丝绸之路外商活动十分频繁，大量西域来的外商在这里中转商品或直接交易，甚至长期屯聚，尤其是北魏平城时代，东魏、北齐晋阳时期。目前，考古发掘的金银器物上大都明显带有波斯及地中海地区风格的痕迹。从西域引进的葡萄种植技术率先在山西地区栽培成功并普遍种植。西方先进的玻璃铸造技术，也最先被山西地区掌握，进而传播到中原地区。中西绘画艺术相互借鉴，形成独特的风格，最终对隋唐以后的绘画产生影响。山西也是西域宗教文化进入中原地区的一大驿站。佛教、祆教等宗教文化在当时山西地区十分兴盛，为其他地方所不能及。各种文化在山西逐渐融合、吸收形成的生活艺术，对隋唐以后的大众生活产生了重要影响。总之，山西是魏晋南北朝时期丝绸之路东来中原的陆路枢纽，在当时北方的中东部地区形成了以它为中心辐射四周的丝路文化圈，进而让我们感受到历史上这个区域的文化显像折射出丝绸之路对整个人类文明的贡献。

　　本书力求把不同地域、不同时间、不同民族的北朝墓葬壁画信息通过图像艺术特点的归纳、整理，并将这些碎片式的历史痕迹通过串联的方式进行比较，尝试在时间、空间交织起来的宏观视野下还原北朝墓葬壁画后北朝社会生活及精神信仰的叙事特点。

目　录

第一章　　绪论　　1

第二章　　山西北朝壁画墓分布的有关"地理脉络"问题及其艺术特点　　11

第一节　山西北朝壁画墓的历史背景　　12

第二节　山西北朝壁画墓分布考察及数据统计　　13

第三节　山西区域北朝壁画墓图像分类整理、归纳　　67

第四节　与山西北朝壁画墓相关比较研究的壁画墓分布及数据整理　　192

第三章　　山西北朝墓葬壁画
——世俗造型图像叙事特征　　241

第一节　山西北朝墓葬壁画中人物图像叙事特点　　243

第二节　山西北朝墓葬壁画中服饰图像叙事特点　　249

第三节　山西北朝墓葬壁画中车马、仪仗图像叙事特点　　254

第四节　山西北朝墓葬壁画中日常生活用具图像叙事特点　　258

小　结　　266

第四章 **山西北朝墓葬壁画**
　　　　——精神符号图像叙事特征　　　　269
　　第一节　山西北朝墓葬壁画中纹样图像叙事特点　　270
　　第二节　山西北朝墓葬壁画中畏兽图像叙事特点　　275
　　第三节　山西北朝墓葬壁画中天国图像叙事特点　　281
　　第四节　山西北朝墓葬壁画中宗教图像叙事特点　　285
　　第五节　北朝墓葬壁画中精神和信仰造型艺术
　　　　　　特点分析　　291
　　小　结　　292

第五章 **山西北朝墓葬壁画中丝绸之路文明交流的
　　　　时空图像叙事**　　293

　　第一节　从历史维度看山西北朝墓葬壁画
　　　　　　与汉墓葬壁画及隋唐墓葬壁画的关系　　294
　　第二节　同一时间维度看山西地区北朝墓葬壁画
　　　　　　与山西域外墓葬壁画之比较　　302
　　第三节　从空间维度及风格上看山西北朝墓葬壁画
　　　　　　与高句丽墓葬壁画的关系　　320
　　小　结　　342

第六章 **结论**　　343
　　参考文献　　351

第一章 绪论

历年来，经过众多学者和专家的考古发掘，大量北朝壁画墓葬重现于世，分布范围广，墓葬规制分明。其中壁画所描绘的内容丰富多彩，在很大程度上体现了北朝时期的社会政治经济文化特征，对我们更加深刻地理解北朝艺术具有极其重要的意义和价值。学界关于北朝墓葬壁画的研究一直未曾断绝，从最初的考古阐述到文化联系分析，使得北朝墓葬壁画的研究成果也越来越丰富。

山西作为北朝时期最重要的区域之一，是北魏王朝从地理及文化由北向南迁移及民族文化融合的重要路线，在时间和空间交替演变的过程中，当时的社会转化为众多的生活艺术形式存在于世，其中在山西出土的大量北朝考古发现及文物就是历史的见证，尤其北朝时期墓葬壁画是美术考古和艺术史研究中重要的一部分内容。每当有考古发现，必然伴随着各种研究及时以各种学术成果公诸于世，本书尝试在前人考古学、历史学、文化学研究的基础上选择山西区域北朝墓葬壁画图像叙事作为一个研究的介入点，希望从众多北朝时期碎片化的研究成果中，通过对山西区域内北朝时期已挖掘的墓葬壁画内容做一个聚合性的图像整理、归纳，通过类型化的分析，通过山西区域内北朝墓葬壁画、山西北朝与汉代及隋唐前后的墓葬壁画、山西北朝时期与高句丽地区墓葬壁画做出一个纵横交错的比较分析，通过对山西北朝墓葬壁画的深度和广度的分析，试图找出北朝时期墓室文化中图像演变而造成的形象异同，进而探究北朝墓葬壁画的图像叙事特点。那么，有没有从宏观角度审视北朝这一朝代更迭、民族融合时期？山西北朝墓葬壁画流变是否具备展现这段时期内山西地域在社会生活、精神文化等方面的历史性内在真实？这种流变是否能通过与其他地区、时代前后之间的比较研究找出答案也是本书所要探究的核心问题之一。而从另一方面讲，图像本身也是历史文献，能否从山西北朝墓葬壁画图像叙事在历史和地理空间纵横相互比较中找到客观还原性作为研究的主线与核心，证明其以图证史的叙事功能是本书研究的另一个核心问题。最后通过图像叙事找到山西北朝墓葬壁画的特点。

学界有关北朝墓葬壁画的研究主要集中在以下四方面：考古发现、北朝墓葬壁画艺术特征、北朝墓葬壁画艺术文化价值以及墓葬壁画保护。

一、考古发现

在有关北朝壁画墓葬的考古发掘中，一些相对重要的墓葬由学者做出了简报。2003 年，太原市文物考古研究所的常一民、裴静蓉、王普军三位专家就在太原发掘的徐显秀墓在《文物》上发表了《太原北齐徐显秀墓发掘简报》。简报中对徐显秀墓中的墓室结构、规格以及墓道和墓室内的壁画做出了详尽的解读和阐述。由于徐显秀墓壁画相对清晰，墓内随葬品保存相对完好，考古工作者很快确定其墓主人为北齐太尉徐显秀。2006 年，常一民教授再一次整理了徐显秀墓壁画发掘简报，在《文物世界》上发表《北齐徐显秀墓发掘记》，进一步阐述墓内留存的壁画的发掘过程，其中提到墓室中所绘的彩绘鸟、夫妇图、驾车之牛图、出行图等，具有极高的历史和艺术研究价值。1980 年，山西太原发现北齐东安王娄叡（睿）的墓葬，该墓葬内壁画多数保存完好，壁画的整片篇幅较大，内容十分丰富。该墓葬未发表简报，其墓葬壁画以壁画集的形式出版，2006 年由山西省考古研究所、太原市文物考古研究所编著的《北齐东安王娄睿墓》出版，书籍中记录了娄叡墓中发现的壁画共 71 幅，主要分为生前纪事和逝后图景两部分。2013 年，在山西忻州九原岗地区再次发现一座北朝墓葬，张庆捷和张喜斌等在 2015 的《考古》上发表文章《山西忻州市九原岗北朝壁画墓》，其中描述该墓葬被盗痕迹严重，但大型壁画留存较好，其位于墓道两侧、墓门墙壁以及墓室四壁，壁画内容丰富且具备一定的形制，包括"仙人乘鱼图""仙人乘鹤图""神兽图""马匹贸易图""狩猎图"等众多题材，只有部分壁画模糊无法解读，墓葬中出土的壁画在一定程度上填补了忻州地区北朝墓葬壁画研究的空白。除了上述墓葬，山西大同还发现了北魏时期的宋绍祖墓，刘俊喜、左雁等学者在 2001 年发表的《大同市北魏宋绍祖墓发掘简报》中说明了宋绍祖墓内的考古发掘情况，该墓葬内壁画数量较少，墓内石棺内东、西、北三侧的壁画保存不甚完好，内容为人物歌舞，大致体现了北朝早期的社会生活方式。而在河北磁县附近发现的北朝墓葬群，由于墓内受到地下水侵蚀严重，考古勘探相对困难。1990 年，徐光冀和顾智界两位考古研究员针对河北磁县发现的大型墓葬群做出了详细研究,在《考古》上发表了《河北磁县湾漳北朝墓》,详细描述了该墓葬中尚存的壁画,其中墓室壁画损毁严重,已无法解读。

二、北朝墓葬壁画艺术特征

(一)本体研究

墓葬壁画经过考古发掘和定义后,众多学者将目光集中在对壁画这一艺术本体的研究上。这类研究通常着眼于北朝墓葬中的壁画的描绘对象、所使用的艺术手法,包括线条造型、笔触手法、画面色彩等方面,除此之外,壁画的作者也是本体研究讨论的问题。自20世纪80年代开始,许多学者针对保存较为完好的墓葬壁画做出了讨论。

2000年,中国社会科学院研究生院考古系杨泓教授出版的《汉唐美术考古和佛教艺术》中《南北朝墓的壁画和拼镶砖画》一文对南北朝时期墓葬壁画进行了分析,详细阐述了具有代表性的娄叡墓、磁县北朝墓葬群、大同宋绍祖墓等墓葬中的壁画内容,包括墓主人画像、宴饮、狩猎、出行以及守门神怪和武士图等。杨泓教授还指出,太原地区的徐显秀墓、娄叡墓还具有明显的地方特色,壁画中出现了分为上、中、下三栏的出行和归来图。

在2006年山西人民出版社出版的《山西省考古学会论文集(四)》中,高峰、赵亚春在《北魏平城绘画简述》一文中对北魏平城墓葬绘画内容进行了较全面的概括和分类,并从壁画制作、绘画技法、绘画风格及艺术价值方面对平城时期墓葬壁画进行研究,将平城时期的墓葬壁画内容分为十类,包括伏羲女娲神话、墓主人夫妇像及家居宴饮、野宴、乐伎百戏、牛车鞍马、出行卤簿、狩猎、天象、门神武士以及各类装饰图案。壁画的制作主要是以白灰涂抹后作画为主,绘画技法多为以墨线勾勒轮廓定型,其间填色渲染,个别图案以单色涂画。笔法简练豪放,线条粗细应用自如、技艺娴熟,画作风格多粗犷雄浑,色彩对比鲜明。

山东大学的唐仲明教授在2000年第1期《山东大学学报(哲学社会科学版)》上发表的文章《试论北朝墓室壁画的内容与布局特征》中首先将出土的16座北朝墓葬中的壁画分为四类,包括墓主人生前起居生活图、表现神仙方术以及迷信思想的图案、天象图和装饰图4大类。墓主人生前起居生活包括仪卫图、车马出行图、家居宴饮图、坐堂断案图、生病探视图等,唐仲明教授亦将竹林七贤图归类为一种特殊的生活图。神仙方术以及迷信思想的图案有四神、十二生肖、各类神话人物等。天象图则为传统内容，主要反映当时的天空星象。装饰图中表现出中原文化与外来文化融合的倾向，包括传统的忍冬纹、云气纹、流云纹等，也包括莲花纹、摩尼宝珠等佛教因素的图案。其次，唐仲明教授认为北朝墓葬壁画受到当时时代风格的影响，例如，娄叡墓的壁画在一定程度上反映了当时著名画家杨子华的风格，其线条苍劲有力，笔法熟练，对画面内容的轮廓勾勒精确清晰，在对象体量的表达上充分考虑了远近景深关系。总而言之，唐仲明教授认为虽然大部分北朝壁画的作者难以考证，但壁画发掘本身对北朝时期的绘画艺术理论研究是一个很好的补充。

除此之外，也有艺术和考古学者针对墓葬壁画的画法进行了专业技巧层面的分析并尝试推测壁画的作者，如北京大学教授宿白先生发表在《文物》1983年第10期上的《太原北齐娄叡墓参观记》一文中，将娄叡墓与韩裔墓、厍狄回洛墓、高润墓的墓葬形制进行对比研究，认为以上四座墓的墓主都有着显赫的身份地位，并将娄叡墓中的壁画内容进行分析后提出该墓壁画有可能为杨子华所作。而2006年太原师范学院教师老戬发表在2006年第7期的《美术观察》上的文章《关于徐显秀墓和娄叡墓壁画画法、作者的商榷》中指出徐显秀墓中壁画内的形象表现出类型化的特征，其与娄叡墓壁画形象的处理具有相似性，在很多线条及造型习惯上如出一辙，有可能为师徒之作，但不应当为宫廷画家杨子华之作，推翻了此前宿白先生等考古专家对于娄叡墓壁画作者的猜测。可见，有关壁画作者的问题仍然有待学术界的商榷。

（二）相关性研究

在确定墓葬壁画内容的基础上，有学者通过横向分析，将诸多北朝同时期和不同时期乃至后代的墓葬内壁画联系起来，在研究过程中通常选取同一题材的壁画如夫妇像、出行图、狩猎图等进行相关性调查，讨论不同墓葬中同一题材壁画的相似性和差异性。

中国传媒大学学者王涵烁在2015年《北方民族考古》（第2辑）上发表的《略论北朝墓室壁画中牛车鞍马题材》一文中针对牛车鞍马出行图罗列了出现该类型壁画的北朝墓葬，包括山西大同北魏破多罗太夫人墓、娄叡墓、徐显秀墓、道贵墓、高润墓、徐敏行墓，其中都绘有牛车鞍马出行图。首先，作者分析了大量北魏到北齐之间的出行图，证实牛车鞍马出行图具有一个逐渐走向规范化的过程。其次，作者探讨了牛车鞍马出行图的源流并提出牛车鞍马出行图可能是继承了魏晋时期的传统，随后又参考了北朝游牧民族热爱马的特性，从而使得牛车鞍马出行图成为一种固定的模式。

另外有一个相对特殊的壁画题材也引起了学者的关注，宁夏文物考古研究所的研究员马晓玲发表在2011年第3期《考古与文物》期刊上的文章《从摆脱世俗的潇洒风度向现实生活意趣的转变——以北朝—唐墓室发现的屏风式"树下老人"图为中心的考古学观察》中列举了出现在北朝墓葬中的如山东的东魏崔芬墓中以描述树下高士为主的壁画，并且作者在杨泓教授的研究基础上，赞同这一题材壁画受到了南朝文化的影响。随后，作者还列举了唐代墓葬中的"树下老人"图壁画，发现其与北朝墓葬中的高士图具有传承性。

三、北朝墓葬壁画艺术文化价值

首先，壁画作为北朝时期创作的传统艺术作品，加上北朝时期留存的艺术作品不多，其对于我们研究北朝时期的艺术创作具有重要意义。一些学者的研究旨在通过分析北朝时期的墓葬壁画，研究北朝时期的艺术创作风格。如2009年山西省教育科学研究院马婕在《文艺研究》发表的文章《从娄睿墓壁画看北齐绘画的特色》中认为娄叡墓壁画是北齐墓葬壁画的代表，具有虚实相生、疏密合度、"多不可减少不可逾"、"简易标美"的北齐画风，引领着北齐绘画的发展方向，有着极其重要的地位，是研究魏晋到唐代的过渡时期的艺术作品的实物佐证。

其次，由于壁画本身含有十分丰富的社会文化元素，许多学者针对已经明晰的壁画内容展开文化分析，试图从墓葬壁画中窥探北朝时期的社会文化生活。中央美术学院教授郑岩在2013年北京大学出版社出版的《逝者的面具：汉唐墓葬艺术研究》一书中探讨了北齐时期墓葬中牛车鞍马图像的来源，认为壁画中所描绘的无人乘坐的车马是为亡者准备的，借以乘载墓主人的灵魂，方便灵魂出行。巫鸿先生在2010年生活·读书·新知三联书店出版的《黄泉下的美术：宏观中国古代墓葬》中赞同了这一观点，认为北朝时期人们相信"灵魂出行"的观点。在此基础上，徐岩红在《太原北齐墓壁画中的仪仗出行图像分析》一文中进一步认为，该类型的车马图受到了胡化影响，借鉴了契丹族利用车马赋予死者冥界身份的习俗。

除了北朝时期的丧葬习俗，也有学者将这一时期的绘画题材与风格和北朝时期玄学流行的社会文化因素联系起来进行了讨论，如1974年外国南北朝艺术学者梁庄爱伦（Ellen Johnston Laing）针对壁画中的"竹林七贤"题材，探讨了玄学在北朝时期的巨大影响。2019 年北京联合大学的学者杨柳在《中国美术研究》（第 32 辑）发表的《北朝墓葬壁画中竹林七贤形象的文化解析》中分析了北朝时期玄学文化的内涵，并将这种思想与北朝墓葬中的壁画联系起来，认为竹林七贤图代表了墓主人对于恬静散淡、颐养情性的生活的追求。

除此之外，学者们还关注了在北朝墓葬中大量出现的其他民族和西方文化元素，包括佛教、祆教。如 2012 年山西财经大学的徐岩红教授在《文艺研究》上发表的《太原北齐娄叡墓葬艺术中祆教图像解析》一文中指出出现在娄叡墓中的祆教最高神"阿胡拉·马兹达"图案也出现在北齐徐显秀墓中，另外在磁县发掘的文宣帝高洋墓中也发现了相似的图案。如此频繁出现的祆教图像证明了北朝时期北方中原文化与西方文化的交流沟通。

2005 年，北京大学荣新江教授在《文物》第 3 期上发表的《北周史君墓石椁所见之粟特商队》一文中证明了史君墓中石棺上所描绘的商队人物为粟特人，并详细分析了该商队中人物的民族、商队的规模、商队的运载方式以及商队的运营模式，直接表明了粟特人在当时所起到的贸易沟通作用以及官方对这类贸易的支持和保护。

四、墓葬壁画保护

针对墓葬壁画保护角度的研究，目前学界已经形成较为系统的研究，从对墓葬壁画本身的材料及其保护方式，到环境中的材料学、物理学、地质学、生物学等多方面开展一些研究，为墓葬壁画保护提供了理论研究和应用基础。祁英涛在《中国古代壁画的揭取与修复》中，将现代博物馆对壁画的保护工作总结为三种类型：原址保护、迁移保护以及迁移复原保护。

在原址保护研究方面，汪万福、武光文、赵林毅、裴强强、武发思等徐显秀壁画墓原址保护研究团队和其敦煌研究院同人于 2016 年出版的《北齐徐显秀墓壁画保护修复研究》是目前比较系统全面的针对墓室壁画原址保护研究的重要案例，通过对徐显秀墓墓室环境、壁画制作材料与工艺、壁画病害机理研究、修复材料与加固工艺筛选、墓室结构失稳等展开研究和现场试验，在此基础上形成了徐显秀墓的保护研究方法和保护技术，为实现重要墓室壁画原址保护进行了有益探索。在迁移复原保护方面，山西博物院于 2019 年 12 月 12 日开放的主题展"壁上乾坤——山西北朝墓葬壁画艺术展"聚焦北朝墓葬壁画艺术，集中展示近三十年来山西出土的部分北朝墓葬壁画，展品选自三座北朝墓葬：北齐东安王娄叡墓、忻州九原岗北朝墓、朔州水泉梁北齐墓，从这三座墓葬揭取壁画约500平方米，展出面积200余平方米，是国内迄今规模最大的北朝墓葬壁画展。胡文英、任海云在《山西博物院馆藏墓葬壁画保护与展存概况》一文中，对山西博物院馆藏不同类型墓葬壁画的地仗结构、迁移保护方式、收藏形式等方面进行分析与对比，认为通过整体复原墓葬结构的形式对壁画进行保护修复，能最大程度地还原墓葬壁画的真实性。

故宫博物院研究员史宁昌在《中国国家博物馆馆刊》上发表的红外热波成像技术在文物保护修复中的应用将主动式红外热波成像技术应用于不同材质和类别的文物内部结构的无损检测，得到了不同程度的文物内部结构信息，同时分析了该技术对多种文物的检测能力。结果表明，红外热波无损检测技术可适用于多种材料和复杂结构的文物检测，提供文物内部缺陷和结构信息，为文物的迁移复原保护提供了一种新的检测手段。杨蕊在《邯郸湾漳北朝墓壁画的保护与再修复》一文中探讨了邯郸湾漳北朝墓的四块壁画修复的前期调查、壁画保存状况和病变成因、科学检测和详细的修复过程、方法以及出现问题的解决，并探讨了此次壁画修复中现代修复理论的应用问题，其现代修复理念是墓室壁画迁移复原保护中应用的典型范例和成功的尝试。兰州大学向婷在其硕士学位论文《北齐徐显秀墓室壁画及空气真菌多样性研究》中采用微生物学传统培养方法和基于分子生物学手段，对徐氏墓穴空气、壁画表面和壁画基质的真菌多样性及分布特征进行研究，拓宽徐显秀墓壁画保护的范围。此外，王进玉、苏伯民、夏寅等学者的研究成果，是目前国内研究古代墓室壁画颜色保护的主要代表，利用光学显微镜、偏光显微法鉴定、拉曼光谱、化学检验等现代科学技术分析颜料成分、性能和胶结材料，并对颜料的分布、来源、产地进行了初步的探讨，是壁画原址保护、修复、临摹复原的科学依据。

综上所述，以上各领域学者分别从生物、材料、物理、地质及现代技术等方面分析古代墓室壁画的属性、成分及保护，将对壁画本身材料及保护方式的研究应用到相关工作中，结合相关专业为壁画保护提供了切实可行的实践案例，得到了业界广泛认可，本书在此不再赘述。

总体上来看，过去的先行研究总是围绕每一次的考古发现、墓葬壁画艺术特征、墓葬壁画的文化艺术价值以及壁画保护，结合文本文献进行研究的。这样的研究是从考古发现进入考古学、历史学或某一墓葬壁画艺术形式或材料等的研究介入的，以从点辐射到面的方式展开，缺少一种从时间、空间纵横向宏观角度介入的研究。

本书试图在北朝墓室文献资料整理的基础上，以潘诺夫斯基图像学研究对其艺术在时间和空间范畴变化上以及在政治、社会、生活、宗教、哲学、文化之间的相互影响关系进行探究。在图像学研究方面，本书主要采用的研究方法有：第一，文献分析法。通过对现有的文献和图像资料进行搜集整理，了解当下对北朝墓室图像研究情况，对现有研究进行分类整理、总结归纳。第二，图像研究法。美国学者欧文·潘诺夫斯基开创了图像学研究，认为某个时期的艺术与当时的政治、社会、生活和宗教、哲学、文学等具有密切关系。图像学强调对图像主题、象征意义的研究诠释，重视图像与文化、社会之间的关系。因此要透过墓室图像的艺术风格、艺术手法，深入对社会文化及审美内涵的研究分析。第三，田野调查法。实地参与调查研究工作，在充分考证的基础上，结合实物以及相关研究资料对山西的墓室图像进行研究。第四，跨学科研究法。从图像学的角度入手，在研究过程中结合符号学、历史学、考古学的研究方法，探究各种文化要素之间的互动关系。第五，对比研究法。通过与同时期其他区域的墓室图像、相同区域不同时期的墓室图像进行对比研究，探究北朝时期山西区域墓葬壁画所反映出的共性与个性。

在研究思路上，本书借助考古学、历史学、美术学、文献学等学科研究基础，对北朝墓葬壁画进行整理、归纳、分类，然后进行艺术特点的分析，通过对各类别的图像艺术叙事，再进行北朝墓葬壁画图像在历史进程中的先后时代、北朝时期山西区域内外墓葬壁画、山西北朝与同时期高句丽壁画的对比研究，通过图像叙事的功能，解读传统墓葬壁画的文化功能，佐证北朝历史阶段社会特定空间中的客观存在与事实，体现图像叙事历史还原性功能，进而找到一些未被探究的领域。

本书文献资料来源有四种方式：第一，中国学术库相关学术研究成果论文以及每个墓室的挖掘考古报告。第二，相关内容的学术著作以及硕博士论文。第三，相关的英文、韩文、日文的学术论文。第四，相关的会议辑刊、报纸。此外，还有来自山西考古研究所的考古资料，这些资料得益于山西省考古研究所原所长张庆捷先生的帮助，无比珍贵，为本书提供了更多的研究数据支撑。

纵观北朝墓葬壁画研究的历史，可以发现有关北朝墓葬壁画的研究从20世纪七八十年代的考古发掘研究到21世纪前二十年的艺术本体、艺术文化、艺术发展的研究，仅仅是针对已出土壁画展开艺术鉴定，在专业鉴定的过程中更进一步分析这些壁画的内容背后所隐藏的社会文化问题，从壁画本身延伸到社会背景方面。在这之后，随着科技发展，学者的研究开始关注于文物保护方面，试图分析导致出土壁画损坏的原因并找到更好的保护方法。

总而言之，北朝墓葬壁画的研究是以考古学和艺术史学为主流的，形成了一个逐渐深入的研究趋向。在这个过程中，仍旧存在许多问题尚未解决或仍处于讨论阶段，如壁画作者、壁画所展现的诸多文化因素以及北朝墓葬壁画所反映的横向与纵向上的文化联系等，还需要更加深入的研究。

第二章
山西北朝壁画墓分布的有关
"地理脉络"问题及其艺术特点

第一节　山西北朝壁画墓的历史背景

　　我国发掘的北朝墓葬主要可以分为五个时期，即北魏、东魏、北齐、西魏、北周，壁画墓葬主要分布于山西、河北、河南、陕西地区。从 20 世纪 70 年代起，北朝墓葬的发掘数量越来越多，尤其是在河北邯郸磁县附近发现的北朝贵族墓葬群，经考古研究确为东魏孝静帝元善见墓、东魏昌乐王元诞墓、宜阳王元景植墓，司马氏太夫人墓，愍悼王妃李尼墓，北齐兰陵王高肃墓、北齐高欢第九子武成帝妻茹茹公主墓和其十四子高润墓等。上述的磁县墓葬中都在一定程度上存留有东魏和北齐时期的壁画。山西地区则相继发掘了东魏及北齐时期的徐显秀墓、娄叡墓、张肃墓、贺拔昌墓、狄湛墓，忻州九原岗墓以及大同雁北师院北魏宋绍祖墓等，其中于 1979—1981 年发掘的娄叡墓中的壁画保存均较为完整，其在技法上展现了相当高超的水平，代表了北齐时期壁画艺术的成就。2000 年发掘的宋绍祖墓则时期较早，为研究北朝早期的墓葬壁画提供了新的证据。河南地区的北朝墓葬发掘主要集中于安阳地区，包括 1972 年发现的范粹墓以及 1976 年发现的北齐和绍隆夫妇墓等。在安阳地区发现的墓葬大致表现了北朝晚期墓葬壁画的特征，其内容反映出中原丧葬习俗与少数民族、西域文化之间的冲撞与融合。陕西西安地区发现了北周时期的史君墓，该墓葬体现出明显的粟特人文化气息，与中原墓葬形成鲜明对比。

　　在上述墓葬壁画的考古发掘中，北朝墓葬的一手史料已经较为充足，涵盖了从北魏迁都洛阳以前的早期壁画作品到东西魏及北齐时期的壁画，在研究上具有充分的证据可考。另外，由于一些墓葬的壁画保存较差，壁画完整性低，使得研究中出现一些不易填补的空白。其中的大部分墓葬壁画都有考古简报，如娄叡墓、九原岗墓等一些大型墓葬中所发掘的壁画还出版了壁画图录。

第二节 山西北朝壁画墓分布考察及数据统计

山西北朝墓葬考古数量较多，但是有好多残存失去遗存价值，本书数据选择山西北朝墓中遗存壁画的古墓展开调查和统计，如果没有考古价值和壁画遗存的古墓则不在统计数据之内，同时以山西省博物院 2019 年 12 月 12 日—2020 年 3 月 12 日举办的"壁上乾坤——山西北朝墓葬壁画艺术展"提供的山西北朝时期主要壁画墓数据为核心。同时，按照提供的数据地图，笔者进行了为期三周的相关考古发现的遗址和文物所在博物馆的田野考察，从晋北大同开始，大同作为当时北魏都城平城所在地，北魏墓葬考古发掘较多，原址保护的只有北魏沙岭壁画墓（435），也是现有挖掘北魏最早的壁画墓；由北向南到达朔州，朔州有北魏丹阳王和水泉梁两座壁画墓；继续往南走就是极负盛名的忻州九原岗壁画墓；再往南到达太原，太原当时作为北齐陪都晋阳，重要军国要事都在晋阳商议、下达，有 5 座北齐时期重要的壁画墓，引起学界关注的有北齐娄叡墓和徐显秀墓（571），其中徐显秀墓进行原址保存。另外，寿阳和晋中各有一座。在考察的基础上，笔者结合每座壁画墓的考古简报，还有山西省考古研究所原所长、现任山西大学云冈研究院研究员张庆捷老师提供的图片，形成以下数据表（表 2.1）。

表 2.1 山西北朝壁画墓具体分布数据表

地区	具体壁画墓方位（由北到南，总计 23 座，实际有数据的 20 座）	备注
大同	沙岭 7 号壁画墓（北魏）2005 年 云波里壁画墓（北魏） 仝家湾富乔电厂 9 号壁画墓（北魏）2009 年 4 月（残损无信息） 迎宾大道 16 号壁画墓（北魏）2002 年 文瀛路壁画墓（北魏）2009 年 陈庄壁画墓（北魏）2010 年	

续表

地区	具体壁画墓方位（由北到南，总计23座，实际有数据的20座）	备注
大同	智家堡壁画墓（北魏） 张智朗墓（北魏） 解兴墓石椁壁画（北魏） 雁北师院宋绍祖墓（北魏）2000年 南郊电焊器材厂185/229/238/253壁画墓（北魏）2011年 湖东1号壁画墓（北魏）1986年 仝家湾9号墓壁画（北魏）	
朔州	怀仁丹阳王壁画墓（北魏）1993年 水泉梁壁画墓（北齐）2008年	
忻州	九原岗壁画墓（北齐）2013年	
太原	王郭村娄叡墓（北齐）1979年 南郊第一热电厂壁画墓（北齐）1987年 王家峰村徐显秀墓（北齐）2002年 小井峪村韩祖念墓（北齐）1982年 龙堡村僖墓（南朝？）2001年（残损无信息）	
阳泉	寿阳贾家庄厍狄回洛墓（北齐）1973年	
晋中	榆社河峪乡方兴石棺（北魏）1976年（残损无信息）	

表 2.2 山西北朝壁画墓具体考察数据表

地区	具体壁画墓方位（由北到南，总计 23 座）	编号
大同	**沙岭 7 号壁画墓（北魏） 2005 年** 沙岭北魏墓葬区位于大同市御河之东，地处 208 国道东侧，在沙岭村东北约 1 千米的高地上，海拔 1050 米。2005 年 7 月 12 日，接到群众报告，称当地一取土场，发现古代墓葬。经调查发现，这里地处水泊寺乡沙岭村和齐家坡村的交界处，农田中有一方圆约 3000 平方米的高地，由于被村民长期在此取土，有 6 座墓葬已遭到不同程度的破坏。经国家文物局批准后，大同市考古研究所立即进行了勘探，共发现北魏时期的墓葬 12 座，并进行了抢救性的发掘。其中 2 座砖室墓，10 座土洞墓，皆是长方形斜坡墓道。墓葬排列方式有两种，其中 7 座坐北朝南，5 座坐东朝西。出土遗物共计 200 余件。编号 M7 是墓群中唯一保存纪年文字漆画和壁画的一座砖室墓 图 2.1 夫妇并坐（彩绘漆皮一）[1]	DTSL7

---

1 高峰，李晔，张海雁，等．山西大同沙岭北魏壁画墓发掘简报 [J]．文物，2006(10):4．

续表

地区	具体壁画墓方位（由北到南，总计 23 座）	编号
大同	 图 2.2 庖厨炊作（彩绘漆皮二）[1]  图 2.3 打场（彩绘漆皮三）[2]   图 2.4 人物局部（彩绘漆皮四）（左）[3] 图 2.5 手捧漆盒人物（彩绘漆皮五）（右）[4]	DTSL7

[1] 高峰，李晔，张海雁，等 . 山西大同沙岭北魏壁画墓发掘简报 [J]. 文物，2006(10):4.
[2] 高峰，李晔，张海雁，等 . 山西大同沙岭北魏壁画墓发掘简报 [J]. 文物，2006(10):4.
[3] 高峰，李晔，张海雁，等 . 山西大同沙岭北魏壁画墓发掘简报 [J]. 文物，2006(10):14.
[4] 高峰，李晔，张海雁，等 . 山西大同沙岭北魏壁画墓发掘简报 [J]. 文物，2006(10):14.

续表

地区	具体壁画墓方位（由北到南，总计 23 座）	编号
大同	图 2.6 铠甲人物（彩绘漆皮六）（左）[1] 图 2.7 人物局部（彩绘漆皮七）（右）[2] 图 2.8 士兵（彩绘漆皮八）（左）[3] 图 2.9 士兵（彩绘漆皮九）（右）[4] 图 2.10 男侍（彩绘漆皮十）（左）[5] 图 2.11 车舆局部（彩绘漆皮十一）（右）[6]	DTSL7

[1] 高峰, 李晔, 张海雁, 等 . 山西大同沙岭北魏壁画墓发掘简报 [J]. 文物, 2006(10):14.
[2] 高峰, 李晔, 张海雁, 等 . 山西大同沙岭北魏壁画墓发掘简报 [J]. 文物, 2006(10):14.
[3] 高峰, 李晔, 张海雁, 等 . 山西大同沙岭北魏壁画墓发掘简报 [J]. 文物, 2006(10):15.
[4] 高峰, 李晔, 张海雁, 等 . 山西大同沙岭北魏壁画墓发掘简报 [J]. 文物, 2006(10):15.
[5] 高峰, 李晔, 张海雁, 等 . 山西大同沙岭北魏壁画墓发掘简报 [J]. 文物, 2006(10):15.
[6] 高峰, 李晔, 张海雁, 等 . 山西大同沙岭北魏壁画墓发掘简报 [J]. 文物, 2006(10):15.

续表

地区	具体壁画墓方位（由北到南，总计23座）	编号
大同	图2.12 北壁壁画全貌[1] 图2.13 神兽（北壁壁画上栏）（左）[2] 图2.14 神兽（北壁壁画上栏）（右）[3] 图2.15 神兽（北壁壁画上栏）（左）[4] 图2.16 神兽（北壁壁画上栏）（右）[5]	DTSL7

1 高峰，李晔，张海雁，等．山西大同沙岭北魏壁画墓发掘简报[J]．文物，2006(10):16.
2 高峰，李晔，张海雁，等．山西大同沙岭北魏壁画墓发掘简报[J]．文物，2006(10):16.
3 高峰，李晔，张海雁，等．山西大同沙岭北魏壁画墓发掘简报[J]．文物，2006(10):16.
4 高峰，李晔，张海雁，等．山西大同沙岭北魏壁画墓发掘简报[J]．文物，2006(10):17.
5 高峰，李晔，张海雁，等．山西大同沙岭北魏壁画墓发掘简报[J]．文物，2006(10):17.

续表

地区	具体壁画墓方位（由北到南，总计 23 座）	编号
大同	图 2.17 神兽（北壁壁画上栏）（左）[1] 图 2.18 女侍（北壁壁画局部）（右）[2] 图 2.19 抬鼓（北壁壁画局部）[3] 图 2.20 肩扛长矛的士兵（北壁壁画局部）（左）[4] 图 2.21 头戴鸡冠帽的骑士（北壁壁画局部）（右）[5]	DTSL7

[1] 高峰，李晔，张海雁，等.山西大同沙岭北魏壁画墓发掘简报[J].文物，2006(10):17.
[2] 高峰，李晔，张海雁，等.山西大同沙岭北魏壁画墓发掘简报[J].文物，2006(10):17.
[3] 高峰，李晔，张海雁，等.山西大同沙岭北魏壁画墓发掘简报[J].文物，2006(10):18.
[4] 高峰，李晔，张海雁，等.山西大同沙岭北魏壁画墓发掘简报[J].文物，2006(10):18.
[5] 高峰，李晔，张海雁，等.山西大同沙岭北魏壁画墓发掘简报[J].文物，2006(10):18.

续表

地区	具体壁画墓方位（由北到南，总计 23 座）	编号
大同	图 2.22 墓主人夫妇（东壁壁画）[1] 图 2.23 南壁壁画全貌[2]	DTSL7

1 高峰，李晔，张海雁，等 . 山西大同沙岭北魏壁画墓发掘简报 [J]. 文物，2006(10):19.
2 高峰，李晔，张海雁，等 . 山西大同沙岭北魏壁画墓发掘简报 [J]. 文物，2006(10):19.

续表

地区	具体壁画墓方位（由北到南，总计23座）	编号
大同	图2.24 南壁壁画中的宴饮场面[1] 图2.25 庑殿顶建筑物中的主人和侍者（南壁壁画局部）（左）[2] 图2.26 杀羊（南壁壁画局部）（右）[3] 图2.27 甬道两侧的武士（西壁壁画）[4]	DTSL7

1 高峰，李晔，张海雁，等. 山西大同沙岭北魏壁画墓发掘简报 [J]. 文物，2006(10):20.
2 高峰，李晔，张海雁，等. 山西大同沙岭北魏壁画墓发掘简报 [J]. 文物，2006(10):20.
3 高峰，李晔，张海雁，等. 山西大同沙岭北魏壁画墓发掘简报 [J]. 文物，2006(10):20.
4 高峰，李晔，张海雁，等. 山西大同沙岭北魏壁画墓发掘简报 [J]. 文物，2006(10):21.

续表

地区	具体壁画墓方位（由北到南，总计 23 座）	编号
大同	图 2.28 伏羲女娲（西壁甬道顶部壁画）[1] 图 2.29 武士（甬道北壁壁画）（左）[2] 图 2.30 武士（甬道南壁壁画）（右）[3]	DTSL7

---

[1] 高峰，李晔，张海雁，等. 山西大同沙岭北魏壁画墓发掘简报 [J]. 文物，2006(10):21.
[2] 高峰，李晔，张海雁，等. 山西大同沙岭北魏壁画墓发掘简报 [J]. 文物，2006(10):22.
[3] 高峰，李晔，张海雁，等. 山西大同沙岭北魏壁画墓发掘简报 [J]. 文物，2006(10):22.

续表

地区	具体壁画墓方位（由北到南，总计 23 座）	编号
大同	**迎宾大道 16 号壁画墓（北魏）2002 年** 　　2001 年，大同市考古研究所配合迎宾大道扩建工程发现北魏墓葬群，其中的 16 号墓为砖室壁画墓，可惜墓顶及墓壁脱落严重，在甬道南北两壁绘有武士图。武士面向墓道，头戴白色兜鍪，其上插缨。上身内着红色长袖衫，袖口狭小，外罩似鱼鳞片的护颈盔甲，腰系带，下身着网格菱形片铠甲裤。双手于胸前挂剑，脚穿黑鞋，两脚外撇于圆形覆莲花台上 图 2.31 甬道南壁武士及门吏（左）[1] 图 2.32 甬道北壁武士及门吏（右）[2]	DTYB-DD16

---

[1] 李垚. 北魏平城时期墓葬壁画研究 [D]. 中央民族大学，2010:36.
[2] 李垚. 北魏平城时期墓葬壁画研究 [D]. 中央民族大学，2010:36.

续表

地区	具体壁画墓方位（由北到南，总计23座）	编号
大同	**文瀛路壁画墓（北魏）2009年** 2009年5月，山西省大同市御东新区文瀛北路施工中发现一座北魏壁画墓。大同市考古研究所对这一墓葬（编号M1）进行了抢救性发掘，并对壁画实施了揭取等保护措施。 　　墓室四壁、顶部及甬道东壁局部绘有壁画。壁画地仗层分两层：第一层为草拌泥直接涂抹在砖上，厚0.3—0.5厘米；第二层为白灰，涂抹在草拌泥之上，厚0.2厘米。绘画颜料分为黑、红两种颜色。由于墓室内常年积水，壁画大部分损毁脱落，仅存棺床立面、东北壁券顶及甬道部分画面。 　　墓室东、北壁券顶绘星象图，星象图下为两横枋，横枋间饰一斗三升及"人"字形斗拱，代表现实生活中屋宇的梁架结构。其他画面脱落。 　　北侧棺床立面绘胡商牵驼图和力士画像。胡商深目高鼻、卷发、朱唇。着圆领窄袖长袍，腰间束带，足蹬长靴，左手执缰，右手握鞭，牵一头双峰骆驼。力士上身、腿部赤裸，赤脚，肌肉发达，左手拄树棍状物，右手屈臂托棺床。西侧棺床立面大部分绘火焰纹，形似壶门。立面南端似为一力士，头胸部已残毁，体态较为肥壮，身上环绕红色帔帛，上身、腿部赤裸，左腿蹲踞，右腿后蹬。 　　北侧棺床前的长方形踏步平面绘三朵莲花，立面绘火焰纹。两棺床之间的矮墙立面上绘一侍者，头戴鲜卑帽，着交领长袍，腰间束带，黑鞋。双手做持物状，恭立。 　　甬道东壁绘一天神，长卷发，尖耳竖立，佩戴耳环，眉心间有一目。身体魁梧，戴项圈和臂环，周身环绕红色帔帛，上身、腿部赤裸，赤足。左手持一黑色长柄锤，左脚踩锤头；右手持一长杆兵器，面向甬道外站立	DTWYL

续表

地区	具体壁画墓方位（由北到南，总计 23 座）	编号
大同	图 2.33 墓室东壁、北壁[1] 图 2.34 北侧棺床立面画像[2]	DTWYL

1 刘俊喜，高峰，侯晓刚，等．山西大同文瀛路北魏壁画墓发掘简报 [J]．文物，2011(12):28．
2 刘俊喜，高峰，侯晓刚，等．山西大同文瀛路北魏壁画墓发掘简报 [J]．文物，2011(12):29．

续表

地区	具体壁画墓方位（由北到南，总计 23 座）	编号
大同	图 2.39 大同智家堡北魏墓棺板画 A 板[1] 图 2.40 以牛车为中心的出行场面[2] 图 2.41 主牛车右上方的随行牛车[3]	DTZJB

[1] 刘俊喜，高峰. 大同智家堡北魏墓棺板画 [J]. 文物，2004(12):38.
[2] 刘俊喜，高峰. 大同智家堡北魏墓棺板画 [J]. 文物，2004(12):37.
[3] 刘俊喜，高峰. 大同智家堡北魏墓棺板画 [J]. 文物，2004(12):37.

续表

地区	具体壁画墓方位（由北到南，总计23座）	编号
大同	图 2.42 乐舞杂技中的"跳丸"场面[1] 图 2.43 A 板右侧山水、狩猎场面[2] 图 2.44 徒步猎者与野猪[3]	DTZJB

[1] 刘俊喜，高峰．大同智家堡北魏墓棺板画 [J]．文物，2004(12)：40.
[2] 刘俊喜，高峰．大同智家堡北魏墓棺板画 [J]．文物，2004(12)：40.
[3] 刘俊喜，高峰．大同智家堡北魏墓棺板画 [J]．文物，2004(12)：41.

续表

地区	具体壁画墓方位（由北到南，总计 23 座）	编号
大同	 图 2.45 射箭骑士[1]  图 2.46 红衣射箭骑士[2]  图 2.47 大同智家堡北魏墓棺板画 B 板[3]	DTZJB

1 刘俊喜，高峰．大同智家堡北魏墓棺板画 [J]．文物，2004(12):41.
2 刘俊喜，高峰．大同智家堡北魏墓棺板画 [J]．文物，2004(12):42.
3 刘俊喜，高峰．大同智家堡北魏墓棺板画 [J]．文物，2004(12):38.

续表

地区	具体壁画墓方位（由北到南，总计 23 座）	编号
大同	图 2.48 奉食场景中的帷屋细部[1] 图 2.49 奉食场景中的漆案及酒樽[2] 图 2.50 大同智家堡北魏墓棺板画 C 板[3]	DTZJB

1 刘俊喜，高峰. 大同智家堡北魏墓棺板画[J]. 文物，2004(12):42.
2 刘俊喜，高峰. 大同智家堡北魏墓棺板画[J]. 文物，2004(12):43.
3 刘俊喜，高峰. 大同智家堡北魏墓棺板画[J]. 文物，2004(12):38.

续表

地区	具体壁画墓方位（由北到南，总计 23 座）	编号
大同	**张智朗墓（北魏）** 　　北魏和平元年（460）毛德祖妻张智朗石椁铭刻，2011 年出土于大同市御河东市公安局工地，葬制为土圹石椁棺床式，石椁壁画和棺床置于一座土洞墓中，石椁为砂岩，地栿宽 2.59 米，椁壁宽 2.41 米，进深带栿 1.86 米，壁深 1.50 米。中脊（无顶）栿高 1.75 米，墙高 1.66 米，宽 0.79—0.82 米。铭刻高 0.35 米，宽 0.40 米，铭文为楷书，十一行，满行九字至十二字，凡一百一十四字。行间有朱砂界格，志文阴刻填朱。壁画中侍女，仪态端庄，发髻高耸，衣带飘忽；一对羽人，下面是一对鸾凤。中间直立树干，羽人花髻节节如穗、肩膀双翅出锋、腰下散羽似簇，健美而富有动感 图 2.51 彩绘石门石堂壁画[1]	DTZZL

---

1 上海博物馆. 壁上观——细读山西古代壁画 [M]. 北京：北京大学出版社，2017:108.

续表

地区	具体壁画墓方位（由北到南，总计23座）	编号
大同	**解兴墓石椁壁画（北魏）** 　　解兴石堂收藏在大同西京博物馆，不仅是迄今为止发现石堂中年代较早的一个，而且形制特殊，有文字，有绘画，信息量丰富，值得专门探讨。 　　这个石堂，如果没有题记，一般人会将它看作石棺。因为它的外形是一个标准长方体石葬具，长216厘米、宽105厘米、高118厘米，由30多块石板组成，顶部为平顶，从左到右，平铺着4块厚约10厘米的石板。顶部四周均有出檐，前面出檐最多，为11厘米，后面与两侧出约6厘米。石板的正面出檐部分，下面边缘彩绘朱红色椽子。 　　石堂四壁由12块石板组成，后壁为两块宽110厘米、高93厘米、厚10厘米的石板拼接成，在与侧面石板相交之处，有一道宽约8厘米、深约1.5厘米的浅槽，以固定侧面棺板。左右壁各由一块宽89厘米、高98厘米、厚8厘米的石板组成。正壁较复杂，由6块石板组成。正面左右两侧各有一块宽80厘米、高93厘米、厚约10厘米的石板，中间为门，门为一块宽50厘米、高90厘米、厚10厘米的石板，门板上有门楣，长60厘米、宽16厘米、厚约10厘米。 　　石堂底座也为石板拼接而成，四周底座为宽约27厘米、厚约11厘米、长度40厘米至110厘米的石条组成，石条内侧各有3厘米宽的浅槽，以铺设5厘米厚的石板。四周石条，在与四壁石板交合处，还开凿宽8厘米、深约1.5厘米的石槽，以固定四壁石板。整个石堂没有榫卯，仅在前后上下有槽，互相套合，挤压四壁石板，达到固定作用。 　　该石堂有彩绘壁画，做法是在石壁先刷一层白灰，然后彩绘。前后左右四壁均有壁画，其中一幅壁画朝外，三幅朝内。依据内外画面，可知画面朝外的为前壁，其他左右两壁定为左壁和右壁，剩余一壁为后壁。 　　各壁画面内容不同，前壁彩绘角柱、横梁、斗拱、大门、铺首、武士、纹饰和一些人物、动物组成生活和生产场面	DTXX

续表

地区	具体壁画墓方位（由北到南，总计23座）	编号
大同	图2.52 解兴石堂左壁壁画（左）[1] 图2.53 解兴石堂右壁壁画（右）[2] 图2.54 解兴石堂后壁壁画[3] 图2.55 解兴石堂前壁壁画[4]	DTXX

1 白月. 北魏解兴石堂考[J]. 大众考古，2023(8):66.
2 白月. 北魏解兴石堂考[J]. 大众考古，2023(8):66.
3 白月. 北魏解兴石堂考[J]. 大众考古，2023(8):64.
4 白月. 北魏解兴石堂考[J]. 大众考古，2023(8):65.

续表

地区	具体壁画墓方位（由北到南，总计 23 座）	编号
大同	**雁北师院宋绍祖墓（北魏）2000 年** 　　2000 年 4 月，山西省大同市考古研究所在雁北师院扩建工程新征土地范围内实施了文物钻探，共发现北魏墓葬 11 座。其中砖室墓 5 座，土洞墓 6 座。宋绍祖墓编号 M5，是唯一有明确纪年——北魏太和元年（477）的精美仿木构三开间单檐式悬山式殿堂建筑的石椁以及壁画的墓葬。 　　墓葬位于大同市水泊寺乡曹夫楼村东北 1 千米，西距大同市区 3.5 千米。当地位处马铺山之南、御河以东的缓坡地带，海拔高度 1071 米。墓葬分布在平面呈三角形、面积约 5700 平方米的区域内。当年 6—9 月，由山西省考古研究所和大同市考古研究所联合进行了发掘 图 2.56 石椁内正壁壁画抚琴图[1] **南郊电焊器材厂 185/229/238/253 壁画墓（北魏）2011 年** 　　山西省大同市城南 3 千米的红旗村至七里村一带，是御河（古如浑水）与十里河（占武周川水）的交汇处，这里地势开阔，中间有一块略微隆起的高地，俗称"张女坟"。1987 年秋季，大同市电焊器材厂扩建 工程中，在这里发现了古代墓葬。1988 年 8—11 月山西省考古研究所和大同市博物馆联合组成考古队，对这批墓葬进行了发掘清理，出土了大批北魏时期的遗物	DTYB-SYSSZ DTNJ-DHC

---

[1] 刘俊喜，张志忠，左雁.大同市北魏宋绍祖墓发掘简报 [J]. 文物，2001(7):31.

续表

地区	具体壁画墓方位（由北到南，总计 23 座）	编号
大同	图 2.57 残存壁画摹本[1]	DTNJ-DHC
	湖东 1 号壁画墓（北魏）1986 年 1986 年 8 月，山西大同市考古研究所在配合大同县大秦铁路湖东编组站基本建设中，在所占地段的东北面，探明一处北魏墓群。经上级文物主管部门批准，于同年 9 月初对墓葬进行了抢救性的发掘整理。1 号墓是此次发掘清理的最后一座墓葬，也是该墓地中规模最大的一座 图 2.58 墓漆棺后挡板绘画胡人形象[2]	DTHD1

---

1 倪润安.北魏平城地区墓葬文化来源略论 [M] // 文化遗产研究与保护技术教育部重点实验室，西北大学文化遗产与考古学研究中心.西部考古：第五辑.西安：三秦出版社，2011:303.
2 高峰.大同湖东北魏一号墓 [J].文物，2004(12):31.

续表

地区	具体壁画墓方位（由北到南，总计23座）	编号
大同	**仝家湾9号墓壁画（北魏）** 2008年5月，山西省考古研究所、大同市考古研究所联合对大同市南郊仝家湾村南的10座北魏墓葬进行了抢救性发掘。其中，M9是唯一保存纪年文字和壁画的墓葬 图2.59 M9甬道东壁[1] 图2.60 M9甬道西壁[2]	DTTJ-W9

1 张庆捷，吕金才，冀保金，等. 山西大同南郊仝家湾北魏墓(M7、M9)发掘简报[J]. 文物，2015(12):13.
2 张庆捷，吕金才，冀保金，等. 山西大同南郊仝家湾北魏墓(M7、M9)发掘简报[J]. 文物，2015(12):13.

续表

地区	具体壁画墓方位（由北到南，总计23座）	编号
大同	图2.61 M9门楣壁画摹本[1] 图2.62 M9东壁[2] 图2.63 M9东壁局部[3]	DTTJ-W9

1 张庆捷，吕金才，冀保金，等．山西大同南郊仝家湾北魏墓(M7、M9)发掘简报[J]．文物，2015(12):17．
2 张庆捷，吕金才，冀保金，等．山西大同南郊仝家湾北魏墓(M7、M9)发掘简报[J]．文物，2015(12):14．
3 张庆捷，吕金才，冀保金，等．山西大同南郊仝家湾北魏墓(M7、M9)发掘简报[J]．文物，2015(12):15．

续表

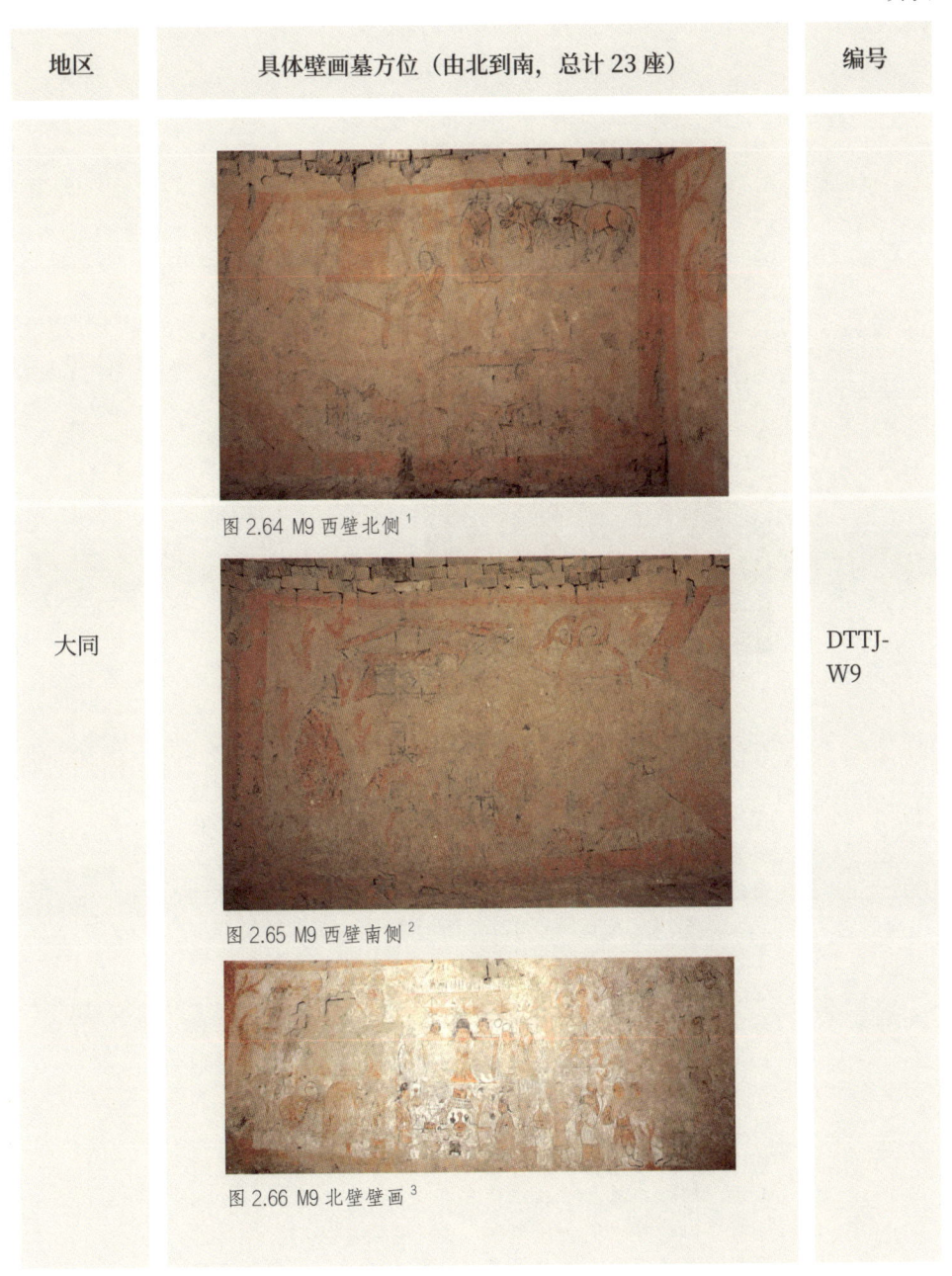

地区	具体壁画墓方位（由北到南，总计23座）	编号
大同	图 2.64 M9 西壁北侧[1] 图 2.65 M9 西壁南侧[2] 图 2.66 M9 北壁壁画[3]	DTTJ-W9

1 张庆捷，吕金才，冀保金，等．山西大同南郊仝家湾北魏墓(M7、M9)发掘简报[J]．文物，2015(12):16．
2 张庆捷，吕金才，冀保金，等．山西大同南郊仝家湾北魏墓(M7、M9)发掘简报[J]．文物，2015(12):16．
3 张庆捷，吕金才，冀保金，等．山西大同南郊仝家湾北魏墓(M7、M9)发掘简报[J]．文物，2015(12):23．

续表

地区	具体壁画墓方位（由北到南，总计23座）	编号
大同	图 2.67 M9 北壁壁画局部[1]	DTTJ-W9
朔州	**怀仁丹阳王壁画墓（北魏）1993 年** 　　丹阳王墓位于山西省北部怀仁县北七里村附近，这里地处大同盆地中部偏北，北距北魏平城遗址不足 30 千米。该墓在桑干河北岸，桑干河在墓葬南面东北流，最近处相距不足 6 千米。墓葬为大型砖砌多室墓，由前室、后室以及左右侧室组成，规模巨大，是北朝墓葬中十分罕见的，已被列为山西省重点文物保护单位。墓室部分采用模印人物砖和花纹砖铺砌，并有砖铭"丹阳王墓砖"，纹饰有宝相花、忍冬、瑞兽、龙凤、人物等共计十多种类型。光绪《怀仁县新志》载石声扬文《丹阳王墓并序》，称墓葬发现于同治十三年（1874），为当地农民耕地时发现。"邑侯闻之，验后复封"，将该墓称为"丹阳王墓"，并略作考证。从石氏文中"竖砖上刻'丹阳王墓砖'五字"而非"丹阳王墓砖"的叙述分析，作者并未见到该墓砖。由于墓葬中没有发现墓志等能够确认墓主人姓名的资料，墓主姓氏仍是悬而未决的问题	SZHR-DYW

1 张庆捷，吕金才，冀保金，等. 山西大同南郊全家湾北魏墓(M7、M9) 发掘简报 [J]. 文物，2015(12):23.

续表

地区	具体壁画墓方位（由北到南，总计 23 座）	编号
朔州	图 2.68 甬道西壁武士像（左）[1] 图 2.69 甬道东壁武士像（右）[2]	SZHR-DYW
	水泉梁壁画墓（北齐）2008 年 　　水泉梁北齐壁画墓位于山西省朔州市朔城区窑子头乡水泉梁村。该墓由封土、墓道、甬道和墓室组成。2008 年 6 月，山西省考古研究所、山西博物院、朔州市文物局与崇福寺文物管理所联合对其进行了抢救性发掘，并于当年 8 月完成了墓葬发掘、壁画揭取以及保护工作。 　　该墓葬壁画主要分布在甬道和墓室，总面积约 80 平方米。甬道内为门吏、仪卫和骑行马队等，墓室穹顶绘有天象、四神与十二时图；墓室北壁绘墓主夫妇宴饮、伎乐、侍从图；东西壁绘有以鞍马和牛车为中心的出行仪仗图；南壁门洞两侧有乐手鼓吹图。 　　根据墓葬形制、随葬器物和壁画内容推测，墓葬的年代为北齐后期，墓主人为镇守朔州的军政长官。朔州位于山西北部，北接大同，南靠雁门关而邻忻州，自古就是兵家必争之地。 　　水泉梁北齐壁画墓壁画保存较好，生动地再现了北齐社会历史风貌，极具历史、艺术与科学价值，是山西地区发现的规模较大、整体保存较为完整的北齐壁画墓之一	SZSQL

1 山西博物院，山西省考古研究所.壁上乾坤：山西北朝墓葬壁画艺术[M].太原：山西人民出版社，2019:87.
2 山西博物院，山西省考古研究所.壁上乾坤：山西北朝墓葬壁画艺术[M].太原：山西人民出版社，2019:87.

续表

地区	具体壁画墓方位（由北到南，总计 23 座）	编号
朔州	图 2.70 甬道东壁南端 纵 169 厘米，横 91 厘米 北齐（550—577）甬道东壁门官图（左）[1] 图 2.71 甬道西壁南端 纵 180 厘米，横 94 厘米 北齐（550—577）甬道西壁门官图（右）[2] 图 2.72 甬道东壁 纵 173 厘米，横 175 厘米 北齐（550—577）甬道东壁仪卫图[3]	SZSQL

1　山西博物院，山西省考古研究所. 壁上乾坤：山西北朝墓葬壁画艺术[M]. 太原：山西人民出版社，2019:146.
2　山西博物院，山西省考古研究所. 壁上乾坤：山西北朝墓葬壁画艺术[M]. 太原：山西人民出版社，2019:147.
3　山西博物院，山西省考古研究所. 壁上乾坤：山西北朝墓葬壁画艺术[M]. 太原：山西人民出版社，2019:150-151.

续表

地区	具体壁画墓方位（由北到南，总计23座）	编号
朔州	图 2.73 甬道西壁 纵 184 厘米，横 175 厘米 北齐（550—577）甬道西壁仪卫图[1] 图 2.74 墓室北壁 纵 276 厘米，横 495 厘米 北齐（550—577）夫妇并坐图[2]	SZSQL

1 山西博物院, 山西省考古研究所. 壁上乾坤: 山西北朝墓葬壁画艺术 [M]. 太原: 山西人民出版社, 2019:152-153.
2 山西博物院, 山西省考古研究所. 壁上乾坤: 山西北朝墓葬壁画艺术 [M]. 太原: 山西人民出版社, 2019:154-155.

续表

地区	具体壁画墓方位（由北到南，总计23座）	编号
朔州	图2.75 墓室北壁 纵200厘米，横100厘米 北齐(550—577) 伎乐侍从图[1] 图2.76 墓室东壁 纵276厘米，横400厘米 北齐(550—577) 鞍马仪仗图[2]	SZSQL

1 山西博物院，山西省考古研究所.壁上乾坤：山西北朝墓葬壁画艺术[M].太原：山西人民出版社，2019:158.
2 山西博物院，山西省考古研究所.壁上乾坤：山西北朝墓葬壁画艺术[M].太原：山西人民出版社，2019:160-161.

续表

地区	具体壁画墓方位（由北到南，总计23座）	编号
朔州	图 2.77 墓室西壁 纵 277 厘米，横 390 厘米 北齐（550—577）牛车出行图[1] 图 2.78 墓室南部 纵 258 厘米，横 450 厘米 北齐（550—577）鼓吹图[2]	SZSQL

1 山西博物院，山西省考古研究所.壁上乾坤：山西北朝墓葬壁画艺术[M].太原：山西人民出版社，2019:164-165.
2 山西博物院，山西省考古研究所.壁上乾坤：山西北朝墓葬壁画艺术[M].太原：山西人民出版社，2019:168-169.

第二章 山西北朝壁画墓分布的有关"地理脉络"问题及其艺术特点 45

地区	具体壁画墓方位（由北到南，总计 23 座）	编号
朔州	图 2.79 墓室顶部 北齐（550—577）天象图、四神图和十二生肖图[1]	SZSQL
忻州	**九原岗壁画墓（北齐）2013 年** 忻州九原岗北朝壁画墓位于忻州市忻府区兰村乡下社村北 2 千米，2013 年 6 月进行抢救性考古发掘，2014 年 10 月揭取保护。该墓葬平面呈方形，斜坡墓道砖砌单室墓，坐北朝南，由封土、墓室、甬道和墓道四部分组成。现存壁画主要集中在墓道东、西、北三壁，甬道和墓室的壁画基本缺失，总面积约 200 余平方米 图 2.80 墓道西侧壁画第一层 长 2770—3070 厘米，最宽处 212 厘米 北朝晚期 升天图[2] 图 2.81 墓道东侧壁画第一层 长 2770—3100 厘米，最宽处 167 厘米 北朝晚期 升天图[3]	XZJYG

---

[1] 山西博物院，山西省考古研究所．壁上乾坤：山西北朝墓葬壁画艺术[M]．太原：山西人民出版社，2019:172.

[2] 山西博物院，山西省考古研究所．壁上乾坤：山西北朝墓葬壁画艺术[M]．太原：山西人民出版社，2019:62-65.

[3] 山西博物院，山西省考古研究所．壁上乾坤：山西北朝墓葬壁画艺术[M]．太原：山西人民出版社，2019:62-65.

续表

地区	具体壁画墓方位（由北到南，总计 23 座）	编号
忻州	图 2.82 墓道西侧壁画第二层 长 2050—2770 厘米，最宽处 150 厘米 北朝晚期 狩猎图[1] 图 2.83 墓道东侧壁画第二层 长 2050—2770 厘米，最宽处 135 厘米 北朝晚期 狩猎图[2] 图 2.84 墓道西侧壁画第三层 长 1210—2050 厘米，最宽处 170 厘米 北朝晚期 将领图[3] 图 2.85 墓道西侧壁画第四层 长 305—1210 厘米，最宽处 170 厘米 北朝晚期 仪卫图[4]	XZJYG

[1] 山西博物院，山西省考古研究所.壁上乾坤：山西北朝墓葬壁画艺术[M].太原：山西人民出版社，2019:90-93.
[2] 山西博物院，山西省考古研究所.壁上乾坤：山西北朝墓葬壁画艺术[M].太原：山西人民出版社，2019:90-93.
[3] 山西博物院，山西省考古研究所.壁上乾坤：山西北朝墓葬壁画艺术[M].太原：山西人民出版社，2019:120-123.
[4] 山西博物院，山西省考古研究所.壁上乾坤：山西北朝墓葬壁画艺术[M].太原：山西人民出版社，2019:120-123.

续表

地区	具体壁画墓方位（由北到南，总计23座）	编号
忻州	图 2.86 墓道东侧壁画第三层　长 1210—2050 厘米，最宽处 165 厘米　北朝晚期　将领图[1] 图 2.87 墓道东侧壁画第四层　长 400—1210 厘米，最宽处 165 厘米　北朝晚期　仪卫图[2] 图 2.88 墓道北壁壁画　门楼图[3]	XZJYG

[1] 山西博物院，山西省考古研究所. 壁上乾坤：山西北朝墓葬壁画艺术 [M]. 太原：山西人民出版社，2019:124-127.

[2] 山西博物院，山西省考古研究所. 壁上乾坤：山西北朝墓葬壁画艺术 [M]. 太原：山西人民出版社，2019:124-125.

[3] 山西博物院，山西省考古研究所. 壁上乾坤：山西北朝墓葬壁画艺术 [M]. 太原：山西人民出版社，2019:139.

续表

地区	具体壁画墓方位（由北到南，总计 23 座）	编号
太原	**王郭村娄叡墓（北齐）1979 年** 北齐东安王娄叡墓位于太原市南郊区（今晋源区）王郭村西南 1 千米，汾河以西，吕梁山余脉悬瓮山东侧，也就是北齐别都晋阳古城址南 7.5 千米，天龙山石窟东侧，龙山石窟和晋祠之南的娄氏家族墓地上。 　　1979 年 4 月至 1981 年 1 月，山西省考古研究所和太原市文物工作管理委员会对娄叡墓进行了发掘清理。该墓坐北朝南，由封土、墓道、甬道和墓室组成。斜坡墓道北接甬道，墓室为平面方形的砖砌单室墓，四壁中间稍向外弧凸，顶部向内斗合叠涩，聚成四角攒尖，顶券三重，墓底铺砖。墓室西半部有砖砌棺床，平面为不等边矩形，葬具已毁。墓中出土墓志铭和盖，据此确定墓主人为北齐权臣、东安王娄叡和夫人姬臣。娄叡政治地位之高，墓室规模之大，壁画之精彩，墓内出土遗物之丰富，都是很少见的。 　　娄叡墓的墓道、甬道、墓室的墙壁上均绘有壁画，除因年代久远，部分遭受自然与人为破坏，画面漫漶，石灰层剥落、错叠及土壁高层塌方外，大部分仍保存完好，现存约 220 平方米。墓室主要绘天空星象、祥瑞、鬼怪异兽、夫妇宴饮场景等。墓道东西两壁、下栏，天井的中、下层，甬道，以绚丽多彩的大型长卷，描绘了墓主人生前的显赫生活场面，如鞍马游骑、军乐仪仗、门官仪卫等。 　　壁画设色均用土质颜料，有土红、朱砂、赭石、熟褐、石黄、石青、石绿、墨黑和蛤粉等。单线勾勒，重彩填色，晕染法的运用相当出色。一般多在既定的范围内平涂或渲染，色彩效果因多用土质颜料而显得纯净稳重，物象被渲染得鲜艳单纯，与白灰壁面相间衬映而形成明快、空灵的清新效果，已完全摆脱了外来画法的影响，并赋予传统画法新的表现手法	TYW-GCLR

续表

地区	具体壁画墓方位（由北到南，总计23座）	编号
太原	图2.89 墓道西壁第二层 纵139厘米，横169厘米 北齐 武平元年（570）西壁鞍马导引图[1] 图2.90 墓道西壁第二层 纵158厘米，横198.5厘米 北齐武平元年（570）西壁鞍马游骑图[2]	TYW-GCLR

1　山西博物院，山西省考古研究所.壁上乾坤：山西北朝墓葬壁画艺术[M].太原：山西人民出版社，2019:35-36.
2　山西博物院，山西省考古研究所.壁上乾坤：山西北朝墓葬壁画艺术[M].太原：山西人民出版社，2019:37-38.

续表

地区	具体壁画墓方位（由北到南，总计23座）	编号
太原	图2.91 墓道西壁第二层 纵156.7厘米，横50厘米 北齐 武平元年（570）西壁鞍马游骑图[1] 图2.92 墓道西壁第三层 纵167厘米，横144厘米 北齐 武平元年（570）鼓吹图[2]	TYW-GCLR

1 山西博物院，山西省考古研究所.壁上乾坤：山西北朝墓葬壁画艺术[M].太原：山西人民出版社，2019:39-40.
2 山西博物院，山西省考古研究所.壁上乾坤：山西北朝墓葬壁画艺术[M].太原：山西人民出版社，2019:43.

续表

地区	具体壁画墓方位（由北到南，总计23座）	编号
太原	图2.93 墓道东壁第三层 纵143.5厘米，横185.7厘米 北齐 武平元年（570）鼓吹图[1] 图2.94 墓道西壁第三层 纵205厘米，横121厘米 北齐 武平元年（570）迎宾图[2]	TYW-GCLR

[1] 山西博物院，山西省考古研究所.壁上乾坤：山西北朝墓葬壁画艺术[M].太原：山西人民出版社，2019:44-45.
[2] 山西博物院，山西省考古研究所.壁上乾坤：山西北朝墓葬壁画艺术[M].太原：山西人民出版社，2019:47.

续表

地区	具体壁画墓方位（由北到南，总计23座）	编号
太原	图 2.95 东壁第二层回归图[1] 图 2.96 东壁第二层回归图[2] 图 2.97 纵148厘米，横194厘米 驼队图[3]	TYW-GCLR

1 山西博物院，山西省考古研究所.壁上乾坤：山西北朝墓葬壁画艺术[M].太原：山西人民出版社，2019:51-52.
2 山西博物院，山西省考古研究所.壁上乾坤：山西北朝墓葬壁画艺术[M].太原：山西人民出版社，2019:52-53.
3 山西博物院，山西省考古研究所.壁上乾坤：山西北朝墓葬壁画艺术[M].太原：山西人民出版社，2019:48-50.

续表

地区	具体壁画墓方位（由北到南，总计 23 座）	编号
太原	图 2.98 墓道东壁第二层主骑图[1] 图 2.99 墓门外侧东壁 纵 238.5 厘米，横 110.31 厘米 北齐 武平元年（570）门官图（左）[2] 图 2.100 墓门外侧西壁 纵 229.5 厘米，横 116.2 厘米 北齐 武平元年（570）门官图（右）[3]	TYW-GCLR

[1] 山西博物院，山西省考古研究所．壁上乾坤：山西北朝墓葬壁画艺术 [M]．太原：山西人民出版社，2019:54-55.
[2] 山西博物院，山西省考古研究所．壁上乾坤：山西北朝墓葬壁画艺术 [M]．太原：山西人民出版社，2019:56.
[3] 山西博物院，山西省考古研究所．壁上乾坤：山西北朝墓葬壁画艺术 [M]．太原：山西人民出版社，2019:57.

续表

地区	具体壁画墓方位（由北到南，总计 23 座）	编号
太原	**南郊第一热电厂壁画墓（北齐）1987 年** 1987 年 8 月，山西太原市南郊区金胜村附近的太原第一热电厂在扩建工程中发现一座北齐壁画墓，太原市文物管理委员会随即进行了清理，山西省考古研究所参加了壁画临摹和后期整理工作。 墓葬位于太原西山至汾河的缓坡地带西部，东南距晋阳古城遗址约 3 千米。这一带比较密集地分布着东周至隋唐时期的古代墓群 图 2.101 北壁中、下层壁画 [1] 图 2.102 东壁中、下层壁画 [2]	TYNJ-DYRD

1 渠川福. 太原南郊北齐壁画墓 [J]. 文物, 1990(12):11.
2 渠川福. 太原南郊北齐壁画墓 [J]. 文物, 1990(12):11.

续表

地区	具体壁画墓方位（由北到南，总计23座）	编号
太原	**王家峰村徐显秀墓（北齐）2002年** 山西省太原市迎泽区郝庄乡王家峰村东"王墓坡"有高大土冢。2000年12月初，发现有人盗掘，村委会立即报告文物部门。考古人员现场勘察后认定，此墓当属北齐时期，且有大规模壁画存在，遂报请国家文物局批准，太原市政府筹集经费，由省、市文物考古研究所组成王家峰北朝壁画墓考古队实施发掘。由于墓葬壁画的清理加固和色彩保护异常费事，发掘工作到2002年10月结束，墓主为北齐太尉武安王徐显秀，保存完好如新的精美壁画轰动学界。徐显秀壁画墓是近年来北朝美术考古的重大收获，被评为2002年"中国十大考古新发现"。2003年10月，公布了发掘简报，反响强烈。徐显秀墓位于太原东山西麓的前坡地带，海拔约900米，几乎无地下水，土质坚硬而干燥。墓葬西南距晋阳古城遗址约16千米。 墓葬由墓道、过洞、天井、甬道和墓室五部分组成。墓向185度，通长30米，深8.5米。有夯筑封土堆，残高5.2米。 徐显秀墓最重要的收获是出土的300余平方米彩绘壁画。壁画分三部分，墓道、过洞、天井内为仪仗队列，甬道口与两壁是仪卫，墓室为墓主人宴饮和出行等内容。彩绘各类人物200余，马匹7，牛车1，神兽8，各色仪仗、兵器、乐器、生活什物和装饰图案应有尽有。画面物象与现实同大而栩栩如生，内容纷繁而布局和谐，人物复杂而脉络清楚。徐显秀墓壁画不但是当时最高水平的绘画作品，而且更为重要的是，其完整地再现了北齐达官显贵排场豪华的生活场景，准确地反映了各色人物之间的社会关系，对于北齐社会历史文化的研究，无疑是极为难得的视觉形象史料，具有特殊的研究价值和解析空间。 徐显秀墓壁画展示了一种新的布局结构。画家将整座墓葬视为一块画布，每一组绘画都是整体画面的一部分，每一组画面都与另一组画面有过渡和衔接，达到浑然一体的效果。墓室北壁墓主夫妇《宴饮图》是主画面。由演奏的乐队衔接过渡到东西两壁。西壁是以墓主人坐骑为中心的随从和仪使；东壁是以墓主夫人牛车为中心的侍从和仪仗。南壁甬道门洞上方是莲花和凌空飞翔的	TYWJ-FXXX

续表

地区	具体壁画墓方位（由北到南，总计 23 座）	编号
太原	二神兽（方相氏），门洞两边墙壁，分别有七八个执旗佩剑的仪卫，实际上是东西两壁画面向甬道内两壁画面的过渡。甬道东西两壁分别有四个威风凛凛的仪卫军官。甬道外东西两侧肃立着两个执鞭门吏。再往外就是墓道两侧 96 人、6 马、4 神兽组成的庞大仪仗队。这种前所未见的壁画布局，显然经过精心设计。主题明确，结构紧凑，画面对称，过渡自然，形成一个庄严肃穆的整体，再现了墓主生前的豪华与排场。虽然不像以往所见的壁画那样内容丰富庞杂，但对于丧葬礼仪氛围的刻意营造，无疑是匠心独具，令人惊叹。这种讲求整体效果的大布局，使得魏晋以来的墓葬壁画艺术发展到一个新的高度，改变了北朝壁画分为天上、人间和地下多层次画面的格局，为后来绚丽壮美的唐代墓葬壁画开辟了先河。 徐显秀墓壁画有着明显的造型特点，娄叡墓和湾漳大墓壁画都以刚劲的铁线勾勒造型和一丝不苟的细节描绘闻名于世，类似于后世的工笔画法。徐显秀墓壁画则以简练的快速用笔准确捕捉人物的动态造型，隐然可见透视之意，似乎已谙写生之法，颇有些速写味道。墓道壁画尤其如此，在那样粗糙的墙面上，用笔有如行云流水，不起稿而一笔到位，几乎不见修改痕迹，挥洒自如，神乎其技。画家对造型的把握和对线条的控制功力，令人惊叹。 墓葬壁画之中，最引人注目的是东壁的驾车牛。此牛体形雄健彪悍，神态欢快喜人，昂首奋蹄，似欲破壁而出。形象既写实又夸张，写实惟妙惟肖，夸张又恰到好处。对比目前可以看到的资料，其艺术成就不仅六朝无出其右，比之唐代名作《五牛图》亦不见逊色。 徐显秀墓壁画的设色很有特点，很少将一种颜料原色直接上画，画家偏好并且善于使用过渡色（中间色）。壁画无大红大紫之匠俗，画面色调和谐淡雅，非常大气。画家对北壁墓主夫人和二侍女衣裙装饰图案的描绘，未使用先勾出轮廓再填涂颜色的通常手法，而是直接用色笔点染成形，取得了不同寻常的视觉效果。壁画人物面部用胭脂在额骨和腮颊处淡淡晕染，据美术史专家评论，这种做法和效果，还是初次见到，值得进一步研究。 墓室门洞上方的形象是通常称为方相氏的神兽，左右对称，俯冲飞翔。形象生动，造型优雅。把一个镇墓	TYWJ-FXXX

续表

地区	具体壁画墓方位（由北到南，总计 23 座）	编号
太原	驱鬼的凶神，塑造得竟有些和善可亲且饶有情趣。更难得的是，这个形象表现出了非常成熟的晕染技法，以色调层次的明暗变化，产生浮雕式的立体感。一般认为这种技法要到唐吴道子时代才最后成熟，而且成功的传世作品例证极为罕见。仔细观察这个形象，身体各部位的关节凸起凹下，肌肉的质感表现竟然如此成熟与完美，令人难以置信。 　　徐显秀墓壁画人物头像的刻画非常成功，大多为当时流行的半侧面姿态，表情极为生动。对比娄叡墓和湾漳大墓的人物头像，其造型能力显然更高一筹。人物整体形态则是异常简略，线条（包括轮廓和衣纹）少之又少，没有多少细节的描绘，动感十足而有如现代速写，使人想起古人对"疏体"画的评价："精而造疏，简而意足。" 　　南北朝时期绘画史的一个显著特点，就是中国画家大量汲取外来造型艺术营养。一般研究者将比较多的注意力放在佛教犍陀罗艺术的影响方面。实际上，来自中亚的萨珊波斯文化（包括转道波斯的印度笈多艺术）对北朝的影响相当可观。陈寅恪先生读《高僧传》札记云："然则自汉明迄梁武四百五十年间，译经诸大德，天竺人居四分之一，其余皆罽宾、西域及凉州之人，据此可知六朝文化与中亚关系之深矣。"可谓确论。 　　徐显秀墓壁画中存在着大量的外来文化内容，如本书大量壁画图片所揭示。我们曾有专文论证徐显秀可能有某种程度的祆教背景，这里不再赘述	TYWJ-FXXX

续表

地区	具体壁画墓方位（由北到南，总计 23 座）	编号
太原	图 2.103 墓道西壁壁画[1] 图 2.104 墓道东壁壁画[2]	TYWJ-FXXX

[1] 太原市文物考古研究所. 北齐徐显秀墓 [M]. 北京：文物出版社，2005:15.
[2] 太原市文物考古研究所. 北齐徐显秀墓 [M]. 北京：文物出版社，2005:16.

续表

地区	具体壁画墓方位（由北到南，总计23座）	编号
太原	图 2.105 墓道东壁壁画局部 甬道人物[1] 图 2.106 甬道人物[2]	TYWJ-FXXX

1 太原市文物考古研究所. 北齐徐显秀墓[M]. 北京：文物出版社，2005:18.
2 太原市文物考古研究所. 北齐徐显秀墓[M]. 北京：文物出版社，2005:19.

续表

地区	具体壁画墓方位（由北到南，总计 23 座）	编号
太原	图 2.107 甬道人物 [1] 图 2.108 甬道口东侧门吏 [2]	TYWJ-FXXX

1 太原市文物考古研究所. 北齐徐显秀墓 [M]. 北京：文物出版社，2005:20.
2 太原市文物考古研究所. 北齐徐显秀墓 [M]. 北京：文物出版社，2005:21.

第二章 山西北朝壁画墓分布的有关"地理脉络"问题及其艺术特点

续表

地区	具体壁画墓方位（由北到南，总计23座）	编号
太原	图 2.109 墓门门额浮雕彩绘[1] 图 2.110 墓门东门扇浮雕彩绘（左）[2] 图 2.111 墓门东门扇浮雕局部（右）[3]	TYWJ-FXXX

1 太原市文物考古研究所. 北齐徐显秀墓[M]. 北京：文物出版社，2005:22.
2 太原市文物考古研究所. 北齐徐显秀墓[M]. 北京：文物出版社，2005:24.
3 太原市文物考古研究所. 北齐徐显秀墓[M]. 北京：文物出版社，2005:25.

续表

地区	具体壁画墓方位（由北到南，总计 23 座）	编号
太原	图 2.112 墓门东门扇浮雕局部彩绘[1] 图 2.113 墓门西门扇浮雕局部（左）[2] 图 2.114 墓门西门扇浮雕局部（右）[3]	TYWJ-FXXX

[1] 太原市文物考古研究所. 北齐徐显秀墓 [M]. 北京：文物出版社，2005:24.
[2] 太原市文物考古研究所. 北齐徐显秀墓 [M]. 北京：文物出版社，2005:26.
[3] 太原市文物考古研究所. 北齐徐显秀墓 [M]. 北京：文物出版社，2005:27.

续表

地区	具体壁画墓方位（由北到南，总计 23 座）	编号
太原	图 2.115 墓室北壁壁画宴饮图[1] 图 2.116 墓室东壁壁画备车图[2] 图 2.117 墓室西壁壁画备马图[3]	TYWJ-FXXX

1 太原市文物考古研究所. 北齐徐显秀墓 [M]. 北京：文物出版社，2005:28-29.
2 太原市文物考古研究所. 北齐徐显秀墓 [M]. 北京：文物出版社，2005:36-37.
3 太原市文物考古研究所. 北齐徐显秀墓 [M]. 北京：文物出版社，2005:46-47.

续表

地区	具体壁画墓方位（由北到南，总计23座）	编号
太原	图2.118 墓室南壁壁画[1] **小井峪村韩祖念墓（北齐）1982年** 　　北齐韩祖念墓位于山西省太原市北郊小井峪乡小井峪村。1982年太原市文物考古研究所对韩祖念墓进行了发掘。由墓道、石门、前室、甬道和后室组成，该墓为北朝砖室壁画墓，后室内壁饰彩绘壁画。墓葬年代为公元568年，随葬品文化内涵丰富，出土遗物351件，包括陶器、玻璃器、青瓷器、釉陶器、铜器、金银器等，另有墓主夫妇石墓志2盒。其中一件完整的玻璃杯为中西方文化与技术交流提供了重要依据 图2.119 小井峪韩祖念墓壁画[2]	TYWJ-FXXX TYXJ-YHZN

1 太原市文物考古研究所. 北齐徐显秀墓 [M]. 北京：文物出版社，2005:51.
2 山西省考古学会，山西省考古研究所. 山西省考古学会论文集（四）[C]. 太原：山西人民出版社，2006:251.

续表

地区	具体壁画墓方位（由北到南，总计 23 座）	编号
阳泉	**寿阳贾家庄厍狄回洛墓（北齐）1973 年** 　　厍狄回洛墓，北齐贵族墓。位于山西寿阳贾家庄西。厍狄回洛（506—562），朔州部落人，官任肆州刺史、定州刺史等职，封顺阳郡王，《北齐书》有传。该墓于1973 年发掘。封土底径约 49 米，存高 12 米。为砖室墓，由斜坡墓道、甬道、墓室组成，墓门有彩绘的门楣和板门两扇。墓室内置一椁一棺，椁为屋宇式木结构，平面呈长方形，长 3.82 米，宽 3.04 米，残高 1.2 米，面阔三间，进深三间，为斗拱结构。棺内排列人骨三具，居中者为男性，两侧为女性。随葬镏金铜器、金器、玉器、玻璃器、玛瑙和陶俑、墓志等 300 余件。墓志三盒，分属厍狄回洛和其妻斛律夫人、妾尉氏。封土下墓道侧有房屋基址，可能是后人所建的享堂 图 2.120 东壁局部（左）[1] 图 2.121 西壁局部（右）[2]	YQSY-JJZKDHL

---

[1] 周丰伟. 山西北齐壁画墓男子服饰研究 [D]. 山西大学，2018:6.
[2] 周丰伟. 山西北齐壁画墓男子服饰研究 [D]. 山西大学，2018:6.

以上所有信息资料（表2.2）分别从北朝壁画墓考古简报、壁画画册及文物展出所拍摄图片，完成对山西地区北朝壁画墓图像信息的基本整理，并对所有图像从日常生活和精神符号两种类别进行整理，采用图表数据的采集，进而在每个类别的不同类型中针对不同历史时期同类型图片进行比较分析，找到该类型样式图像变化的叙事特点，从中找出山西地区北朝壁画墓的图像风格及叙事特点。在图像的比较过程中，借助于历史文献，以及固定的社会习俗、不同区域艺术样式的相互影响，还有绘画艺人的差异性，从中找到一种基于可变中的不变规律，进而找出北朝壁画墓图像叙事的特点。

通过对北朝壁画墓图像分类整理、归纳后，形成图像数据表，进而形成一个图像信息资源库。资源库的建立将为部分希望从北朝壁画墓图像中寻找图像数据的学者提供线图数据。

从考古简报提供的数据可以看出，从汉代到北魏再到北齐墓葬的墓道逐渐加长，这样的形制变化为图像叙事提供了空间。同时，壁画的构图、人物造型、表现风格、装饰内容等都发生了很大变化。

第三节 山西区域北朝壁画墓图像分类整理、归纳

基于人类日常生活真实场景所能见到的可存在的真实物象和从心理结构上依附某些图形、图像而建立两种图像信息分析表。其一，山西北朝墓壁画——世俗生活类（表2.3），包括人物图像、衣服及帽式图像、食物图像、乐器工具图像、车马仪仗图像；其二，山西北朝墓壁画——精神符号类（表2.4），包括纹样图像、畏兽图像、天国图像、宗教图像。由此形成两种类型的图形数据库，从而进行图像分析、比较。

一、图像编号规则

所有图片按照墓室具体地域的首字母＋考古编号＋分类类型首字母＋顺序编号的规律来编写。例如，大同沙岭7号壁画墓（北魏）2005年人物—1图像编号为DTSL7RW—1。

二、山西北朝墓壁画——世俗生活类

表 2.3 山西北朝墓壁画——世俗生活类图像数据表

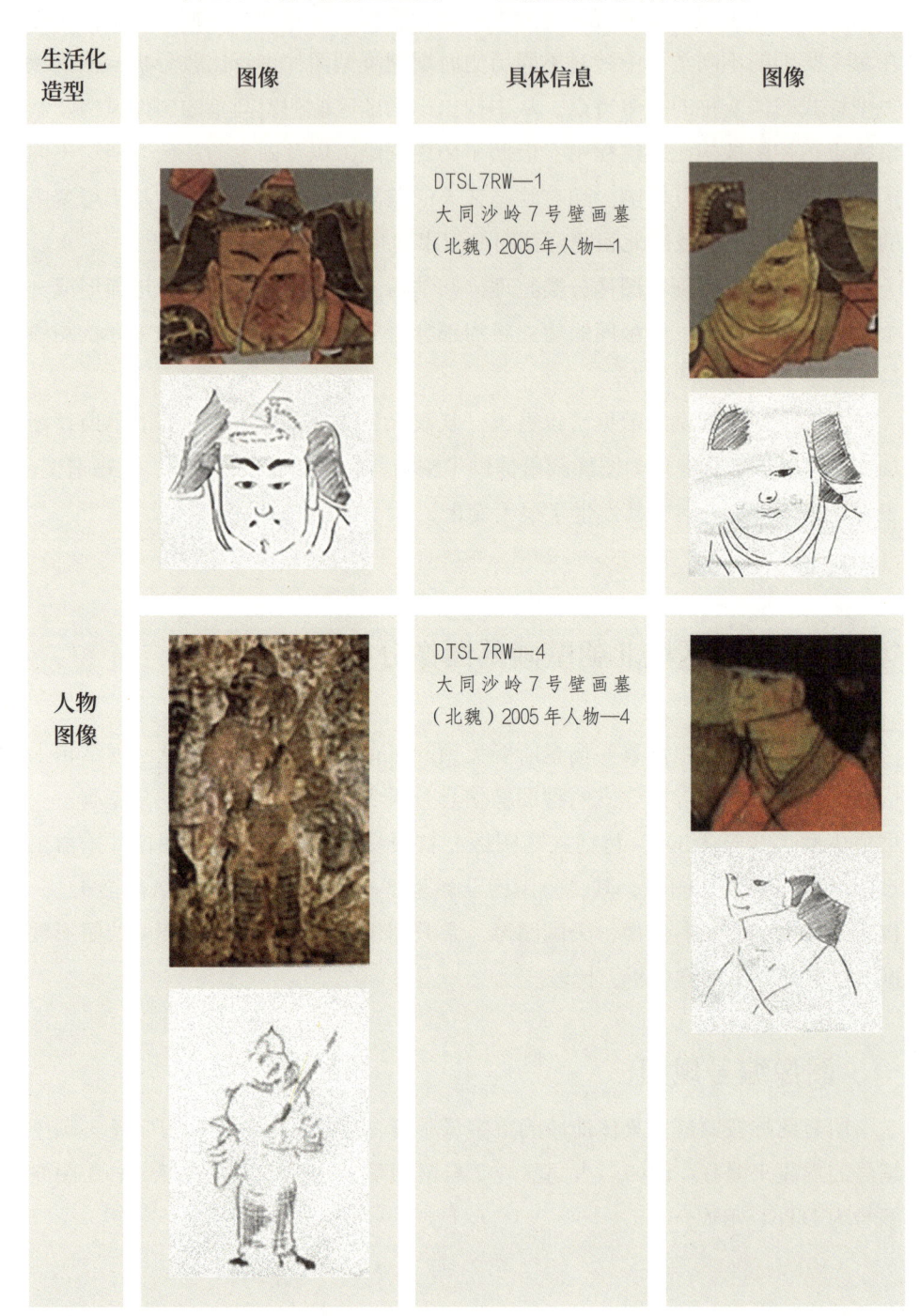

生活化造型	图像	具体信息	图像
人物图像		DTSL7RW—1 大同沙岭 7 号壁画墓（北魏）2005 年人物—1	
		DTSL7RW—4 大同沙岭 7 号壁画墓（北魏）2005 年人物—4	

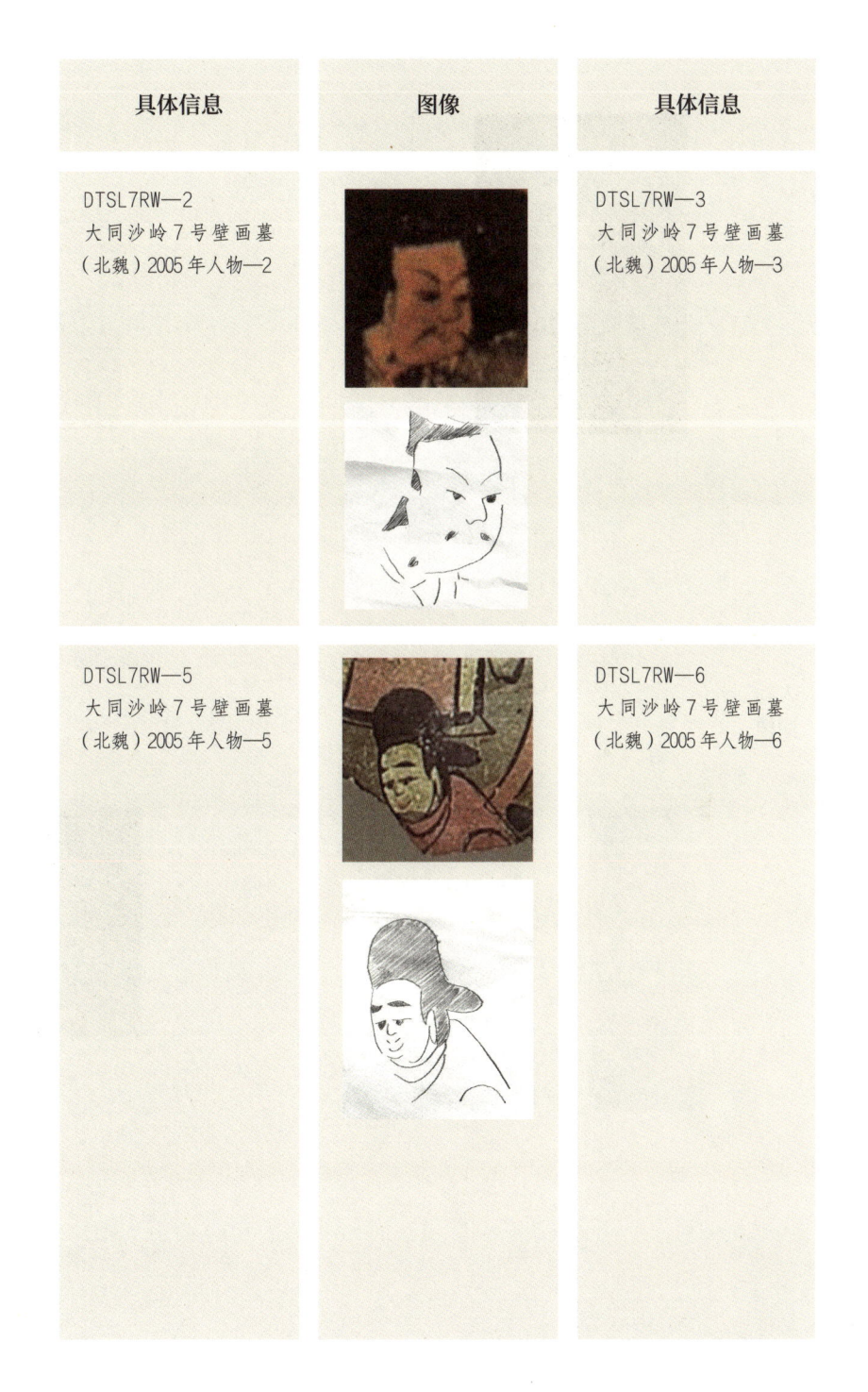

具体信息	图像	具体信息
DTSL7RW—2 大同沙岭 7 号壁画墓 （北魏）2005 年人物—2		DTSL7RW—3 大同沙岭 7 号壁画墓 （北魏）2005 年人物—3
DTSL7RW—5 大同沙岭 7 号壁画墓 （北魏）2005 年人物—5		DTSL7RW—6 大同沙岭 7 号壁画墓 （北魏）2005 年人物—6

续表

生活化造型	图像	具体信息	图像
人物图像		DTSL7RW—7 大同沙岭7号壁画墓（北魏）2005年人物—7	
		DTYBDD16RW—3 大同迎宾大道16号壁画墓（北魏）2002年人物—3	

70　山西北朝墓葬壁画图像叙事研究

续表

具体信息	图像	具体信息
DTYBDD16RW—1 大同迎宾大道16号壁画墓（北魏）2002年人物—1		DTYBDD16RW—2 大同迎宾大道16号壁画墓（北魏）2002年人物—2
DTWYLRW—1 大同文瀛路壁画墓（北魏）2009年人物—1		DTWYLRW—2 大同文瀛路壁画墓（北魏）2009年人物—2

第二章　山西北朝壁画墓分布的有关"地理脉络"问题及其艺术特点

续表

生活化造型	图像	具体信息	图像
人物图像		DTWYLRW—3 大同文瀛路壁画墓（北魏）2009年人物—3	
		DTZJBRW—2 大同智家堡壁画墓（北魏）人物—2	
		DTZJBRW—5 大同智家堡壁画墓（北魏）人物—5	

续表

具体信息	图像	具体信息
DTWYLRW—4 大同文瀛路壁画墓(北魏)2009年人物—4		DTZJBRW—1 大同智家堡壁画墓(北魏)人物—1
DTZJBRW—3 大同智家堡壁画墓(北魏)人物—3		DTZJBRW—4 大同智家堡壁画墓(北魏)人物—4
DTZJBRW—6 大同智家堡壁画墓(北魏)人物—6		DTZZLRW—1 大同张智朗墓(北魏)人物—1

续表

生活化造型	图像	具体信息	图像
人物图像		DTZZLRW—2 大同张智朗墓（北魏）人物—2	
		DTXXRW—1 大同解兴墓石椁壁画（北魏）人物—1	

74　山西北朝墓葬壁画图像叙事研究

续表

具体信息	图像	具体信息
DTZZLRW—3 大同张智朗墓（北魏）人物—3		DTZZLRW—4 大同张智朗墓（北魏）人物—4
DTXXRW—2 大同解兴墓石椁壁画（北魏）人物—2		DTXXRW—3 大同解兴墓石椁壁画（北魏）人物—3

第二章　山西北朝壁画墓分布的有关"地理脉络"问题及其艺术特点

续表

生活化造型	图像	具体信息	图像
人物图像		DTXXRW—4 大同解兴墓石椁壁画（北魏）人物—4	
		DTTJWFQRW—2 大同仝家湾富乔发电厂佛教画像石堂（北魏）人物—2	

续表

具体信息	图像	具体信息
DTYBSYSSZRW—1 大同雁北师院宋绍祖墓（北魏）2000年人物—1		DTTJWFQRW—1 大同仝家湾富乔发电厂佛教画像石堂（北魏）人物—1
DTTJWFQRW—3 大同仝家湾富乔发电厂佛教画像石堂（北魏）人物—3		DTTJWFQRW—4 大同仝家湾富乔发电厂佛教画像石堂（北魏）人物—4

续表

生活化造型	图像	具体信息	图像
人物图像		DTTJWFQRW—5 大同仝家湾富乔发电厂佛教画像石堂（北魏）人物—5	
		DTNJDHCRW—1 大同南郊电焊器材厂 185/229/238/253 壁画墓（北魏）2011年人物—1	

续表

具体信息	图像	具体信息
DTTJWFQRW—6 大同仝家湾富乔发电厂佛教画像石堂（北魏）人物—6		DTTJWFQRW—7 大同仝家湾富乔发电厂佛教画像石堂（北魏）人物—7
DTHD1RW—1 大同湖东1号壁画墓（北魏）1986年人物—1		DTHD1RW—2 大同湖东1号壁画墓（北魏）1986年人物—2

第二章　山西北朝壁画墓分布的有关"地理脉络"问题及其艺术特点

续表

生活化造型	图像	具体信息	图像
人物图像		DTHD1RW—3 大同湖东1号壁画墓（北魏）1986年人物—3	
		DTTJW9RW—3 大同仝家湾9号墓壁画（北魏）人物—3	

续表

具体信息	图像	具体信息
DTTJW9RW—1 大同仝家湾 9 号墓壁画（北魏）人物—1		DTTJW9RW—2 大同仝家湾 9 号墓壁画（北魏）人物—2
DTTJW9RW—4 大同仝家湾 9 号墓壁画（北魏）人物—4		DTTJW9RW—5 大同仝家湾 9 号墓壁画（北魏）人物—5

续表

生活化造型	图像	具体信息	图像
人物图像		DTTJW9RW—6 大同仝家湾9号墓壁画（北魏）人物—6	
		DTTJW9RW—9 大同仝家湾9号墓壁画（北魏）人物—9	

续表

具体信息	图像	具体信息
DTTJW9RW—7 大同仝家湾9号墓壁画（北魏）人物—7		DTTJW9RW—8 大同仝家湾9号墓壁画（北魏）人物—8
DTTJW9RW—10 大同仝家湾9号墓壁画（北魏）人物—10		DTTJW9RW—11 大同仝家湾9号墓壁画（北魏）人物—11

续表

生活化造型	图像	具体信息	图像
人物图像		DTTJW9RW—12 大同仝家湾9号墓壁画 （北魏）人物—12	
		DTTJW9RW—15 大同仝家湾9号墓壁画 （北魏）人物—15	

续表

具体信息	图像	具体信息
DTTJW9RW—13 大同仝家湾9号墓壁画（北魏）人物—13		DTTJW9RW—14 大同仝家湾9号墓壁画（北魏）人物—14
DTTJW9RW—16 大同仝家湾9号墓壁画（北魏）人物—16		DTTJW9RW—17 大同仝家湾9号墓壁画（北魏）人物—17

续表

生活化造型	图像	具体信息	图像
人物图像		DTTJW9RW—18 大同仝家湾 9 号墓壁画（北魏）人物—18	
		DTTJW9RW—21 大同仝家湾 9 号墓壁画（北魏）人物—21	

续表

具体信息	图像	具体信息
DTTJW9RW—19 大同仝家湾9号墓壁画（北魏）人物—19		DTTJW9RW—20 大同仝家湾9号墓壁画（北魏）人物—20
DTTJW9RW—22 大同仝家湾9号墓壁画（北魏）人物—22		DTTJW9RW—23 大同仝家湾9号墓壁画（北魏）人物—23

续表

生活化造型	图像	具体信息	图像
人物图像		DTTJW9RW—24 大同仝家湾9号墓壁画（北魏）人物—24	
		SZSQLRW—1 朔州水泉梁壁画墓（北齐）2008年人物—1	

续表

具体信息	图像	具体信息
SZHRDYWRW—1 朔州怀仁丹阳王壁画墓（北魏）1993年人物—1		SZHRDYWRW—2 朔州怀仁丹阳王壁画墓（北魏）1993年人物—2
SZSQLRW—2 朔州水泉梁壁画墓（北齐）2008年人物—2		SZSQLRW—3 朔州水泉梁壁画墓（北齐）2008年人物—3

续表

生活化造型	图像	具体信息	图像
人物图像		SZSQLRW—4 朔州水泉梁壁画墓（北齐）2008年人物—4	
		SZSQLRW—7 朔州水泉梁壁画墓（北齐）2008年人物—7	

续表

具体信息	图像	具体信息
SZSQLRW—5 朔州水泉梁壁画墓（北齐）2008年人物—5		SZSQLRW—6 朔州水泉梁壁画墓（北齐）2008年人物—6
SZSQLRW—8 朔州水泉梁壁画墓（北齐）2008年人物—8		SZSQLRW—9 朔州水泉梁壁画墓（北齐）2008年人物—9

续表

生活化造型	图像	具体信息	图像
人物图像		SZSQLRW—10 朔州水泉梁壁画墓（北齐）2008年人物—10	
		XZJYGRW—3 忻州九原岗壁画墓（北齐）2013年人物—3	
		XZJYGRW—6 忻州九原岗壁画墓（北齐）2013年人物—6	

续表

具体信息	图像	具体信息
XZJYGRW—1 忻州九原岗壁画墓（北齐）2013年人物—1		XZJYGRW—2 忻州九原岗壁画墓（北齐）2013年人物—2
XZJYGRW—4 忻州九原岗壁画墓（北齐）2013年人物—4		XZJYGRW—5 忻州九原岗壁画墓（北齐）2013年人物—5
XZJYGRW—7 忻州九原岗壁画墓（北齐）2013年人物—7		XZJYGRW—8 忻州九原岗壁画墓（北齐）2013年人物—8

续表

生活化造型	图像	具体信息	图像
人物图像		XZJYGRW—9 忻州九原岗壁画墓（北齐）2013年人物—9	
		XZJYGRW—12 忻州九原岗壁画墓（北齐）2013年人物—12	
		TYWGCLRRW—1 太原王郭村娄叡墓（北齐）1979年人物—1	

续表

具体信息	图像	具体信息
XZJYGRW—10 忻州九原岗壁画墓（北齐）2013年人物—10		XZJYGRW—11 忻州九原岗壁画墓（北齐）2013年人物—11
XZJYGRW—13 忻州九原岗壁画墓（北齐）2013年人物—13		XZJYGRW—14 忻州九原岗壁画墓（北齐）2013年人物—14
TYWGCLRRW—2 太原王郭村娄叡墓（北齐）1979年人物—2		TYWGCLRRW—3 太原王郭村娄叡墓（北齐）1979年人物—3

续表

生活化造型	图像	具体信息	图像
人物图像		TYWGCLRRW—4 太原王郭村娄叡墓（北齐）1979年人物—4	
		TYWGCLRRW—7 太原王郭村娄叡墓（北齐）1979年人物—7	
		TYNJDYRDRW—1 太原南郊第一热电厂壁画墓（北齐）1987年人物—1	

96　山西北朝墓葬壁画图像叙事研究

续表

具体信息	图像	具体信息
TYWGCLRRW—5 太原王郭村娄叡墓（北齐）1979年人物—5		TYWGCLRRW—6 太原王郭村娄叡墓（北齐）1979年人物—6
TYWGCLRRW—8 太原王郭村娄叡墓（北齐）1979年人物—8		TYWGCLRRW—9 太原王郭村娄叡墓（北齐）1979年人物—9
TYNJDYRDRW—2 太原南郊第一热电厂壁画墓（北齐）1987年人物—2		TYNJDYRDRW—3 太原南郊第一热电厂壁画墓（北齐）1987年人物—3

第二章　山西北朝壁画墓分布的有关"地理脉络"问题及其艺术特点

续表

生活化造型	图像	具体信息	图像
人物图像		TYNJDYRDRW—4 太原南郊第一热电厂壁画墓（北齐）1987年人物—4	
		TYNJDYRDRW—7 太原南郊第一热电厂壁画墓（北齐）1987年人物—7	
		TYNJDYRDRW—10 太原南郊第一热电厂壁画墓（北齐）1987年人物—10	

98　山西北朝墓葬壁画图像叙事研究

续表

具体信息	图像	具体信息
TYNJDYRDRW—5 太原南郊第一热电厂壁画墓（北齐）1987年人物—5		TYNJDYRDRW—6 太原南郊第一热电厂壁画墓（北齐）1987年人物—6
TYNJDYRDRW—8 太原南郊第一热电厂壁画墓（北齐）1987年人物—8		TYNJDYRDRW—9 太原南郊第一热电厂壁画墓（北齐）1987年人物—9
TYNJDYRDRW—11 太原南郊第一热电厂壁画墓（北齐）1987年人物—11		TYWJFXXXRW—1 太原王家峰村徐显秀墓（北齐）2002年人物—1

续表

生活化造型	图像	具体信息	图像
人物图像		TYWJFXXXRW—2 太原王家峰村徐显秀墓（北齐）2002年人物—2	
		TYXJYHZNRW—3 太原小井峪村韩祖念墓（北齐）1982年人物—3	

续表

具体信息	图像	具体信息
TYXJYHZNRW—1 太原小井峪村韩祖念墓（北齐）1982年人物—1		TYXJYHZNRW—2 太原小井峪村韩祖念墓（北齐）1982年人物—2
TYXJYHZNRW—4 太原小井峪村韩祖念墓（北齐）1982年人物—4		YQSYJJZSDHLRW—1 阳泉寿阳贾家庄厍狄回洛墓（北齐）1973年人物—1

续表

生活化造型	图像	具体信息	图像
人物图像		YQSYJJZSDHLRW—2 阳泉寿阳贾家庄厍狄回洛墓（北齐）1973年 人物—2	
		YQSYJJZSDHLRW—5 阳泉寿阳贾家庄厍狄回洛墓（北齐）1973年 人物—5	

续表

具体信息	图像	具体信息
YQSYJJZSDHLRW—3 阳泉寿阳贾家庄厍狄回洛墓（北齐）1973年人物—3		YQSYJJZSDHLRW—4 阳泉寿阳贾家庄厍狄回洛墓（北齐）1973年人物—4

续表

生活化造型	图像	具体信息	图像
衣服帽式图像		DTSL7YFMS—1 大同沙岭7号壁画墓（北魏）2005年衣服帽式—1	
		DTSL7YFMS—4 大同沙岭7号壁画墓（北魏）2005年衣服帽式—4	

续表

具体信息	图像	具体信息
DTSL7YFMS—2 大同沙岭7号壁画墓（北魏）2005年衣服帽式—2		DTSL7YFMS—3 大同沙岭7号壁画墓（北魏）2005年衣服帽式—3
DTSL7YFMS—5 大同沙岭7号壁画墓（北魏）2005年衣服帽式—5		DTSL7YFMS—6 大同沙岭7号壁画墓（北魏）2005年衣服帽式—6

续表

生活化造型	图像	具体信息	图像
衣服帽式图像		DTYBDD16YFMS—1 大同迎宾大道16号壁画墓（北魏）2002年衣服帽式—1	
		DTZJBYFMS—3 大同智家堡壁画墓（北魏）衣服帽式—3	
		DTZZLYFMS—1 大同张智朗墓（北魏）衣服帽式—1	

106　山西北朝墓葬壁画图像叙事研究

续表

具体信息	图像	具体信息
DTZJBYFMS—1 大同智家堡壁画墓（北魏）衣服帽式—1		DTZJBYFMS—2 大同智家堡壁画墓（北魏）衣服帽式—2
DTZJBYFMS—4 大同智家堡壁画墓（北魏）衣服帽式—4		DTZJBYFMS—5 大同智家堡壁画墓（北魏）衣服帽式—5
DTZZLYFMS—2 大同张智朗墓（北魏）衣服帽式—2		DTZZLYFMS—3 大同张智朗墓（北魏）衣服帽式—3

续表

生活化造型	图像	具体信息	图像
衣服帽式图像		DTZZLYFMS—4 大同张智朗墓（北魏）衣服帽式—4	
		DTYBSYSSZYFMS—2 大同雁北师院宋绍祖墓（北魏）2000年衣服帽式—2	
		DTTJW9YFMS—2 大同仝家湾9号墓壁画（北魏）衣服帽式—2	

续表

具体信息	图像	具体信息
DTXXYFMS—1 大同解兴墓石椁壁画（北魏）衣服帽式—1		DTYBSYSSZYFMS—1 大同雁北师院宋绍祖墓（北魏）2000年衣服帽式—1
DTTJWFQYFMS—1 大同仝家湾富乔发电厂佛教画像石堂（北魏）衣服帽式—1		DTTJW9YFMS—1 大同仝家湾9号墓壁画（北魏）衣服帽式—1
DTTJW9YFMS—3 大同仝家湾9号墓壁画（北魏）衣服帽式—3		DTTJW9YFMS—4 大同仝家湾9号墓壁画（北魏）衣服帽式—4

第二章　山西北朝壁画墓分布的有关"地理脉络"问题及其艺术特点　109

续表

生活化造型	图像	具体信息	图像
衣服帽式图像		DTTJW9YFMS—5 大同仝家湾 9 号墓壁画（北魏）衣服帽式—5	
		DTTJW9YFMS—8 大同仝家湾 9 号墓壁画（北魏）衣服帽式—8	
		DTTJW9YFMS—11 大同仝家湾 9 号墓壁画（北魏）衣服帽式—11	

续表

具体信息	图像	具体信息
DTTJW9YFMS—6 大同仝家湾9号墓壁画（北魏）衣服帽式—6		DTTJW9YFMS—7 大同仝家湾9号墓壁画（北魏）衣服帽式—7
DTTJW9YFMS—9 大同仝家湾9号墓壁画（北魏）衣服帽式—9		DTTJW9YFMS—10 大同仝家湾9号墓壁画（北魏）衣服帽式—10
DTTJW9YFMS—12 大同仝家湾9号墓壁画（北魏）衣服帽式—12		DTTJW9YFMS—13 大同仝家湾9号墓壁画（北魏）衣服帽式—13

续表

生活化造型	图像	具体信息	图像
衣服帽式图像		DTTJW9YFMS—14 大同仝家湾9号墓壁画（北魏）衣服帽式—14	
		DTTJW9YFMS—17 大同仝家湾9号墓壁画（北魏）衣服帽式—17	

续表

具体信息	图像	具体信息
DTTJW9YFMS—15 大同仝家湾9号墓壁画（北魏）衣服帽式—15		DTTJW9YFMS—16 大同仝家湾9号墓壁画（北魏）衣服帽式—16
DTTJW9YFMS—18 大同仝家湾9号墓壁画（北魏）衣服帽式—18		DTTJW9YFMS—19 大同仝家湾9号墓壁画（北魏）衣服帽式—19

第二章 山西北朝壁画墓分布的有关"地理脉络"问题及其艺术特点

续表

生活化造型	图像	具体信息	图像
衣服帽式图像		DTTJW9YFMS—20 大同仝家湾9号墓壁画（北魏）衣服帽式—20	
		DTTJW9YFMS—23 大同仝家湾9号墓壁画（北魏）衣服帽式—23	

续表

具体信息	图像	具体信息
DTTJW9YFMS—21 大同仝家湾9号墓壁画（北魏）衣服帽式—21		DTTJW9YFMS—22 大同仝家湾9号墓壁画（北魏）衣服帽式—22
DTTJW9YFMS—24 大同仝家湾9号墓壁画（北魏）衣服帽式—24		DTTJW9YFMS—25 大同仝家湾9号墓壁画（北魏）衣服帽式—25

续表

生活化造型	图像	具体信息	图像
衣服帽式图像		DTTJW9YFMS—26 大同仝家湾9号墓壁画（北魏）衣服帽式—26	
		DTTJW9YFMS—29 大同仝家湾9号墓壁画（北魏）衣服帽式—29	
		SZSQLYFMS—1 朔州水泉梁壁画墓（北齐）2008年衣服帽式—1	

续表

具体信息	图像	具体信息
DTTJW9YFMS—27 大同仝家湾9号墓壁画（北魏）衣服帽式—27		DTTJW9YFMS—28 大同仝家湾9号墓壁画（北魏）衣服帽式—28
DTTJW9YFMS—30 大同仝家湾9号墓壁画（北魏）衣服帽式—30		DTTJW9YFMS—31 大同仝家湾9号墓壁画（北魏）衣服帽式—31
SZSQLYFMS—2 朔州水泉梁壁画墓（北齐）2008年衣服帽式—2		SZSQLYFMS—3 朔州水泉梁壁画墓（北齐）2008年衣服帽式—3

第二章 山西北朝壁画墓分布的有关"地理脉络"问题及其艺术特点

续表

生活化造型	图像	具体信息	图像
衣服帽式图像		SZSQLYFMS—4 朔州水泉梁壁画墓（北齐）2008年衣服帽式—4	
		XZJYGYFMS—2 忻州九原岗壁画墓（北齐）2013年衣服帽式—2	
		TYWGCLRYFMS—3 太原王郭村娄叡墓（北齐）1979年衣服帽式—3	

续表

具体信息	图像	具体信息
SZSQLYFMS—5 朔州水泉梁壁画墓（北齐）2008年人物—5		XZJYGYFMS—1 忻州九原岗壁画墓（北齐）2013年衣服帽式—1
TYWGCLRYFMS—1 太原王郭村娄叡墓（北齐）1979年衣服帽式—1		TYWGCLRYFMS—2 太原王郭村娄叡墓（北齐）1979年衣服帽式—2
TYWGCLRYFMS—4 太原王郭村娄叡墓（北齐）1979年衣服帽式—4		TYWGCLRYFMS—5 太原王郭村娄叡墓（北齐）1979年衣服帽式—5

续表

生活化造型	图像	具体信息	图像
衣服帽式图像		TYWGCLRYFMS—6 太原王郭村娄叡墓（北齐）1979年衣服帽式—6	
		TYNJDYRDYFMS—3 太原南郊第一热电厂壁画墓（北齐）1987年衣服帽式—3	
		YQSYJJZSDHLYFMS—1 阳泉寿阳贾家庄厍狄回洛墓（北齐）1973年衣服帽式—1	

120　山西北朝墓葬壁画图像叙事研究

续表

具体信息	图像	具体信息
TYNJDYRDYFMS—1 太原南郊第一热电厂壁画墓（北齐）1987年衣服帽式—1		TYNJDYRDYFMS—2 太原南郊第一热电厂壁画墓（北齐）1987年衣服帽式—2
TYNJDYRDYFMS—4 太原南郊第一热电厂壁画墓（北齐）1987年衣服帽式—4		TYNJDYRDYFMS—5 太原南郊第一热电厂壁画墓（北齐）1987年衣服帽式—5
TYWJFXXXYFMS—1 太原王家峰村徐显秀墓（北齐）2002年衣服帽式—1		TYWJFXXXYFMS—2 太原王家峰村徐显秀墓（北齐）2002年衣服帽式—2

续表

生活化造型	图像	具体信息	图像
衣服帽式图像		TYWJFXXXYFMS—3 太原王家峰村徐显秀墓（北齐）2002年衣服帽式—3	
		TYWJFXXXYFMS—6 太原王家峰村徐显秀墓（北齐）2002年衣服帽式—6	
		TYWJFXXXYFMS—9 太原王家峰村徐显秀墓（北齐）2002年衣服帽式—9	

续表

具体信息	图像	具体信息
TYWJFXXXYFMS—4 太原王家峰村徐显秀墓（北齐）2002年衣服帽式—4		TYWJFXXXYFMS—5 太原王家峰村徐显秀墓（北齐）2002年衣服帽式—5
TYWJFXXXYFMS—7 太原王家峰村徐显秀墓（北齐）2002年衣服帽式—7		TYWJFXXXYFMS—8 太原王家峰村徐显秀墓（北齐）2002年衣服帽式—8
TYWJFXXXYFMS—10 太原王家峰村徐显秀墓（北齐）2002年衣服帽式—10		

续表

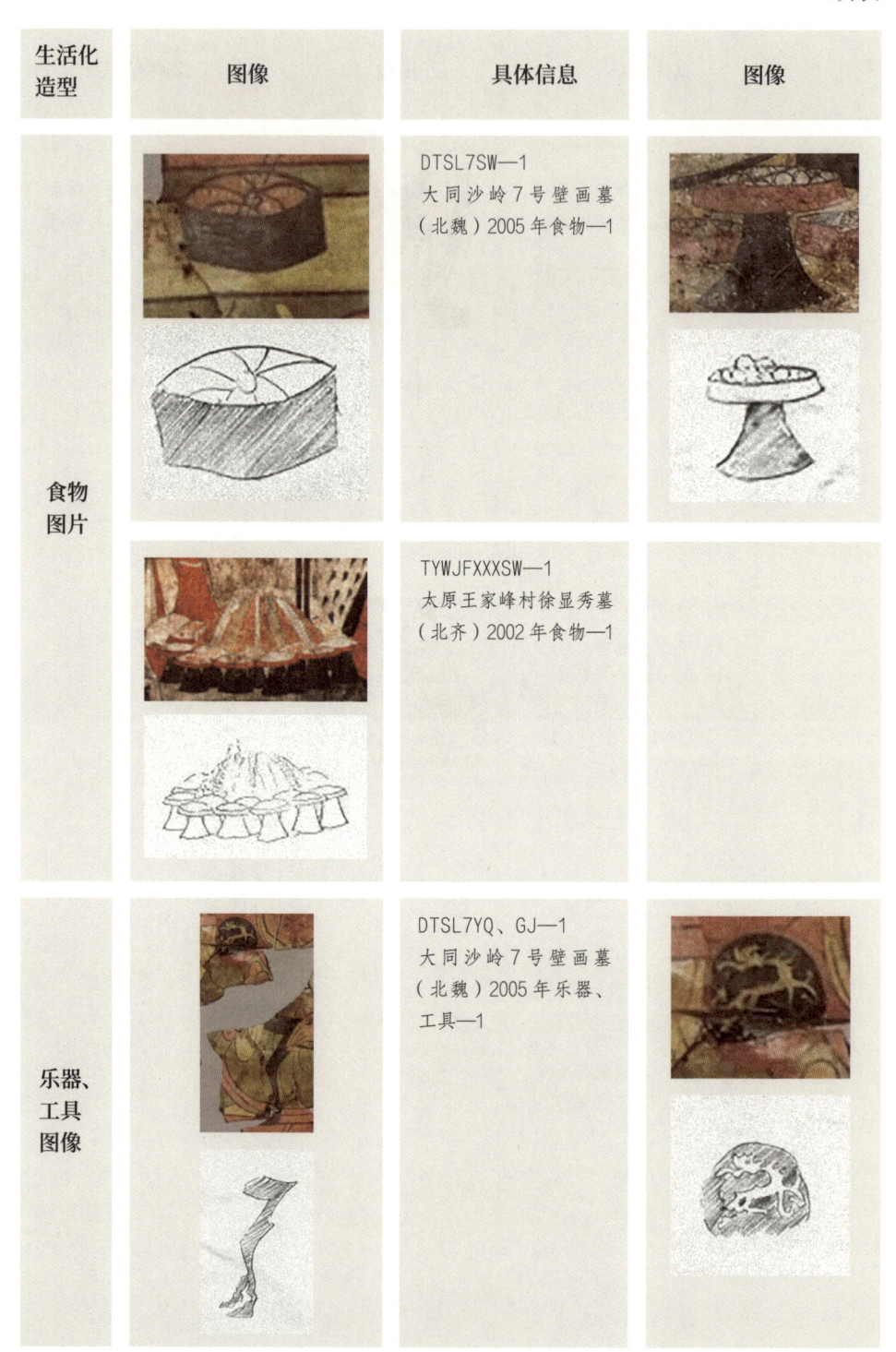

生活化造型	图像	具体信息	图像
食物图片		DTSL7SW—1 大同沙岭7号壁画墓（北魏）2005年食物—1	
		TYWJFXXXSW—1 太原王家峰村徐显秀墓（北齐）2002年食物—1	
乐器、工具图像		DTSL7YQ、GJ—1 大同沙岭7号壁画墓（北魏）2005年乐器、工具—1	

续表

具体信息	图像	具体信息
SZSQLSW—1 朔州水泉梁壁画墓（北齐）2008年食物—1		SZSQLSW—2 朔州水泉梁壁画墓（北齐）2008年食物—2
DTSL7YQ、GJ—2 大同沙岭7号壁画墓（北魏）2005年乐器、工具—2		DTSL7YQ、GJ—3 大同沙岭7号壁画墓（北魏）2005年乐器、工具—3

续表

生活化造型	图像	具体信息	图像
乐器、工具图像		DTSL7YQ、GJ—4 大同沙岭7号壁画墓（北魏）2005年乐器、工具—4	
		DTSL7YQ、GJ—7 大同沙岭7号壁画墓（北魏）2005年乐器、工具—7	
		DTSL7YQ、GJ—10 大同沙岭7号壁画墓（北魏）2005年乐器、工具—10	

续表

具体信息	图像	具体信息
DTSL7YQ、GJ—5 大同沙岭7号壁画墓（北魏）2005年乐器、工具—5		DTSL7YQ、GJ—6 大同沙岭7号壁画墓（北魏）2005年乐器、工具—6
DTSL7YQ、GJ—8 大同沙岭7号壁画墓（北魏）2005年乐器、工具—8		DTSL7YQ、GJ—9 大同沙岭7号壁画墓（北魏）2005年乐器、工具—9
DTSL7YQ、GJ—11 大同沙岭7号壁画墓（北魏）2005年乐器、工具—11		DTSL7YQ、GJ—12 大同沙岭7号壁画墓（北魏）2005年乐器、工具—12

续表

生活化造型	图像	具体信息	图像
乐器、工具图像		DTSL7YQ、GJ—13 大同沙岭7号壁画墓（北魏）2005年乐器、工具—13	
		DTSL7YQ、GJ—16 大同沙岭7号壁画墓（北魏）2005年乐器、工具—16	
		DTYBDD16YQ、GJ—3 大同迎宾大道16号壁画墓（北魏）2002年乐器、工具—3	

续表

具体信息	图像	具体信息
DTSL7YQ、GJ—14 大同沙岭7号壁画墓（北魏）2005年乐器、工具—14		DTSL7YQ、GJ—15 大同沙岭7号壁画墓（北魏）2005年乐器、工具—15
DTYBDD16YQ、GJ—1 大同迎宾大道16号壁画墓（北魏）2002年乐器、工具—1		DTYBDD16YQ、GJ—2 大同迎宾大道16号壁画墓（北魏）2002年乐器、工具—2
DTZJBYQ、GJ—1 大同智家堡壁画墓（北魏）乐器、工具—1		DTZJBYQ、GJ—2 大同智家堡壁画墓（北魏）乐器、工具—2

续表

生活化造型	图像	具体信息	图像
乐器、工具图像		DTZJBYQ、GJ—3 大同智家堡壁画墓（北魏）乐器、工具—3	
		DTZJBYQ、GJ—6 大同智家堡壁画墓（北魏）乐器、工具—6	
		TYXJYHZNYQ、GJ—1 太原小井峪村韩祖念墓（北齐）1982年乐器、工具—1	

续表

具体信息	图像	具体信息
DTZJBYQ、GJ—4 大同智家堡壁画墓（北魏）乐器、工具—4		DTZJBYQ、GJ—5 大同智家堡壁画墓（北魏）乐器、工具—5
DTZJBYQ、GJ—7 大同智家堡壁画墓（北魏）乐器、工具—7		DTZJBYQ、GJ—8 大同智家堡壁画墓（北魏）乐器、工具—8
DTZZLYQ、GJ—1 大同张智朗墓（北魏）乐器、工具—1		DTZZLYQ、GJ—2 大同张智朗墓（北魏）乐器、工具—2

续表

生活化造型	图像	具体信息	图像
乐器、工具图像		DTZZLYQ、GJ—3 大同张智朗墓（北魏）乐器、工具—3	
		DTXXYQ、GJ—2 大同解兴墓石椁壁画（北魏）乐器、工具—2	
		DTXXYQ、GJ—5 大同解兴墓石椁壁画（北魏）乐器、工具—5	

132　山西北朝墓葬壁画图像叙事研究

续表

具体信息	图像	具体信息
DTZZLYQ、GJ—4 大同张智朗墓（北魏）乐器、工具—4		DTXXYQ、GJ—1 大同解兴墓石椁壁画（北魏）乐器、工具—1
DTXXYQ、GJ—3 大同解兴墓石椁壁画（北魏）乐器、工具—3		DTXXYQ、GJ—4 大同解兴墓石椁壁画（北魏）乐器、工具—4
DTXXYQ、GJ—6 大同解兴墓石椁壁画（北魏）乐器、工具—6		DTXXYQ、GJ—7 大同解兴墓石椁壁画（北魏）乐器、工具—7

续表

生活化造型	图像	具体信息	图像
乐器、工具图像		DTXXYQ、GJ—8 大同解兴墓石椁壁画（北魏）乐器、工具—8	
		DTYBSYSSZYQ、GJ—3 大同雁北师院宋绍祖墓（北魏）2000年乐器、工具—3	
		DTTJW9YQ、GJ—1 大同仝家湾9号墓壁画（北魏）乐器、工具—1	

134　山西北朝墓葬壁画图像叙事研究

续表

具体信息	图像	具体信息
DTYBSYSSZYQ、GJ—1 大同雁北师院宋绍祖墓（北魏）2000年乐器、工具—1		DTYBSYSSZYQ、GJ—2 大同雁北师院宋绍祖墓（北魏）2000年乐器、工具—2
DTTJWFQYQ、GJ—1 大同仝家湾富乔发电厂佛教画像石堂（北魏）乐器、工具—1		DTTJWFQYQ、GJ—2 大同仝家湾富乔发电厂佛教画像石堂（北魏）乐器、工具—2
DTTJW9YQ、GJ—2 大同仝家湾9号墓壁画（北魏）乐器、工具—2		DTTJW9YQ、GJ—3 大同仝家湾9号墓壁画（北魏）乐器、工具—3

续表

生活化造型	图像	具体信息	图像
乐器、工具图像		DTTJW9YQ、GJ—4 大同仝家湾9号墓壁画（北魏）乐器、工具—4	
		DTTJW9YQ、GJ—7 大同仝家湾9号墓壁画（北魏）乐器、工具—7	
		DTTJW9YQ、GJ—10 大同仝家湾9号墓壁画（北魏）乐器、工具—10	

136 山西北朝墓葬壁画图像叙事研究

续表

具体信息	图像	具体信息
DTTJW9YQ、GJ—5 大同仝家湾9号墓壁画（北魏）乐器、工具—5		DTTJW9YQ、GJ—6 大同仝家湾9号墓壁画（北魏）乐器、工具—6
DTTJW9YQ、GJ—8 大同仝家湾9号墓壁画（北魏）乐器、工具—8		DTTJW9YQ、GJ—9 大同仝家湾9号墓壁画（北魏）乐器、工具—9
DTTJW9YQ、GJ—11 大同仝家湾9号墓壁画（北魏）乐器、工具—11		DTTJW9YQ、GJ—12 大同仝家湾9号墓壁画（北魏）乐器、工具—12

续表

生活化造型	图像	具体信息	图像
乐器、工具图像		DTTJW9YQ、GJ—13 大同仝家湾9号墓壁画（北魏）乐器、工具—13	
		DTTJW9YQ、GJ—16 大同仝家湾9号墓壁画（北魏）乐器、工具—16	
		DTTJW9YQ、GJ—19 大同仝家湾9号墓壁画（北魏）乐器、工具—19	

续表

具体信息	图像	具体信息
DTTJW9YQ、GJ—14 大同仝家湾9号墓壁画（北魏）乐器、工具—14		DTTJW9YQ、GJ—15 大同仝家湾9号墓壁画（北魏）乐器、工具—15
DTTJW9YQ、GJ—17 大同仝家湾9号墓壁画（北魏）乐器、工具—17		DTTJW9YQ、GJ—18 大同仝家湾9号墓壁画（北魏）乐器、工具—18
SZHRDYWYQ、GJ—1 朔州怀仁丹阳王壁画墓（北魏）1993年乐器、工具—1		SZHRDYWYQ、GJ—2 朔州怀仁丹阳王壁画墓（北魏）1993年乐器、工具—2

续表

生活化造型	图像	具体信息	图像
乐器、工具图像		SZHRDYWYQ、GJ—3 朔州怀仁丹阳王壁画墓（北魏）1993年乐器、工具—3	
		SZSQLYQ、GJ—3 朔州水泉梁壁画墓（北齐）2008年乐器、工具—3	
		SZSQLYQ、GJ—6 朔州水泉梁壁画墓（北齐）2008年乐器、工具—6	

续表

具体信息	图像	具体信息
SZSQLYQ、GJ—1 朔州水泉梁壁画墓（北齐）2008年乐器、工具—1		SZSQLYQ、GJ—2 朔州水泉梁壁画墓（北齐）2008年乐器、工具—2
SZSQLYQ、GJ—4 朔州水泉梁壁画墓（北齐）2008年乐器、工具—4		SZSQLYQ、GJ—5 朔州水泉梁壁画墓（北齐）2008年乐器、工具—5
SZSQLYQ、GJ—7 朔州水泉梁壁画墓（北齐）2008年乐器、工具—7		SZSQLYQ、GJ—8 朔州水泉梁壁画墓（北齐）2008年乐器、工具—8

续表

生活化造型	图像	具体信息	图像
乐器、工具图像		SZSQLYQ、GJ—9 朔州水泉梁壁画墓（北齐）2008年乐器、工具—9	
		SZSQLYQ、GJ—12 朔州水泉梁壁画墓（北齐）2008年乐器、工具—12	
		XZJYGYQ、GJ—2 忻州九原岗壁画墓（北齐）2013年乐器、工具—2	

续表

具体信息	图像	具体信息
SZSQLYQ、GJ—10 朔州水泉梁壁画墓（北齐）2008年乐器、工具—10		SZSQLYQ、GJ—11 朔州水泉梁壁画墓（北齐）2008年乐器、工具—11
SZSQLYQ、GJ—13 朔州水泉梁壁画墓（北齐）2008年乐器、工具—13		XZJYGYQ、GJ—1 忻州九原岗壁画墓（北齐）2013年乐器、工具—1
XZJYGYQ、GJ—3 忻州九原岗壁画墓（北齐）2013年乐器、工具—3		XZJYGYQ、GJ—4 忻州九原岗壁画墓（北齐）2013年乐器、工具—4

续表

生活化造型	图像	具体信息	图像
乐器、工具图像		XZJYGYQ、GJ—5 忻州九原岗壁画墓（北齐）2013年乐器、工具—5	
		XZJYGYQ、GJ—8 忻州九原岗壁画墓（北齐）2013年乐器、工具—8	
		TYWGCLRYQ、GJ—1 大原王郭村娄叡墓（北齐）1979年乐器、工具—1	

续表

具体信息	图像	具体信息
XZJYGYQ、GJ—6 忻州九原岗壁画墓（北齐）2013年乐器、工具—6		XZJYGYQ、GJ—7 忻州九原岗壁画墓（北齐）2013年乐器、工具—7
XZJYGYQ、GJ—9 忻州九原岗壁画墓（北齐）2013年乐器、工具—9		XZJYGYQ、GJ—10 忻州九原岗壁画墓（北齐）2013年乐器、工具—10
TYWGCLRQ、GJ—2 太原王郭村娄叡墓（北齐）1979年乐器、工具—2		TYWGCLRQ、GJ—3 太原王郭村娄叡墓（北齐）1979年乐器、工具—3

续表

生活化造型	图像	具体信息	图像
乐器、工具图像		TYWGCLRQ、GJ—4 太原王郭村娄叡墓（北齐）1979年乐器、工具—4	
		TYWGCLRQ、GJ—7 太原王郭村娄叡墓（北齐）1979年乐器、工具—7	
车马、仪仗图像		DTSL7CM、YZ—1 大同沙岭7号壁画墓（北魏）2005年车马、仪仗—1	

续表

具体信息	图像	具体信息
TYWGCLRQ、GJ—5 太原王郭村娄叡墓（北齐）1979年乐器、工具—5		TYWGCLRQ、GJ—6 太原王郭村娄叡墓（北齐）1979年乐器、工具—6
TYWGCLRQ、GJ—8 太原王郭村娄叡墓（北齐）1979年乐器、工具—8		
DTSL7CM、YZ—2 大同沙岭7号壁画墓（北魏）2005年车马、仪仗—2		DTSL7CM、YZ—3 大同沙岭7号壁画墓（北魏）2005年车马、仪仗—3

第二章 山西北朝壁画墓分布的有关"地理脉络"问题及其艺术特点

续表

生活化造型	图像	具体信息	图像
车马、仪仗图像		DTZJBCM、YZ—1 大同智家堡壁画墓（北魏）车马、仪仗—1	
		DTZJBCM、YZ—4 大同智家堡壁画墓（北魏）车马、仪仗—4	
		DTZJBCM、YZ—7 大同智家堡壁画墓（北魏）车马、仪仗—7	

续表

具体信息	图像	具体信息
DTZJBCM、YZ—2 大同智家堡壁画墓（北魏）车马、仪仗—2		DTZJBCM、YZ—3 大同智家堡壁画墓（北魏）车马、仪仗—3
DTZJBCM、YZ—5 大同智家堡壁画墓（北魏）车马、仪仗—5		DTZJBCM、YZ—6 大同智家堡壁画墓（北魏）车马、仪仗—6
DTZJBCM、YZ—8 大同智家堡壁画墓（北魏）车马、仪仗—8		DTZJBCM、YZ—9 大同智家堡壁画墓（北魏）车马、仪仗—9

续表

生活化造型	图像	具体信息	图像
车马、仪仗图像		DTZJBCM、YZ—10 大同智家堡壁画墓（北魏）车马、仪仗—10	
		DTTJW9CM、YZ—1 大同仝家湾9号墓壁画（北魏）墓车马、仪仗—1	
		SZSQLCM、YZ—1 朔州水泉梁壁画墓（北齐）2008年车马、仪仗—1	

续表

具体信息	图像	具体信息
DTZJBCM、YZ—11 大同智家堡壁画墓（北魏）车马、仪仗—11		DTNJDHCCM、YZ—1. 大同南郊电焊器材厂185/229/238/253壁画墓（北魏）2011年车马、仪仗—1
DTTJW9CM、YZ—2 大同仝家湾9号墓壁画（北魏）墓车马、仪仗—2		DTTJW9CM、YZ—3 大同仝家湾9号墓壁画（北魏）车马、仪仗—3
SZSQLCM、YZ—2 朔州水泉梁壁画墓（北齐）2008年车马、仪仗—2		SZSQLCM、YZ—3 朔州水泉梁壁画墓（北齐）2008年车马、仪仗—3

第二章　山西北朝壁画墓分布的有关"地理脉络"问题及其艺术特点

续表

生活化造型	图像	具体信息	图像
车马、仪仗图像		SZSQLCM、YZ—4 朔州水泉梁壁画墓（北齐）2008年车马、仪仗—4	
		SZSQLCM、YZ—7 朔州水泉梁壁画墓（北齐）2008年车马、仪仗—7	
		XZJYGCM、YZ—2 忻州九原岗壁画墓（北齐）2013年车马、仪仗—2	

续表

具体信息	图像	具体信息
SZSQLCM、YZ—5 朔州水泉梁壁画墓（北齐）2008年车马、仪仗—5		SZSQLCM、YZ—6 朔州水泉梁壁画墓（北齐）2008年车马、仪仗—6
SZSQLCM、YZ—8 朔州水泉梁壁画墓（北齐）2008年车马、仪仗—8		XZJYGCM、YZ—1 忻州九原岗壁画墓（北齐）2013年车马、仪仗—1
XZJYGCM、YZ—3 忻州九原岗壁画墓（北齐）2013年车马、仪仗—3		XZJYGCM、YZ—4 忻州九原岗壁画墓（北齐）2013年车马、仪仗—4

续表

生活化造型	图像	具体信息	图像
车马、仪仗图像		XZJYGCM、YZ—5 忻州九原岗壁画墓（北齐）2013年车马、仪仗—5	
		TYWGCLRCM、YZ—2 太原王郭村娄叡墓（北齐）1979年车马、仪仗—2	
		TYWGCLRCM、YZ—5 太原王郭村娄叡墓（北齐）1979年车马、仪仗—5	

续表

具体信息	图像	具体信息
XZJYGCM、YZ—6 忻州九原岗壁画墓（北齐）2013年车马、仪仗—6		TYWGCLRCM、YZ—1 太原王郭村娄叡墓（北齐）1979年车马、仪仗—1
TYWGCLRCM、YZ—3 太原王郭村娄叡墓（北齐）1979年车马、仪仗—3		TYWGCLRCM、YZ—4 太原王郭村娄叡墓（北齐）1979年车马、仪仗—4
TYWGCLRCM、YZ—6 太原王郭村娄叡墓（北齐）1979年车马、仪仗—6		TYWGCLRCM、YZ—7 太原王郭村娄叡墓（北齐）1979年车马、仪仗—7

续表

生活化造型	图像	具体信息	图像
车马、仪仗图像		TYWGCLRCM、YZ—8 太原王郭村娄叡墓（北齐）1979年车马、仪仗—8	
		TYNJDYRDCM、YZ—2`太原南郊第一热电厂壁画墓（北齐）1987年车马、仪仗—2	
		TYWJFXXXCM、YZ—3 太原王家峰村徐显秀墓（北齐）2002年车马、仪仗—3	

续表

具体信息	图像	具体信息
TYWGCLRCM、YZ—9 太原王郭村娄叡墓（北齐）1979年车马、仪仗—9		TYNJDYRDCM、YZ—1 太原南郊第一热电厂壁画墓（北齐）1987年车马、仪仗—1
TYWJFXXXCM、YZ—1 太原王家峰村徐显秀墓（北齐）2002年车马、仪仗—1		TYWJFXXXCM、YZ—2 太原王家峰村徐显秀墓（北齐）2002年车马、仪仗—2
TYWJFXXXCM、YZ—4 太原王家峰村徐显秀墓（北齐）2002年车马、仪仗—4		TYWJFXXXCM、YZ—5 太原王家峰村徐显秀墓（北齐）2002年车马、仪仗—5

续表

生活化造型	图像	具体信息	图像
车马、仪仗图像		TYXJYHZNCM、YZ—1 太原小井峪村韩祖念墓（北齐）1982年车马、仪仗—1	
		YQSYJJZSDHLCM、YZ—1 阳泉寿阳贾家庄厍狄回洛墓（北齐）1973年车马、仪仗—1	

通过世俗生活类的图像信息（表2.3）可看到以下几点变化：

1. 人物形象从早期笨拙简单的形态，接近汉代勾线、填色的平面表现方法到后期的勾线围绕高点涂色、立体性处理的方法出现。

2. 从墓主人无特征描绘到形象特征明确，从沙岭到北齐完成由较宽圆形状的共性特征向眉目清秀个性特征的写实性表现转换。

3. 人物形象在中原人物像中穿插着从西域来的高鼻深目粟特商人。

4. 男性帽子从北魏时期笨重较大的全扣式鲜卑帽到后期轻巧融合汉帽的折巾帽式。早期沙岭墓主衣服简单，到北齐时衣服样式发生极大变化，多种装饰风格和不同材质集中体现在衣服上。

续表

具体信息	图像	具体信息
		TYXJYHZNCM、YZ—2 太原小井峪村韩祖念墓（北齐）1982年车马、仪仗—2
		YQSYJJZSDHLCM、YZ—2 阳泉寿阳贾家庄厍狄回洛墓（北齐）1973年车马、仪仗—2

5. 早期大型空间中的乐器道具逐渐转向使用方便的乐器，抬杠活动消失。同时，早期乐队活动在与队伍出行的侧壁中体现，后期成为墓主周边主要的人物角色安排。

6. 从壁画中服务性人物群像中可以看出，北齐的人物从沙岭时代的自由表现到出现模板并进行组合表现。在北齐娄叡墓和徐显秀墓壁画中除了墓主人，群像中还看到众多同一角度相同五官的脸。由此可以看出，此时粉本在墓室壁画中的应用。

7. 仪仗队伍从墓室墙壁上缩小的平行排序转变到真人大小的写实性空间布局，从而使仪仗队伍层次更加具有秩序性和节奏性。

三、山西北朝墓壁画——精神符号类

表 2.4 山西北朝墓壁画——精神符号类图像数据表

精神符号类	图像	具体信息	图像
纹样图像		DTSL7WY—1 大同沙岭7号壁画墓（北魏）2005年纹样—1	
		DTWYLWY—1 大同文瀛路壁画墓（北魏）2009年纹样—1	
		DTZJBWY—2 大同智家堡壁画墓（北魏）纹样—2	

具体信息	图像	具体信息
DTSL7WY—2 大同沙岭7号壁画墓（北魏）2005年纹样—2		DTSL7WY—3 大同沙岭7号壁画墓（北魏）2005年纹样—3
DTWYLWY—2 大同文瀛路壁画墓（北魏）2009年纹样—2		DTZJBWY—1 大同智家堡壁画墓（北魏）纹样—1
DTZJBWY—3 大同智家堡壁画墓（北魏）纹样—3		DTZZLWY—1 大同张智朗墓（北魏）纹样—1

第二章　山西北朝壁画墓分布的有关"地理脉络"问题及其艺术特点　161

续表

精神符号类	图像	具体信息	图像
纹样图像		DTZZLWY—2 大同张智朗墓（北魏）纹样—2	
		DTNJDHCWY—1 大同南郊电焊器材厂185/229/238/253壁画墓（北魏）2011年纹样—1	
		DTTJW9WY—1 大同仝家湾9号墓壁画（北魏）纹样—1	

续表

具体信息	图像	具体信息
DTXXWY—1 大同解兴墓石椁壁画（北魏）纹样—1		DTYBSYSSZWY—1 大同雁北师院宋绍祖墓（北魏）纹样—1
DTHD1WY—1 大同湖东1号壁画墓（北魏）1986年纹样—1		DTHD1WY—2 大同湖东1号壁画墓（北魏）1986年纹样—2
DTTJW9WY—2 大同仝家湾9号墓壁画（北魏）纹样—2		DTTJW9WY—3 大同仝家湾9号墓壁画（北魏）纹样—3

续表

精神符号类	图像	具体信息	图像
纹样图像		DTTJW9WY—4 大同仝家湾 9 号墓壁画（北魏）纹样—4	
		DTTJW9WY—7 大同仝家湾 9 号墓壁画（北魏）纹样—7	
		SZSQLWY—3 朔州水泉梁壁画墓（北齐）2008 年纹样—3	

续表

具体信息	图像	具体信息
DTTJW9WY—5 大同仝家湾 9 号墓壁画（北魏）纹样—5		DTTJW9WY—6 大同仝家湾 9 号墓壁画（北魏）纹样—6
SZSQLWY—1 朔州水泉梁壁画墓（北齐）2008 年纹样—1		SZSQLWY—2 朔州水泉梁壁画墓（北齐）2008 年纹样—2
SZSQLWY—4 朔州水泉梁壁画墓（北齐）2008 年纹样—4		SZSQLWY—5 朔州水泉梁壁画墓（北齐）2008 年纹样—5

续表

精神符号类	图像	具体信息	图像
纹样图像		XZJYGWY—1 忻州九原岗壁画墓（北齐）2013年纹样—1	
		XZJYGWY—4 忻州九原岗壁画墓（北齐）2013年纹样—4	
		TYWJFXXXWY—3 太原王家峰村徐显秀墓（北齐）2002年纹样—3	

续表

具体信息	图像	具体信息
XZJYGWY—2 忻州九原岗壁画墓（北齐）2013年纹样—2		XZJYGWY—3 忻州九原岗壁画墓（北齐）2013年纹样—3
TYWJFXXXWY—1 太原王家峰村徐显秀墓（北齐）2002年纹样—1		TYWJFXXXWY—2 太原王家峰村徐显秀墓（北齐）2002年纹样—2
TYWJFXXXWY—4 太原王家峰村徐显秀墓（北齐）2002年纹样—4		TYWJFXXXWY—5 太原王家峰村徐显秀墓（北齐）2002年纹样—5

续表

精神符号类	图像	具体信息	图像
纹样图像		TYWJFXXXWY—6 太原王家峰村徐显秀墓（北齐）2002年纹样—6	
		TYWJFXXXWY—9 太原王家峰村徐显秀墓（北齐）2002年纹样—9	
		TYWJFXXXWY—12 太原王家峰村徐显秀墓（北齐）2002年纹样—12	

168　山西北朝墓葬壁画图像叙事研究

续表

具体信息	图像	具体信息
TYWJFXXXWY—7 太原王家峰村徐显秀墓（北齐）2002年纹样—7		TYWJFXXXWY—8 太原王家峰村徐显秀墓（北齐）2002年纹样—8
TYWJFXXXWY—10 太原王家峰村徐显秀墓（北齐）2002年纹样—10		TYWJFXXXWY—11 太原王家峰村徐显秀墓（北齐）2002年纹样—11
TYWJFXXXWY—13 太原王家峰村徐显秀墓（北齐）2002年纹样—13		TYWJFXXXWY—14 太原王家峰村徐显秀墓（北齐）2002年纹样—14

续表

精神符号类	图像	具体信息	图像
纹样图像		TYWJFXXXWY—15 太原王家峰村徐显秀墓（北齐）2002年纹样—15	
		TYWJFXXXWY—18 太原王家峰村徐显秀墓（北齐）2002年纹样—18	
畏兽图像		DTSL7WS—1 大同沙岭7号壁画墓（北魏）2005年畏兽—1	

续表

具体信息	图像	具体信息
TYWJFXXXWY—16 太原王家峰村徐显秀墓（北齐）2002年纹样—16		TYWJFXXXWY—17 太原王家峰村徐显秀墓（北齐）2002年纹样—17
TYWJFXXXWY—19 太原王家峰村徐显秀墓（北齐）2002年纹样—19		TYXJYHZNWY—1 太原小井峪村韩祖念墓（北齐）1982年纹样—1
DTSL7WS—2 大同沙岭7号壁画墓（北魏）2005年畏兽—2		DTXXWS—1 大同解兴墓石椁壁画（北魏）畏兽—1

续表

精神符号类	图像	具体信息	图像
畏兽图像		DTXXWS—2 大同解兴墓石椁壁画（北魏）畏兽—2	
		DTTJW9WS—3 大同仝家湾9号墓壁画（北魏）畏兽—3	
		XZJYGWS—3 忻州九原岗壁画墓（北齐）2013年畏兽—3	

172　山西北朝墓葬壁画图像叙事研究

续表

具体信息	图像	具体信息
DTTJW9WS—1 大同仝家湾 9 号墓壁画（北魏）畏兽—1		DTTJW9WS—2 大同仝家湾 9 号墓壁画（北魏）畏兽—2
XZJYGWS—1 忻州九原岗壁画墓（北齐）2013 年畏兽—1		XZJYGWS—2 忻州九原岗壁画墓（北齐）2013 年畏兽—2
XZJYGWS—4 忻州九原岗壁画墓（北齐）2013 年畏兽—4		XZJYGWS—5 忻州九原岗壁画墓（北齐）2013 年畏兽—5

续表

精神符号类	图像	具体信息	图像
畏兽图像		XZJYGWS—6 忻州九原岗壁画墓（北齐）2013 年畏兽—6	
天国图像		DTSL7TG—1 大同沙岭 7 号壁画墓（北魏）2005 年天国—1	
		SZSQLTG—2 朔州水泉梁壁画墓（北齐）2008 年天国—2	

续表

具体信息	图像	具体信息
TYWJFXXXWS—1 太原王家峰村徐显秀墓（北齐）2002年畏兽—1		TYWJFXXXWS—2 太原王家峰村徐显秀墓（北齐）2002年畏兽—2
DTZZLTG—1 大同张智朗墓（北魏）天国—1		SZSQLTG—1 朔州水泉梁壁画墓（北齐）2008年天国—1
SZSQLTG—3 朔州水泉梁壁画墓（北齐）2008年天国—3		SZSQLTG—4 朔州水泉梁壁画墓（北齐）2008年天国—4

第二章　山西北朝壁画墓分布的有关"地理脉络"问题及其艺术特点

续表

精神符号类	图像	具体信息	图像
天国图像		SZSQLTG—5 朔州水泉梁壁画墓（北齐）2008年天国—5	
		SZSQLTG—8 朔州水泉梁壁画墓（北齐）2008年天国—8	
		SZSQLTG—11 朔州水泉梁壁画墓（北齐）2008年天国—11	

续表

具体信息	图像	具体信息
SZSQLTG—6 朔州水泉梁壁画墓（北齐）2008 年天国—6		SZSQLTG—7 朔州水泉梁壁画墓（北齐）2008 年天国—7
SZSQLTG—9 朔州水泉梁壁画墓（北齐）2008 年天国—9		SZSQLTG—10 朔州水泉梁壁画墓（北齐）2008 年天国—10
SZSQLTG—12 朔州水泉梁壁画墓（北齐）2008 年天国—12		SZSQLTG—13 朔州水泉梁壁画墓（北齐）2008 年天国—13

续表

精神符号类	图像	具体信息	图像
天国图像		SZSQLTG—14 朔州水泉梁壁画墓（北齐）2008年天国—14	
		XZJYGTG—2 忻州九原岗壁画墓（北齐）2013年天国—2	
		XZJYGTG—5 忻州九原岗壁画墓（北齐）2013年天国—5	

续表

具体信息	图像	具体信息
SZSQLTG—15 朔州水泉梁壁画墓（北齐）2008年天国—15		XZJYGTG—1 忻州九原岗壁画墓（北齐）2013年天国—1
XZJYGTG—3 忻州九原岗壁画墓（北齐）2013年天国—3		XZJYGTG—4 忻州九原岗壁画墓（北齐）2013年天国—4
XZJYGTG—6 忻州九原岗壁画墓（北齐）2013年天国—6		XZJYGTG—7 忻州九原岗壁画墓（北齐）2013年天国—7

续表

精神符号类	图像	具体信息	图像
天国图像		XZJYGTG—8 忻州九原岗壁画墓（北齐）2013年天国—8	
		XZJYGTG—11 忻州九原岗壁画墓（北齐）2013年天国—11	
		XZJYGTG—14 忻州九原岗壁画墓（北齐）2013年天国—14	

续表

具体信息	图像	具体信息
XZJYGTG—9 忻州九原岗壁画墓（北齐）2013年天国—9		XZJYGTG—10 忻州九原岗壁画墓（北齐）2013年天国—10
XZJYGTG—12 忻州九原岗壁画墓（北齐）2013年天国—12		XZJYGTG—13 忻州九原岗壁画墓（北齐）2013年天国—13
XZJYGTG—15 忻州九原岗壁画墓（北齐）2013年天国—15		TYNJDYRDTG—1 太原南郊第一热电厂壁画墓（北齐）1987年天国—1

续表

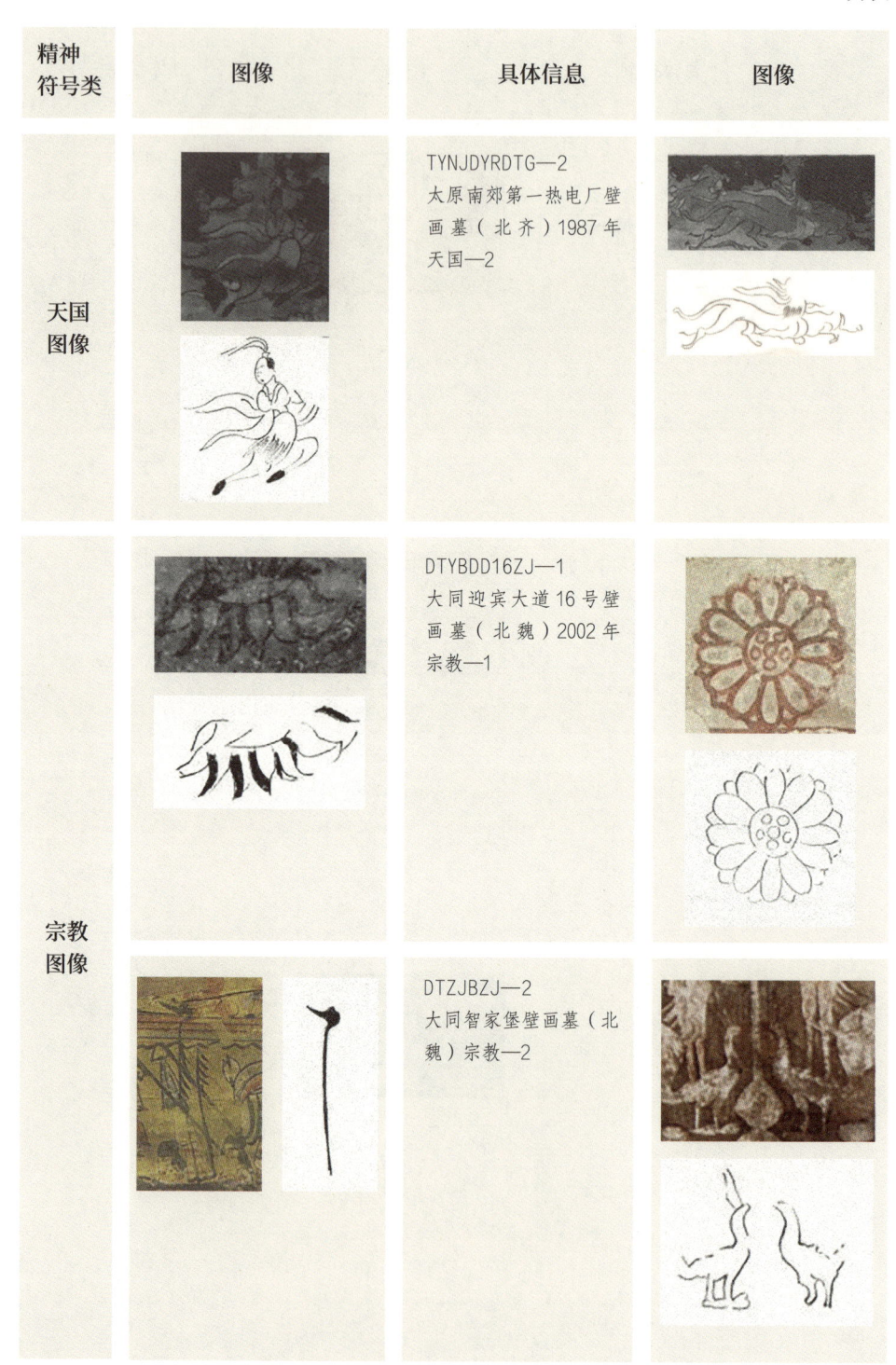

精神符号类	图像	具体信息	图像
天国图像		TYNJDYRDTG—2 太原南郊第一热电厂壁画墓（北齐）1987年 天国—2	
宗教图像		DTYBDD16ZJ—1 大同迎宾大道16号壁画墓（北魏）2002年 宗教—1	
		DTZJBZJ—2 大同智家堡壁画墓（北魏）宗教—2	

续表

具体信息	图像	具体信息
TYNJDYRDTG—3 太原南郊第一热电厂壁画墓（北齐）1987年 天国—3		TYWJFXXXTG—1 太原王家峰村徐显秀墓（北齐）2002年天国—1
DTWYLZJ—1 大同文瀛路壁画墓（北魏）2009年宗教—1		DTZJBZJ—1 大同智家堡壁画墓（北魏）宗教—1
DTZZLZJ—1 大同张智朗墓（北魏）宗教—1		DTNJDHCZJ—1 大同南郊电焊器材厂185/229/238/253壁画墓（北魏）2011年宗教—1

续表

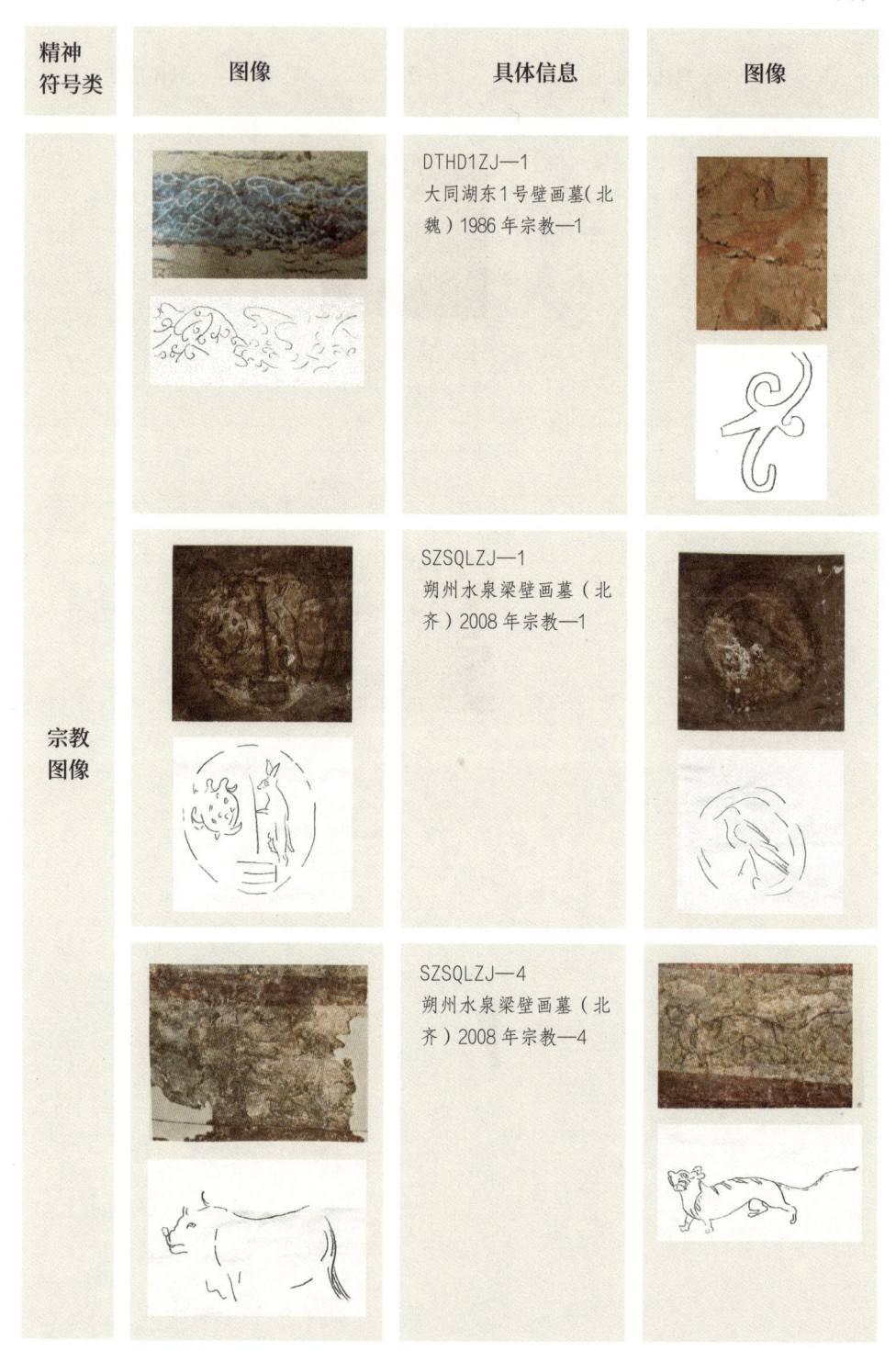

精神符号类	图像	具体信息	图像
宗教图像		DTHD1ZJ—1 大同湖东1号壁画墓（北魏）1986年宗教—1	
		SZSQLZJ—1 朔州水泉梁壁画墓（北齐）2008年宗教—1	
		SZSQLZJ—4 朔州水泉梁壁画墓（北齐）2008年宗教—4	

续表

具体信息	图像	具体信息
DTTJW9ZJ—1 大同仝家湾9号墓壁画（北魏）宗教—1		DTTJW9ZJ—2 大同仝家湾9号墓壁画（北魏）宗教—2
SZSQLZJ—2 朔州水泉梁壁画墓（北齐）2008年宗教—2		SZSQLZJ—3 朔州水泉梁壁画墓（北齐）2008年宗教—3
SZSQLZJ—5 朔州水泉梁壁画墓（北齐）2008年宗教—5		SZSQLZJ—6 朔州水泉梁壁画墓（北齐）2008年宗教—6

第二章　山西北朝壁画墓分布的有关"地理脉络"问题及其艺术特点

续表

精神符号类	图像	具体信息	图像
宗教图像		SZSQLZJ—7 朔州水泉梁壁画墓（北齐）2008年宗教—7	
		SZSQLZJ—10 朔州水泉梁壁画墓（北齐）2008年宗教—10	
		SZSQLZJ—13 朔州水泉梁壁画墓（北齐）2008年宗教—13	

续表

具体信息	图像	具体信息
SZSQLZJ—8 朔州水泉梁壁画墓（北齐）2008年宗教—8		SZSQLZJ—9 朔州水泉梁壁画墓（北齐）2008年宗教—9
SZSQLZJ—11 朔州水泉梁壁画墓（北齐）2008年宗教—11		SZSQLZJ—12 朔州水泉梁壁画墓（北齐）2008年宗教—12
SZSQLZJ—14 朔州水泉梁壁画墓（北齐）2008年宗教—14		SZSQLZJ—15 朔州水泉梁壁画墓（北齐）2008年宗教—15

续表

精神符号类	图像	具体信息	图像
宗教图像		XZJYGZJ—1 忻州九原岗壁画墓（北齐）2013年宗教—1	
		TYWJFXXXZJ—1 太原王家峰村徐显秀墓（北齐）2002年宗教—1	
		TYWJFXXXZJ—4 太原王家峰村徐显秀墓（北齐）2002年宗教—4	

188　山西北朝墓葬壁画图像叙事研究

续表

具体信息	图像	具体信息
TYNJDYRDZJ—1 太原南郊第一热电厂壁画墓（北齐）1987年宗教—1		TYNJDYRDZJ—2 太原南郊第一热电厂壁画墓（北齐）1987年宗教—2
TYWJFXXXZJ—2 太原王家峰村徐显秀墓（北齐）2002年宗教—2		TYWJFXXXZJ—3 太原王家峰村徐显秀墓（北齐）2002年宗教—3
TYWJFXXXZJ—5 太原王家峰村徐显秀墓（北齐）2002年宗教—5		TYWJFXXXZJ—6 太原王家峰村徐显秀墓（北齐）2002年宗教—6

续表

精神符号类	图像	具体信息	图像
宗教图像		TYWJFXXXZJ—7 太原王家峰村徐显秀墓（北齐）2002年宗教—7	
		TYWJFXXXZJ—10 太原王家峰村徐显秀墓（北齐）2002年宗教—10	
		TYWJFXXXZJ—13 太原王家峰村徐显秀墓（北齐）2002年宗教—13	

续表

具体信息	图像	具体信息
TYWJFXXXZJ—8 太原王家峰村徐显秀墓（北齐）2002年宗教—8		TYWJFXXXZJ—9 太原王家峰村徐显秀墓（北齐）2002年宗教—9
TYWJFXXXZJ—11 太原王家峰村徐显秀墓（北齐）2002年宗教—11		TYWJFXXXZJ—12 太原王家峰村徐显秀墓（北齐）2002年宗教—12
TYWJFXXXZJ—14 太原王家峰村徐显秀墓（北齐）2002年宗教—14		

通过精神符号类的图像信息（表2.4）可看到以下几点变化：

1. 纹样作为人类对物质世界概况的视觉精神符号，寄托了人类的思想、感情。纹样在山西北朝墓壁画中的广泛使用，使我们不仅看到了样式中对多元文化的借鉴，也看到了对应纹样对墓主不一样的精神启示。

2. 壁画中人世间不存在的畏兽不仅为墓主阻挡外来一切侵扰，也是墓主来世家园的守护者。绘制的仙人及仙界物象引领墓主进入天界。在此图像叙事中，我们可以看到北朝时期在山西这一区域多元文化共存的叙事特点，各种宗教符号共同存在于不同墓室之内，这种现象在其他地方是不常见到的。

3. 早期图像受汉代道教思想的影响较为突出，因此中国神话中的四方神、星宿神以及仙人引路等图像符号在墓室中有较多体现。但是随着外来文化对中原文化的影响，从汉末到北齐，道教相关图像逐渐减少，而较多由多种文化浸染与融合的中原文化所对应的新图像类型逐渐涌现并拓展。

4. 早期墓葬壁画以道教为核心图像表达，到后期，出现佛教符号并逐渐加强。同时，伴随着祆教的传入，祆教图像不断出现在墓室壁画中，也从另一个层面折射出墓主宗教信仰的异变。

第四节　与山西北朝壁画墓相关比较研究的壁画墓分布及数据整理

为了能更客观地得出山西北朝墓壁画的图像叙事特点，笔者试图从时间顺序和空间地域上，把北朝同时期山西外不同地域的壁画墓图像以及山西北朝汉代和隋唐前后时期的壁画墓图像进行比较。表2.5为相关地域资料分布数据表。

表2.5　山西北朝壁画墓相关比较研究壁画墓分布表

地区	具体壁画墓方位	备注
山西汉墓壁画	山西平陆枣园村壁画汉墓 山西夏县王村东汉壁画墓 山西永济上村东汉壁画墓	

续表

地区	具体壁画墓方位	备注
山西隋唐墓壁画	**隋朝** 昔阳开皇三年（583）王季族墓 沁源开皇四年（584）韩贵和墓 汾阳开皇十五年（595）梅渊墓 太原开皇十七年（597）斛律徹墓 太原开皇十八年（598）虞弘墓 襄垣大业三年（607）浩喆墓 **唐朝（35座）** 太原地区董茹庄唐壁画墓 太原南郊壁画墓、金胜村337号壁画墓 运城地区万荣皇甫村开元九年（721）薛儆墓	
山西外北朝墓壁画	河北磁县湾漳高洋壁画墓（北齐）1989年 河北磁县东魏茹茹公主墓壁画 嘉峪关魏晋墓葬画像砖	
北朝高句丽墓壁画	高句丽墓葬和壁画，吉林集安和辽宁桓仁境内，发现大批高句丽墓葬，内部绘有精美壁画。这些墓葬属高句丽王国晚期墓葬，其中半数以上的墓群是高句丽国王、王后或是贵族的墓，墓中大部绘有精美细致的壁画，反映了那个时期的一些生活状态和风俗习惯，高句丽独特的墓葬风俗对其周边的区域产生了深远的影响	

表2.6 与山西北朝壁画墓相关的汉代、隋唐图像数据表

地区	具体壁画墓方位（总计11座）	编号
山西汉墓壁画	**山西平陆枣园村壁画汉墓** 　　1959年4月，平陆县张店人民公社在枣园村发现有壁画的汉墓一座。经县文化馆报告省文管会，省文管会于5月9日至6月8日进行了清理，6月9日在枣园开了小型展览会，并向全县各地做了有线广播。该墓为	SXPL ZYC

续表

地区	具体壁画墓方位（总计 11 座）	编号
山西汉墓壁画	汉代墓葬，砖室券顶，平面呈方形，东西长 4.56 米，南北宽 2.25 米，高 2.1 米，由 1 个主室和 1 个耳室组成。主室内满绘壁画，分天空和人间两大部分。天空的景象绘于券顶上，有青龙、白虎、玄武诸动物形象，其间游云流荡，并有星辰百余颗。券顶上另绘有日、月及其他图案。平陆枣园汉代壁画墓为山西省重点文物保护单位 图 2.122 虎[1] 图 2.123 龙[2] 图 2.124 龟（玄武）[3]	SXPLZYC

[1] 杨陌公，解希恭. 山西平陆枣园村壁画汉墓 [J]. 考古，1959(9):465.
[2] 杨陌公，解希恭. 山西平陆枣园村壁画汉墓 [J]. 考古，1959(9):465.
[3] 杨陌公，解希恭. 山西平陆枣园村壁画汉墓 [J]. 考古，1959(9):465.

续表

地区	具体壁画墓方位（总计11座）	编号
山西汉墓壁画	图 2.125 北壁壁画之一部分[1] 图 2.126 藻井及四壁壁画仰视图[2]	SXPL ZYC
	山西夏县王村东汉壁画墓 　　1989 年 7—9 月，山西省考古研究所会同运城地区文化局、夏县文化局博物馆对王村的一座被盗掘壁画墓进行了清理发掘。 　　王村在县城以北约 15 千米处，村西"鸣条岗"上为一处古代墓地，方志中记载，这里传为"夏后氏陵"岗上分布大小不等的冢丘 25 个，另有 11 个被平整土地	SXXX WC

[1] 杨陌公，解希恭. 山西平陆枣园村壁画汉墓 [J]. 考古，1959(9):465.
[2] 杨陌公，解希恭. 山西平陆枣园村壁画汉墓 [J]. 考古，1959(9):465.

续表

地区	具体壁画墓方位（总计11座）	编号
山西汉墓壁画	时铲平。1989年春，这里多墓被盗，山西省考古研究所在协同公安局调查时，发现该壁画墓，编号为XWM5 图2.127 甬道东段顶部壁画[1] 图2.128 横前室墓顶南段壁画[2]	SXXXWC

[1] 高彤流，刘永生．山西夏县王村东汉壁画墓[J]．文物，1994(8):35.
[2] 高彤流，刘永生．山西夏县王村东汉壁画墓[J]．文物，1994(8):36.

续表

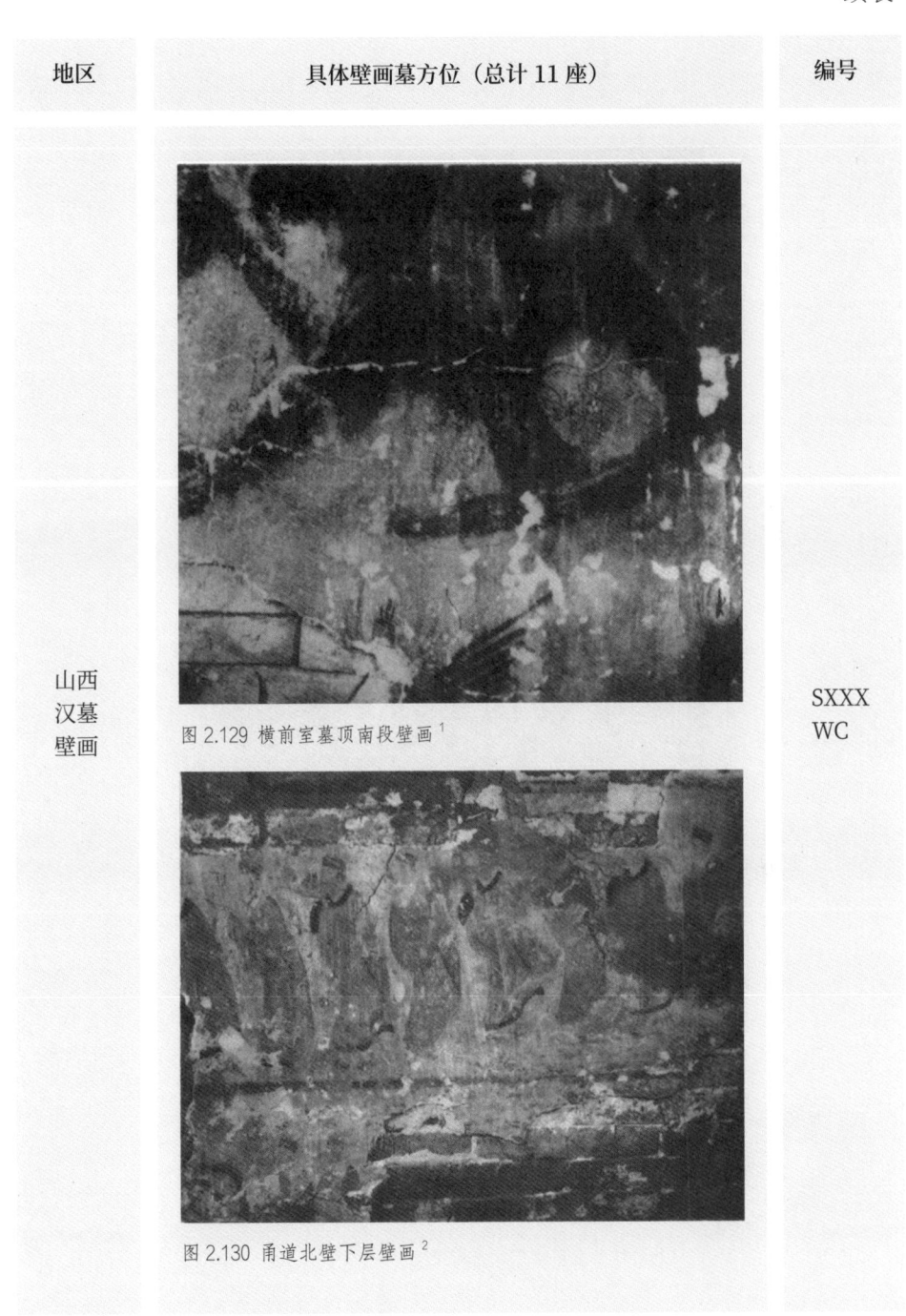

地区	具体壁画墓方位（总计 11 座）	编号
山西汉墓壁画	图 2.129 横前室墓顶南段壁画[1] 图 2.130 甬道北壁下层壁画[2]	SXXXWC

1 高彤流，刘永生. 山西夏县王村东汉壁画墓 [J]. 文物，1994(8):36.
2 高彤流，刘永生. 山西夏县王村东汉壁画墓 [J]. 文物，1994(8):37.

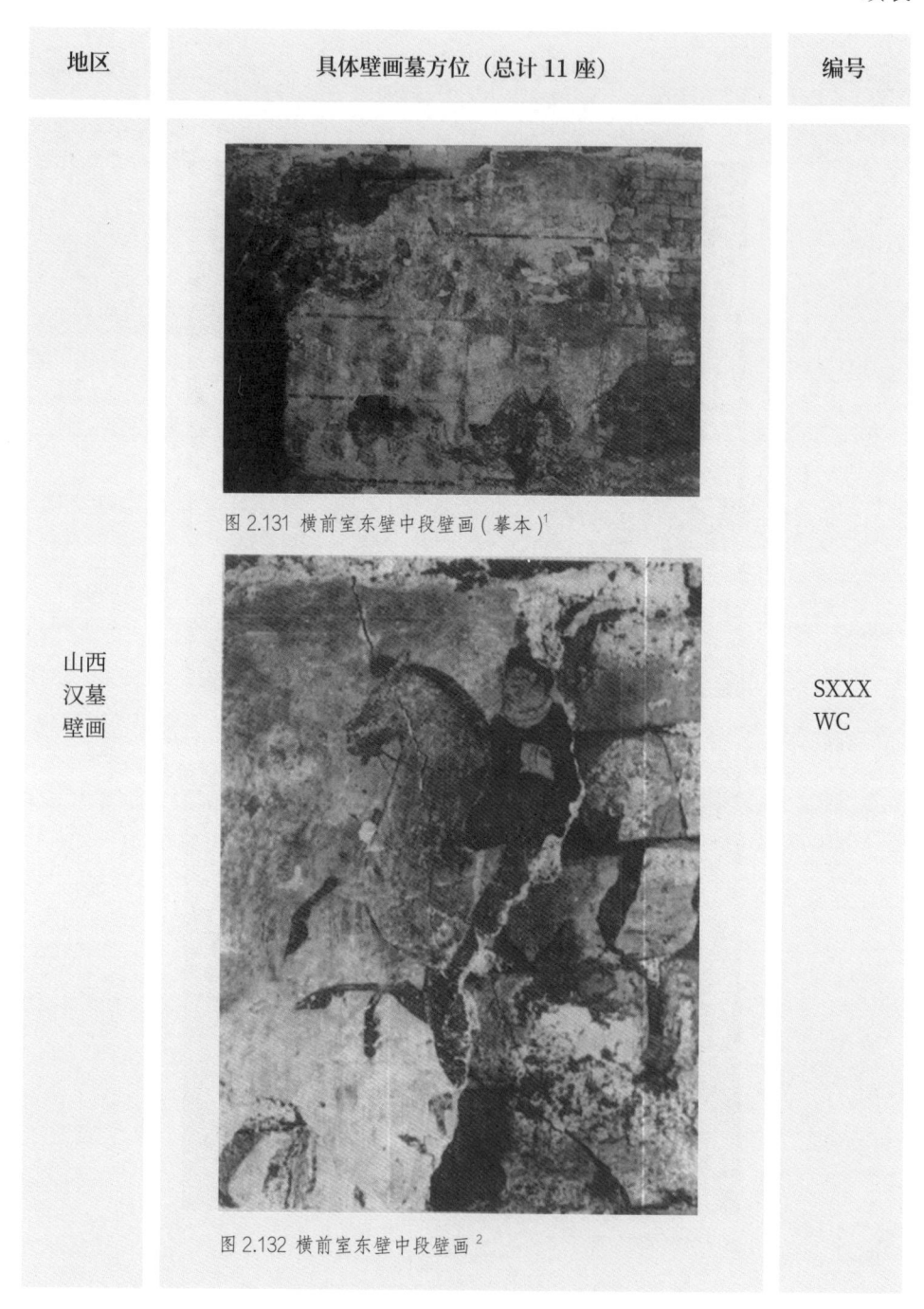

地区	具体壁画墓方位（总计 11 座）	编号
山西汉墓壁画	图 2.131 横前室东壁中段壁画（摹本）[1] 图 2.132 横前室东壁中段壁画[2]	SXXX WC

1 高彤流，刘永生. 山西夏县王村东汉壁画墓 [J]. 文物，1994(8):39.
2 高彤流，刘永生. 山西夏县王村东汉壁画墓 [J]. 文物，1994(8):39.

续表

地区	具体壁画墓方位（总计 11 座）	编号
山西汉墓壁画	图 2.133 横前室西壁南侧壁画（摹本）[1] 图 2.134 北后室东端壁画（摹本）[2]	SXXXWC
	山西永济上村东汉壁画墓 　　1992 年 3 月上旬，永济市常青乡上村农民耕作时，发现一座东汉墓，当时墓顶坍塌出直径 70 余厘米的破洞，少数村民入内将部分随葬品带至家中，市文化局与博物馆得知后，立即上报运城地区行署文化局。行署文化局当即派员，与市文化局、博物馆联合对该墓进行了抢救性清理发掘，并回收了散存文物	SXYJSC

1 高形流，刘永生. 山西夏县王村东汉壁画墓 [J]. 文物，1994(8):42.
2 高形流，刘永生. 山西夏县王村东汉壁画墓 [J]. 文物，1994(8):43.

续表

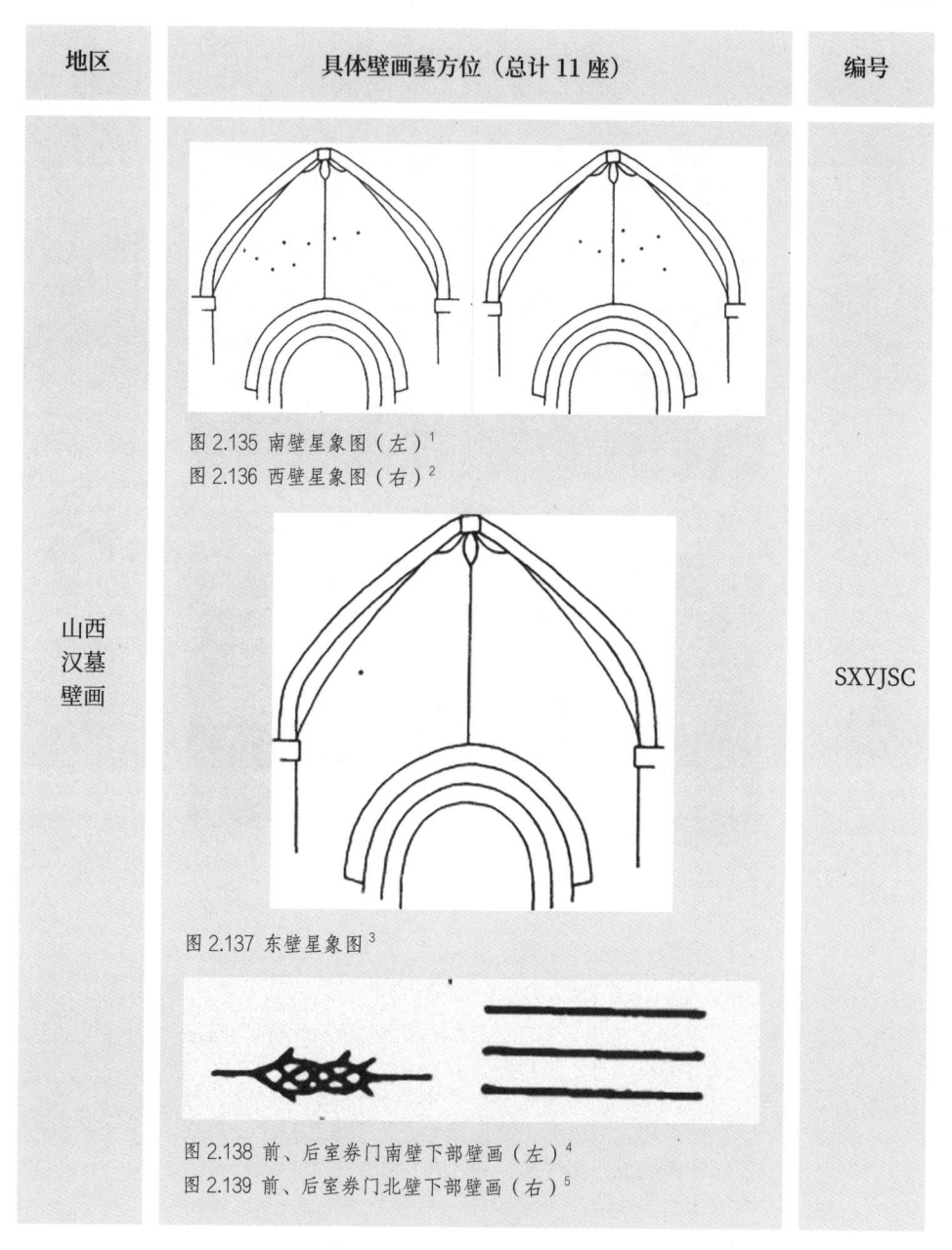

地区	具体壁画墓方位（总计 11 座）	编号
山西汉墓壁画	图 2.135 南壁星象图（左）[1] 图 2.136 西壁星象图（右）[2] 图 2.137 东壁星象图[3] 图 2.138 前、后室券门南壁下部壁画（左）[4] 图 2.139 前、后室券门北壁下部壁画（右）[5]	SXYJSC

[1] 张国维. 山西永济上村东汉壁画墓清理简报 [J]. 文物季刊, 1997(2):8.
[2] 张国维. 山西永济上村东汉壁画墓清理简报 [J]. 文物季刊, 1997(2):8.
[3] 张国维. 山西永济上村东汉壁画墓清理简报 [J]. 文物季刊, 1997(2):8.
[4] 张国维. 山西永济上村东汉壁画墓清理简报 [J]. 文物季刊, 1997(2):8.
[5] 张国维. 山西永济上村东汉壁画墓清理简报 [J]. 文物季刊, 1997(2):8.

续表

地区	具体壁画墓方位（总计 11 座）	编号
山西隋唐墓壁画	**太原开皇十八年（598）虞弘墓** 　　1999 年，一个流火的夏月，在著名的娄叡墓发现地太原市南郊王郭村，又诞生了一个重大的考古新发现——虞弘墓。这是我国第一座经过科学发掘、有准确纪年并有着完整丰富中亚图像资料的墓葬。墓内出土的汉白玉石椁、彩绘浮雕和石雕乐俑，以浓厚的异域风情、鲜明的文化特色、高超的艺术水准和重要的历史价值，一经出土，即震惊中外：在华夏文明的中心区域，竟然出现了难以释读的西来艺术，充分说明山西在北朝到隋唐时期，就是中西文化交流的热点地区。通高 217 厘米、通长 295 厘米、通宽 220 厘米。墓室为仿木结构建筑形式，由椁顶、椁壁、椁座构成。椁顶歇山顶形制，三开间。椁座下四周各垫两个兽头，面部朝外，背负椁座。椁壁上浮雕刻有墓主宴饮、狩猎、出行、宗教仪式等内容，是研究北朝至隋中西文化交流的重要依据 图 2.140 行旅饮食图（左）[1]　图 2.141 骑马出行图（右）[2] 图 2.142 圣火坛与祭司[3]	TYYH

1 太原市文物考古研究所. 隋代虞弘墓 [M]. 北京：文物出版社，2005:36.
2 太原市文物考古研究所. 隋代虞弘墓 [M]. 北京：文物出版社，2005:38.
3 太原市文物考古研究所. 隋代虞弘墓 [M]. 北京：文物出版社，2005:40-41.

续表

地区	具体壁画墓方位（总计11座）	编号
山西隋唐墓壁画	图2.143 胡腾舞（左）[1]　图2.144 胡腾舞（右）[2] 图2.145 狮子搏斗图[3] 图2.146 椁内后壁中 宴饮与人狮搏斗图[4]	TYYH

1 太原市文物考古研究所. 隋代虞弘墓[M]. 北京：文物出版社，2005:23.
2 太原市文物考古研究所. 隋代虞弘墓[M]. 北京：文物出版社.2005:21.
3 太原市文物考古研究所. 隋代虞弘墓[M]. 北京：文物出版社，2005:30-33.
4 太原市文物考古研究所. 隋代虞弘墓[M]. 北京：文物出版社，2005:20-33.

续表

地区	具体壁画墓方位（总计 11 座）	编号
山西隋唐墓壁画	图 2.147 椁内后壁西 骑象搏狮与系绶带神鸟图（左）[1] 图 2.148 椁内后壁东 骑骆驼猎狮与大角羊图（右）[2] 图 2.149 椁外正壁左方 骑马出行与牛狮搏斗图（左）[3] 图 2.150 椁外正壁右方 牵马与神马图（右）[4]	TYYH

1 太原市文物考古研究所. 隋代虞弘墓 [M]. 北京：文物出版社，2005:34.
2 太原市文物考古研究所. 隋代虞弘墓 [M]. 北京：文物出版社，2005:19.
3 太原市文物考古研究所. 隋代虞弘墓 [M]. 北京：文物出版社，2005:12.
4 太原市文物考古研究所. 隋代虞弘墓 [M]. 北京：文物出版社，2005:14.

续表

地区	具体壁画墓方位（总计11座）	编号
山西隋唐墓壁画	图 2.151 椁内东壁南部 酿酒与狮子咬神马图（左）[1] 图 2.152 椁内东壁北部 骑骆驼与胡人持角形器图（右）[2] 图 2.153 椁内西壁北部 行旅饮食与山角图（左）[3] 图 2.154 椁内西壁南部 出行休息与奔鹿图（右）[4]	TYYH

1 太原市文物考古研究所.隋代虞弘墓[M].北京：文物出版社，2005:16.
2 太原市文物考古研究所.隋代虞弘墓[M].北京：文物出版社，2005:18.
3 太原市文物考古研究所.隋代虞弘墓[M].北京：文物出版社，2005:36.
4 太原市文物考古研究所.隋代虞弘墓[M].北京：文物出版社，2005:37.

续表

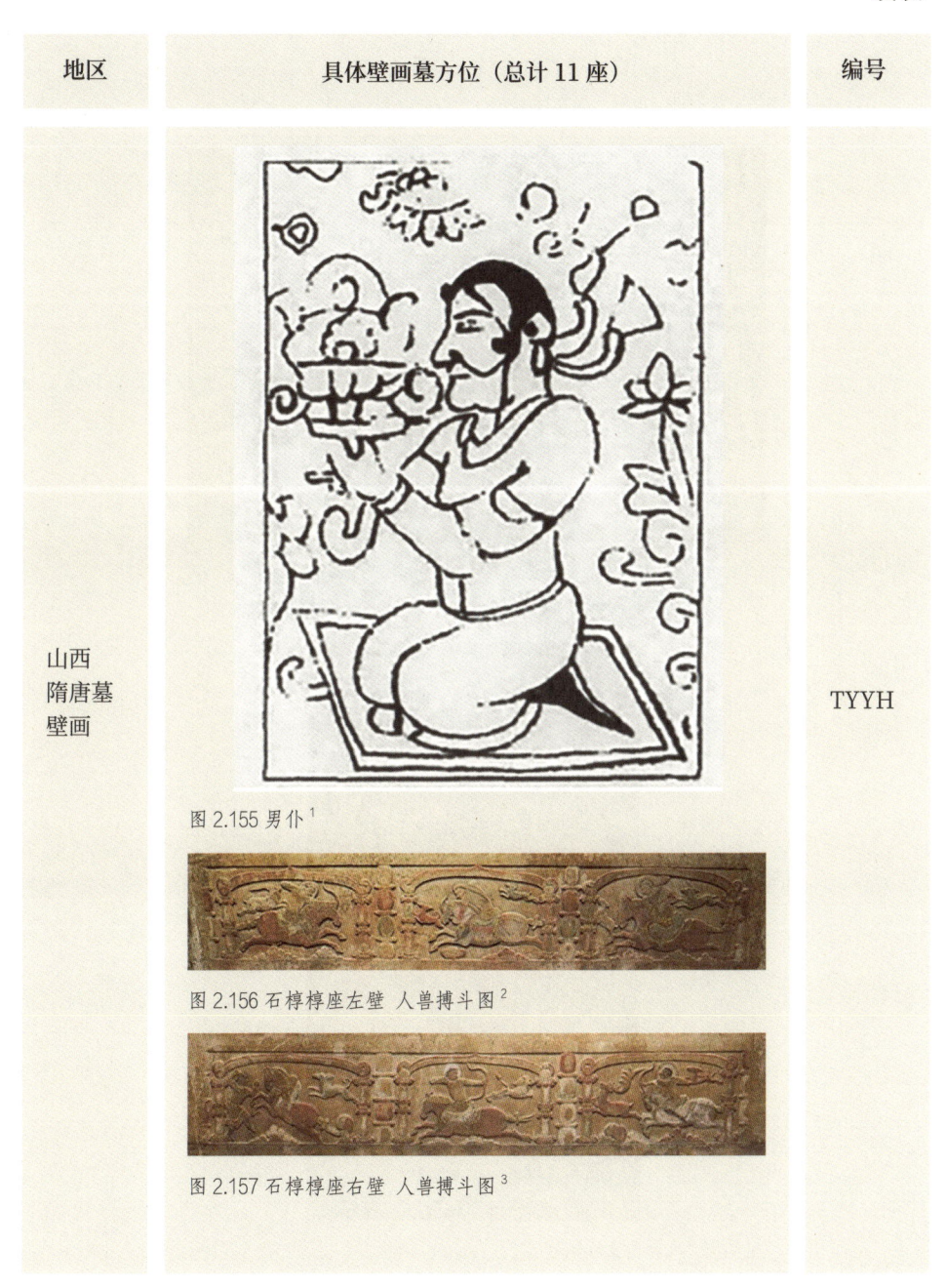

地区	具体壁画墓方位（总计 11 座）	编号
山西隋唐墓壁画	图 2.155 男仆[1] 图 2.156 石椁椁座左壁 人兽搏斗图[2] 图 2.157 石椁椁座右壁 人兽搏斗图[3]	TYYH

1 姜伯勤. 中国祆教艺术史研究 [M]. 北京：生活·读书·新知三联书店，2004:148.
2 太原市文物考古研究所. 隋代虞弘墓 [M]. 北京：文物出版社，2005:58-59.
3 太原市文物考古研究所. 隋代虞弘墓 [M]. 北京：文物出版社，2005:54-55.

第二章　山西北朝壁画墓分布的有关"地理脉络"问题及其艺术特点　205

续表

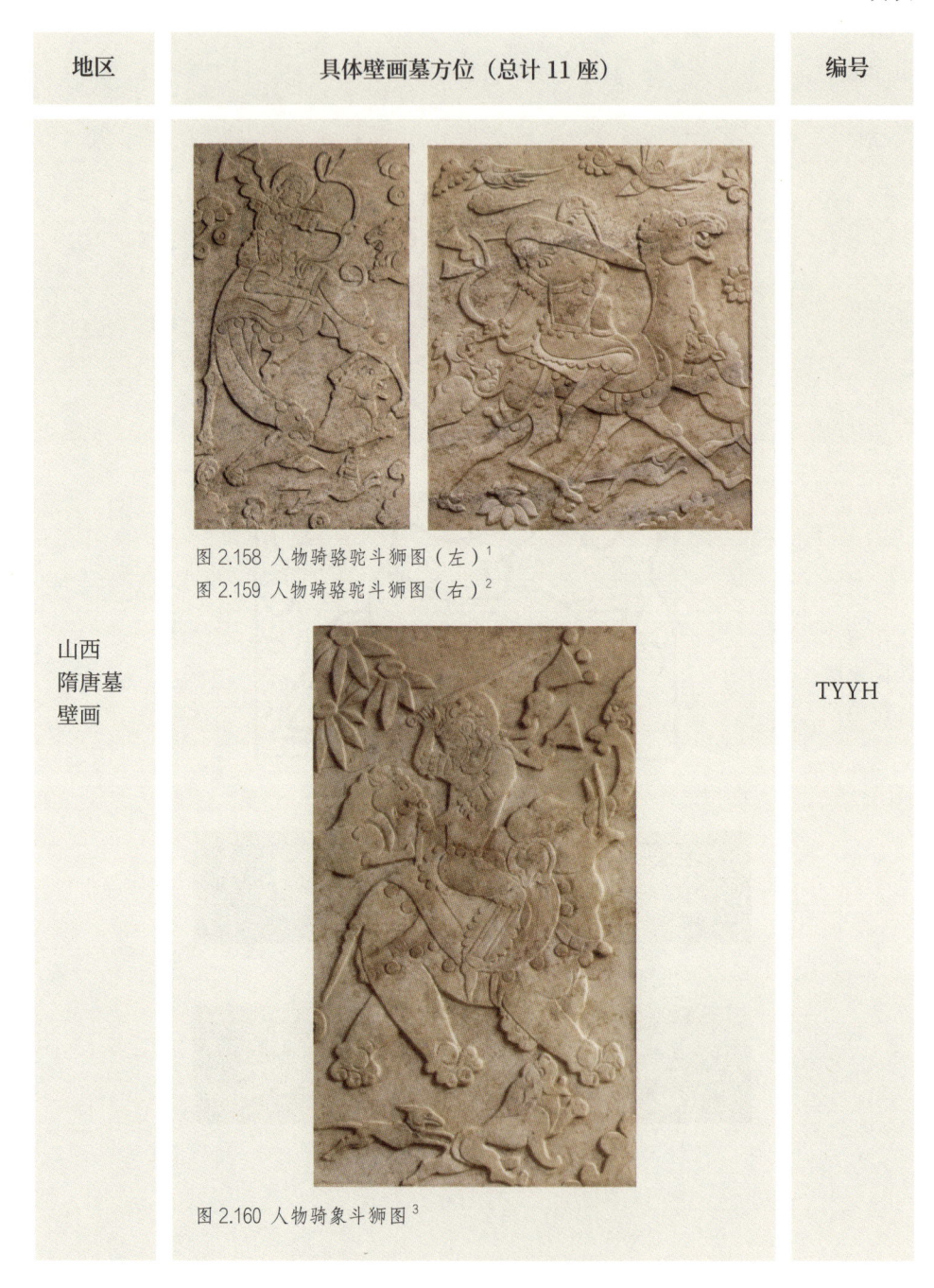

地区	具体壁画墓方位（总计 11 座）	编号
山西隋唐墓壁画	图 2.158 人物骑骆驼斗狮图（左）[1] 图 2.159 人物骑骆驼斗狮图（右）[2] 图 2.160 人物骑象斗狮图[3]	TYYH

[1] 太原市文物考古研究所. 隋代虞弘墓 [M]. 北京：文物出版社，2005:18.
[2] 太原市文物考古研究所. 隋代虞弘墓 [M]. 北京：文物出版社，2005:19.
[3] 太原市文物考古研究所. 隋代虞弘墓 [M]. 北京：文物出版社，2005:34.

续表

地区	具体壁画墓方位（总计 11 座）	编号
山西隋唐墓壁画	图 2.161 狮马搏斗图[1] 图 2.162 狮牛搏斗图[2] 图 2.163 狮人搏斗图[3] 图 2.164 对坐宴饮图[4]	TYYH

1 太原市文物考古研究所.隋代虞弘墓 [M].北京：文物出版社，2005:16.
2 太原市文物考古研究所.隋代虞弘墓 [M].北京：文物出版社，2005:38.
3 太原市文物考古研究所.隋代虞弘墓 [M].北京：文物出版社，2005:20-21.
4 太原市文物考古研究所.隋代虞弘墓 [M].北京：文物出版社，2005:20-33.

续表

地区	具体壁画墓方位（总计11座）	编号
山西隋唐墓壁画	**太原地区董茹庄唐壁画墓** 　　1953年10月太原董茹庄发现古墓，出土石刻《大周赵君墓志》一合，时间是万岁登封元年（696），由此断定这是唐代武则天时的墓葬，太原市文管会派人调查后并作了清理。墓为单面绳纹砖砌成的单室墓，内有壁画，主要是以红、黄、黑三色勾成的人物、山树、建筑的椽枋斗拱 图2.165 人物图（左）[1]　　图2.166 山树图（右）[2] 图2.167 人物图[3]	TYDRZ

1　山西太原董茹庄唐墓壁画(照片四幅)[J].文物参考资料，1954(12):193.
2　山西太原董茹庄唐墓壁画(照片四幅)[J].文物参考资料，1954(12):193.
3　山西太原董茹庄唐墓壁画(照片四幅)[J].文物参考资料，1954(12):193.

续表

地区	具体壁画墓方位（总计 11 座）	编号
	图 2.168 山树图[1]	TYDRZ
山西隋唐墓壁画	**太原南郊壁画墓、金胜村 337 号壁画墓** 　　1988 年 6 月，山西省考古研究所和太原市文物管理委员会为配合太原第一热电厂扩建施工，在太原市南郊金胜村附近，清理了一座唐代砖室壁画墓（编号为 TD1988M337）。墓葬位于市中心以南 15 千米，西距太原西山约 2 千米，四周地势开阔，海拔高度 886.3 米。 　　墓葬为单室砖结构，方向 190 度，由墓道、甬道和墓室 3 部分组成。墓道由于压在厂区马路之下，无法进一步发掘，长度不详。从甬道口处痕迹看，墓道宽约 0.75 米。 　　甬道长 1.4 米、宽 0.7 米、高 1.38 米。券顶从 0.9 米处起券。甬道内用砖依"人"字形码放封闭。 　　墓室平面为弧边方形，内长 2.9 米、宽 2.8 米，砖厚 0.2 米。四壁以单砖错缝平砌，从高 1.3 米处叠涩内收。墓顶在基建施工中被破坏，根据残存情况看，顶部为穹隆顶。基底用一层砖错缝平铺。在墓室的北半部，有砖砌长方形尸床，东西长约 2.9 米、宽 1.34 米、高 0.22 米。墓室四壁和尸床边缘都抹一层厚约 1 厘米的白灰泥皮，上施彩绘	TYJSC337

---

[1] 山西太原董茹庄唐墓壁画（照片四幅）[J]. 文物参考资料，1954(12):193.

续表

地区	具体壁画墓方位（总计 11 座）	编号
山西隋唐墓壁画	图 2.169 门卫（南壁东侧壁画）（左）[1] 图 2.170 门卫（南壁西侧壁画）（右）[2] 图 2.171 树下老翁（北壁西侧壁画）[3] 图 2.172 树下老翁（西壁北侧壁画）[4]	TYJSC337

[1] 侯毅，孟耀虎. 太原金胜村 337 号唐代壁画墓 [J]. 文物，1990(12):13.
[2] 侯毅，孟耀虎. 太原金胜村 337 号唐代壁画墓 [J]. 文物，1990(12):13.
[3] 侯毅，孟耀虎. 太原金胜村 337 号唐代壁画墓 [J]. 文物，1990(12):14.
[4] 侯毅，孟耀虎. 太原金胜村 337 号唐代壁画墓 [J]. 文物，1990(12):14.

续表

地区	具体壁画墓方位（总计 11 座）	编号
山西隋唐墓壁画	图 2.173 仕女女童（西壁南侧壁画）（左）[1] 图 2.174 东壁壁画（右）[2] 图 2.175 树下老翁（东壁北侧）[3] 图 2.176 树下老翁（北壁东侧）[4]	TYJSC337

1 侯毅，孟耀虎．太原金胜村 337 号唐代壁画墓 [J]．文物，1990(12):15．
2 侯毅，孟耀虎．太原金胜村 337 号唐代壁画墓 [J]．文物，1990(12):16．
3 侯毅，孟耀虎．太原金胜村 337 号唐代壁画墓 [J]．文物，1990(12):17．
4 侯毅，孟耀虎．太原金胜村 337 号唐代壁画墓 [J]．文物，1990(12):17．

续表

地区	具体壁画墓方位（总计 11 座）	编号
山西隋唐墓壁画	**运城地区万荣皇甫村开元九年（721）薛儆墓** 　　1994 年 5 月夜，在山西省万荣县皇甫村，当地村民和公安干警发现一个盗墓团伙正在挖盗古墓，随后通知万荣县博物馆，对被盗古墓进行抢救性发掘。隔年，山西省考古研究所在万荣县南正式发掘薛儆墓，这是山西省唐代墓葬的一次重要发现。薛儆墓是带有长斜坡墓道的单室砖室墓，由墓道、过洞、天井、壁龛、甬道、墓室组成，总长 46.85 米，是山西地区迄今为止发现的等级最高、建筑规模最大的唐代墓葬 图 2.177 侧身持花侍女（内壁西向中间）（左）[1] 图 2.178 侧身持花侍女（内壁西向南间）（中）[2] 图 2.179 侧身持花侍女（内壁南向东间）（右）[3]	YCXJ

---

[1] 于静芳. 唐墓壁画女性图像风格研究 [D]. 西安美术学院，2018:87.
[2] 董一丹. 薛儆墓石椁人物线刻画研究 [D]. 山西师范大学，2020:9.
[3] 董一丹. 薛儆墓石椁人物线刻画研究 [D]. 山西师范大学，2020:9.

续表

地区	具体壁画墓方位（总计 11 座）	编号
山西隋唐墓壁画	图 2.180 正面站立侍女（外壁东向中间）（左）[1] 图 2.181 正面站立侍女（内壁北向西间）（中）[2] 图 2.182 正面站立侍女（外壁西向北间）（右）[3] 图 2.183 正面站立侍女（外壁西向中间）[4] 图 2.184 正面站立侍女（内壁东向南间）（中）[5] 图 2.185 正面站立侍女（外壁北向东间）（右）[6]	YCXJ

1 张童心，张庆捷，李建生．盛唐风采——薛儆墓的线刻艺术 [J]．文物世界，2000(2):11.
2 董一丹．薛儆墓石椁人物线刻画研究 [D]．山西师范大学，2020:11.
3 董一丹．薛儆墓石椁人物线刻画研究 [D]．山西师范大学，2020:11.
4 张童心，张庆捷，李建生．盛唐风采——薛儆墓的线刻艺术 [J]．文物世界，2000(2):10.
5 于静芳．唐墓壁画女性图像风格研究 [D]．西安美术学院，2018:85.
6 董一丹．薛儆墓石椁人物线刻画研究 [D]．山西师范大学，2020:12.

续表

地区	具体壁画墓方位（总计 11 座）	编号
山西隋唐墓壁画	图 2.186 正面站立侍女（外壁南向西间）（左）[1] 图 2.187 正面站立侍女（外壁南向东间）（中）[2] 图 2.188 着男装侍女（外壁北向西间）唯一一个头梳高髻，身穿男装的侍女（右）[3] 图 2.189 着男装侍女（内壁东向北间）（左）[4] 图 2.190 着男装侍女（内壁东向中间）（中）[5] 图 2.191 着男装侍女，身朝左，头朝右，实属特别（内壁北向东间）（右）[6]	YCXJ

1 董一丹．薛儆墓石椁人物线刻画研究 [D]．山西师范大学，2020:12.
2 董一丹．薛儆墓石椁人物线刻画研究 [D]．山西师范大学，2020:13.
3 董一丹．薛儆墓石椁人物线刻画研究 [D]．山西师范大学，2020:13.
4 董一丹．薛儆墓石椁人物线刻画研究 [D]．山西师范大学，2020:13.
5 董一丹．薛儆墓石椁人物线刻画研究 [D]．山西师范大学，2020:14.
6 张童心，张庆捷，李建生．盛唐风采——薛儆墓的线刻艺术 [J]．文物世界，2000(2):10.

续表

地区	具体壁画墓方位（总计 11 座）	编号
山西隋唐墓壁画	图 2.192 着男装侍女（内壁西向北间）（左）[1] 图 2.193 着男装侍女（外壁西向南间）（中）[2] 图 2.194 着男装侍女（内壁南向西间）（右）[3] 图 2.195 门吏（石门门扉）[4]	YCXJ

1 董一丹. 薛儆墓石椁人物线刻画研究 [D]. 山西师范大学，2020:14.
2 董一丹. 薛儆墓石椁人物线刻画研究 [D]. 山西师范大学，2020:15.
3 董一丹. 薛儆墓石椁人物线刻画研究 [D]. 山西师范大学，2020:15.
4 张童心，张庆捷，李建生. 盛唐风采——薛儆墓的线刻艺术 [J]. 文物世界，2000(2):10.

地区	具体壁画墓方位（总计 11 座）	编号
山西外北朝墓壁画	**河北磁县湾漳高洋壁画墓（北齐）1989 年** 邯郸磁县曾是我国历史上人口最密集、经济最发达的地区之一，著名的六朝古都邺城就在此地。相传，春秋时期的首霸齐桓公开始筑邺城，战国后归魏国，西门豹治邺的故事就发生在这里。 邺城的西北郊丘冢林立，是东魏北齐时期的陵墓区，位于湾漳村的北齐壁画墓便是其中的一座。 北齐高洋壁画墓原有 25 米高的坟丘，1958 年村民们大量取土，坟丘被夷为平地，墓顶遭到破坏，墓室暴露了出来。由于墓室内有很深的积水，人们以为是口古井，便把墓顶整修成一个简易的井台，用墓室里的水来浇灌附近的菜地。后来，村民们在它的东、西、南三侧建了住宅，其中有三户住宅坐落在了墓道上。 结合邺城研究的大课题，经报请国家文物局批准，1987 年至 1989 年，由中国社会科学院考古研究所和河北省文物研究所组建的邺城考古队，对此墓进行了抢救性发掘。 这是一座总长 52 米、深 12 米的大墓，墓道两侧以及墓室的四壁上都绘满了壁画，墓道的地面上还绘有缠枝忍冬纹以及莲花纹图案。经勘探发现，在墓室的正南方有一条 270 米长的神道，神道两侧站立有高大的石刻人像 图 2.196 河北磁县湾漳北朝墓墓道西壁壁画（局部）[1]	HBCX WZGY

---

[1] 徐光冀，江达煌，朱岩石. 河北磁县湾漳北朝墓[J]. 考古，1990(7):601.

地区	具体壁画墓方位（总计 11 座）	编号
山西外北朝壁画墓	图 2.197 墓道西壁人物[1] 图 2.198 墓道西壁神兽[2] 图 2.199 墓道东壁神兽[3]	HBCX WZGY

1 王文丽. 从五色到众彩——河北磁县湾漳北朝壁画墓色彩分析 [J]. 文博学刊, 2020(1):101.
2 王文丽. 从五色到众彩——河北磁县湾漳北朝壁画墓色彩分析 [J]. 文博学刊, 2020(1):101.
3 王文丽. 从五色到众彩——河北磁县湾漳北朝壁画墓色彩分析 [J]. 文博学刊, 2020(1):101.

续表

地区	具体壁画墓方位（总计 11 座）	编号
山西外北朝壁画墓	图 2.200 墓道西壁人物（左）[1] 图 2.201 墓道西壁人物（中）[2] 图 2.202 墓道西壁人物（右）[3] 图 2.203 东壁神兽[4]	HBCX WZGY

[1] 王文丽．从五色到众彩——河北磁县湾漳北朝壁画墓色彩分析 [J]．文博学刊，2020(1):101．
[2] 王文丽．从五色到众彩——河北磁县湾漳北朝壁画墓色彩分析 [J]．文博学刊，2020(1):101．
[3] 王文丽．从五色到众彩——河北磁县湾漳北朝壁画墓色彩分析 [J]．文博学刊，2020(1):101．
[4] 郝建文．满壁生风 气势恢弘——磁县北齐高洋壁画墓 (上)[J]．当代人，2009(7):31．

续表

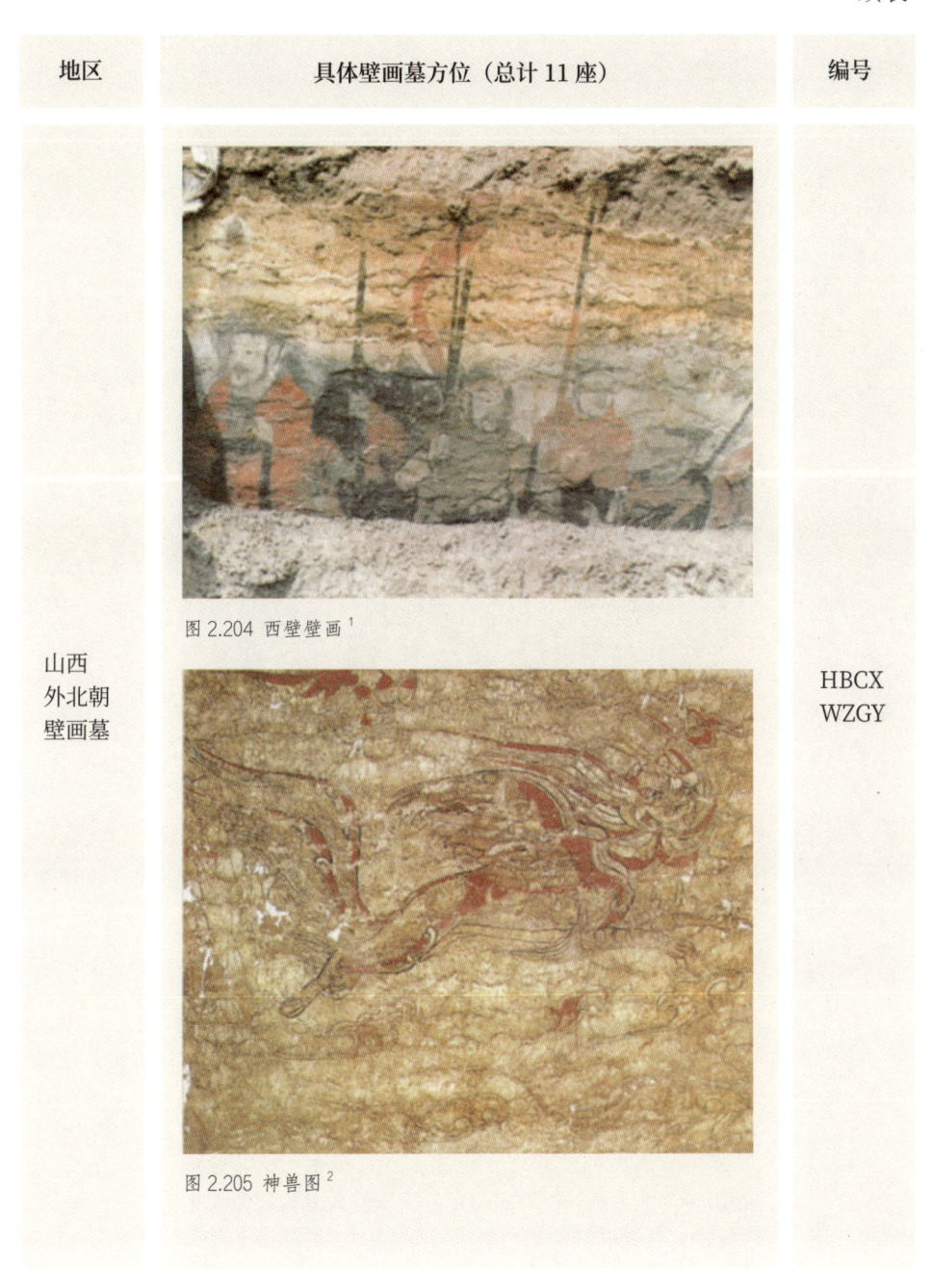

地区	具体壁画墓方位（总计 11 座）	编号
山西外北朝壁画墓	图 2.204 西壁壁画[1] 图 2.205 神兽图[2]	HBCX WZGY

1 郝建文. 满壁生风 气势恢弘——磁县北齐高洋壁画墓（上）[J]. 当代人，2009(7):31.
2 郝建文. 满壁生风 气势恢弘——磁县北齐高洋壁画墓（上）[J]. 当代人，2009(7):32.

续表

地区	具体壁画墓方位（总计 11 座）	编号
山西外北朝壁画墓	图 2.206 神兽图[1] 图 2.207 白虎[2]	HBCX WZGY
	河北磁县东魏茹茹公主墓壁画 　　东魏茹茹公主墓位于河北省磁县城南 2 千米的大冢营村北。因其西南约 300 米处有一座封土巍峨的大冢，相对而言，当地群众称此墓为小冢。 　　小冢的封土早年已被削平。1976 年春，大冢营村社员在村北平地时，铲破墓顶，发现了此墓。磁县文化馆闻讯后，报经河北省文化局批准，于 1978 年 9 月至 1979 年 6 月进行清理发掘。发掘过程中曾得到中央美	HBCX RRGZ

1　郝建文. 满壁生风 气势恢弘——磁县北齐高洋壁画墓（下）[J]. 当代人，2009(8):22.
2　郝建文. 满壁生风 气势恢弘——磁县北齐高洋壁画墓（下）[J]. 当代人，2009(8):23.

续表

地区	具体壁画墓方位（总计 11 座）	编号
山西外北朝壁画墓	术学院、河北省文管处、邯郸行署文化局、文物出版社等单位的指导与帮助。当时，磁县文化馆举办亦工亦农考古训练班，全体学员也参加了此墓的发掘。 　　墓室为弧边方形单室，穹隆顶东西长 5.58 米。南边有甬道及斜坡式墓道。墓内有大量壁画。墓道两壁分绘以青龙、白虎为引导的仪仗队列，上方有羽人、凤鸟、兽首人身像等。墓道地面绘有地毯。甬道两壁绘侍卫门吏，券门正中绘朱雀，两侧为对称的兽首人身像。墓室顶部绘星象，壁面上段绘四神，下段绘茹茹公主及侍女、盛装女子等。该墓早年被盗，出土彩绘陶俑 1000 余件，以及拜占庭金币 2 枚。该墓壁画填补了东魏画迹的空白。对研究美术史有重要价值。其墓志及出土遗物，是了解北朝政治、经济、宗教、艺术、中西交通的重要资料 图 2.208 棨戟架及仪仗人物图[1]	HBCX RRGZ

1 郝建文. 磁县东魏茹茹公主壁画墓 [J]. 当代人，2009(11):33.

续表

地区	具体壁画墓方位（总计11座）	编号
山西外北朝壁画墓	图 2.209 朱雀图[1] 图 2.210 白虎图[2] 图 2.211 神兽（左）[3]　图 2.212 神兽（右）[4]	HBCX RRGZ

1 郝建文. 磁县东魏茹茹公主壁画墓 [J]. 当代人，2009(11):34.
2 郝建文. 磁县东魏茹茹公主壁画墓 [J]. 当代人，2009(11):34.
3 郝建文. 磁县东魏茹茹公主壁画墓 [J]. 当代人，2009(11):34.
4 郝建文. 磁县东魏茹茹公主壁画墓 [J]. 当代人，2009(11):33.

续表

地区	具体壁画墓方位（总计 11 座）	编号
山西外北朝壁画墓	图 2.213 墓道东壁北段上栏壁画摹本（左）[1] 图 2.214 墓道西壁壁画摹本（仪卫人物之一）（右）[2] 图 2.215 畏兽（左）[3]　图 2.216 神兽（右）[4] 图 2.217 墓道东壁壁画摹本（左）[5] 图 2.218 墓室北壁（后壁）壁画摹本（右）[6]	HBCX RRGZ

[1] 朱全升，汤池.河北磁县东魏茹茹公主墓发掘简报 [J].文物，1984(4):11.
[2] 朱全升，汤池.河北磁县东魏茹茹公主墓发掘简报 [J].文物，1984(4):11.
[3] 朱全升，汤池.河北磁县东魏茹茹公主墓发掘简报 [J].文物，1984(4):11.
[4] 朱全升，汤池.河北磁县东魏茹茹公主墓发掘简报 [J].文物，1984(4):11.
[5] 汤池.东魏茹茹公主墓壁画试探 [J].文物，1984(4):14.
[6] 汤池.东魏茹茹公主墓壁画试探 [J].文物，1984(4):15.

续表

地区	具体壁画墓方位（总计 11 座）	编号
山西外北朝壁画墓	图 2.219 墓室西壁壁画摹本[1]	HBCX RRGZ
	嘉峪关魏晋墓葬画像砖 　　魏晋南北朝壁画墓的发现可以追溯到 20 世纪初，至今已有近一个世纪的历史。1915 年，英国籍考古学家斯坦因（Aurel Stein）盗掘新疆阿斯塔纳墓地时，就曾发现 4 座十六国时期的壁画墓，这是魏晋南北朝壁画墓的首次被发现。1944 年，西北科学考察团在甘肃敦煌佛爷庙湾墓地发掘了十几座魏晋墓，其中发现的翟宗盈墓墓门上有门楼式照墙、雕砌斗拱和门阙并嵌有彩绘画像砖。这些发现大都没有发表完整的报告。 　　20 世纪 50 年代，考古发现的魏晋南北朝壁画墓数量大为增加，河西走廊的魏晋墓葬画，规模较大、分布较广、保存较完整、代表性较强的，当数嘉峪关新城魏晋墓群。嘉峪关新城魏晋墓的发现，具有一定的偶然性，得益于两个牧羊人的好奇之心。 　　20 世纪 70 年代初，在嘉峪关新城戈壁滩上牧羊的两个人无意中在地面发现了一个窟窿，经过挖掘，在距离地面十几米深的地方发现了一道墓门，报告上级部门后，专业考古人员来到这里，沉睡地下一千多年的古代墓葬及其绚丽的壁画砖逐渐撩开了神秘的面纱，也为甘肃古代美术史翻了了浓墨重彩的一页。 　　1972—1973 年，甘肃省文物考古工作者在嘉峪关新城发掘了八座墓葬，编号分别为 1 号、2 号、3 号、4 号、5 号、6 号、7 号、8 号墓，经过综合分析，属于魏晋时期的墓葬，是甘肃首次大规模发掘的魏晋墓群。除了 2 号和 8 号墓之外，其余六座是壁画墓，共出土 600 余幅壁画砖，为魏晋墓葬壁画最大宗的发现，充实了原本很缺乏的魏晋	JYG

[1] 汤池. 东魏茹茹公主墓壁画试探 [J]. 文物，1984(4):15.

续表

地区	具体壁画墓方位（总计11座）	编号
山西外北朝壁画墓	绘画实物资料。1973年8月将5号墓搬至兰州，在甘肃省博物馆内复原，以便陈列保存。由于内部保存不妥，现已经不再供游人观看。 嘉峪关新城魏晋壁画墓从内容上说再现了当时社会生活的历史风貌，为我们研究历史提供了可靠的实物资料，特别是一幅《驿传图》已被定为中国邮电行业的标志 图 2.220 M5 驿传图 [1] 图 2.221 M3 前室东壁（左）[2] 图 2.222 M5 前室东壁（右）[3] 图 2.223 M5 犁地图 [4]	JYG

[1] 杜伊帆. 嘉峪关新城魏晋墓室壁画砖艺术特色之研究 [D]. 西北师范大学，2010:42.
[2] 杜伊帆. 嘉峪关新城魏晋墓室壁画砖艺术特色之研究 [D]. 西北师范大学，2010:42.
[3] 杜伊帆. 嘉峪关新城魏晋墓室壁画砖艺术特色之研究 [D]. 西北师范大学，2010:42.
[4] 杜伊帆. 嘉峪关新城魏晋墓室壁画砖艺术特色之研究 [D]. 西北师范大学，2010:42.

续表

地区	具体壁画墓方位（总计 11 座）	编号
山西外北朝壁画墓	图 2.224 M12 犁地图（左）[1]　图 2.225 M5 扬场图（右）[2] 图 2.226 M5 牧马图（左）[3]　图 2.227 M3 配马图（右）[4] 图 2.228 M5 牧牛图（左）[5]　图 2.229 M5 双驼图（右）[6] 图 2.230 M5 胡狗图（左）[7]　图 2.231 M6 牵驼图（右）[8]	JYG

[1] 杜伊帆. 嘉峪关新城魏晋墓室壁画砖艺术特色之研究 [D]. 西北师范大学，2010:42.
[2] 杜伊帆. 嘉峪关新城魏晋墓室壁画砖艺术特色之研究 [D]. 西北师范大学，2010:42.
[3] 杜伊帆. 嘉峪关新城魏晋墓室壁画砖艺术特色之研究 [D]. 西北师范大学，2010:42.
[4] 杜伊帆. 嘉峪关新城魏晋墓室壁画砖艺术特色之研究 [D]. 西北师范大学，2010:42.
[5] 杜伊帆. 嘉峪关新城魏晋墓室壁画砖艺术特色之研究 [D]. 西北师范大学，2010:42.
[6] 杜伊帆. 嘉峪关新城魏晋墓室壁画砖艺术特色之研究 [D]. 西北师范大学，2010:42.
[7] 杜伊帆. 嘉峪关新城魏晋墓室壁画砖艺术特色之研究 [D]. 西北师范大学，2010:42.
[8] 杜伊帆. 嘉峪关新城魏晋墓室壁画砖艺术特色之研究 [D]. 西北师范大学，2010:42.

续表

地区	具体壁画墓方位（总计 11 座）	编号
山西外北朝壁画墓	图 2.232 M5 妇女狩猎图 1（左）[1]　图 2.233 M5 狩猎图 2（右）[2] 图 2.234 M5 放鹰狩猎图（左）[3]　图 2.235 M7 采桑图 1（右）[4] 图 2.236 M7 采桑图 2（左）[5]　图 2.237 M4 采桑图 3（右）[6] 图 2.238 M5 采桑图 4（左）[7]　图 2.239 M5 采桑图 5（右）[8]	JYG

1 杜伊帆. 嘉峪关新城魏晋墓室壁画砖艺术特色之研究 [D]. 西北师范大学，2010:43.
2 杜伊帆. 嘉峪关新城魏晋墓室壁画砖艺术特色之研究 [D]. 西北师范大学，2010:43.
3 杜伊帆. 嘉峪关新城魏晋墓室壁画砖艺术特色之研究 [D]. 西北师范大学，2010:43.
4 杜伊帆. 嘉峪关新城魏晋墓室壁画砖艺术特色之研究 [D]. 西北师范大学，2010:43.
5 杜伊帆. 嘉峪关新城魏晋墓室壁画砖艺术特色之研究 [D]. 西北师范大学，2010:43.
6 杜伊帆. 嘉峪关新城魏晋墓室壁画砖艺术特色之研究 [D]. 西北师范大学，2010:43.
7 杜伊帆. 嘉峪关新城魏晋墓室壁画砖艺术特色之研究 [D]. 西北师范大学，2010:43.
8 杜伊帆. 嘉峪关新城魏晋墓室壁画砖艺术特色之研究 [D]. 西北师范大学，2010:43.

续表

地区	具体壁画墓方位（总计 11 座）	编号
山西外北朝壁画墓	图 2.240 M6 宰牛图（左）[1]　图 2.241 M5 宰猪图（右）[2] 图 2.242 M3 坞及穹庐图（左）[3]　图 2.243 M3 穹庐图（右）[4] 图 2.244 M1 宴饮图 1（左）[5]　图 2.245 M1 宴饮图 2（右）[6] 图 2.246 M1 宴饮图 3（左）[7]　图 2.247 M5 宴饮图 4（右）[8]	JYG

1 杜伊帆. 嘉峪关新城魏晋墓室壁画砖艺术特色之研究 [D]. 西北师范大学，2010:43.
2 杜伊帆. 嘉峪关新城魏晋墓室壁画砖艺术特色之研究 [D]. 西北师范大学，2010:43.
3 杜伊帆. 嘉峪关新城魏晋墓室壁画砖艺术特色之研究 [D]. 西北师范大学，2010:43.
4 杜伊帆. 嘉峪关新城魏晋墓室壁画砖艺术特色之研究 [D]. 西北师范大学，2010:43.
5 杜伊帆. 嘉峪关新城魏晋墓室壁画砖艺术特色之研究 [D]. 西北师范大学，2010:44.
6 杜伊帆. 嘉峪关新城魏晋墓室壁画砖艺术特色之研究 [D]. 西北师范大学，2010:44.
7 杜伊帆. 嘉峪关新城魏晋墓室壁画砖艺术特色之研究 [D]. 西北师范大学，2010:44.
8 杜伊帆. 嘉峪关新城魏晋墓室壁画砖艺术特色之研究 [D]. 西北师范大学，2010:44.

续表

地区	具体壁画墓方位（总计 11 座）	编号
山西外北朝壁画墓	图 2.248 M5 宴饮图 5（左）[1]　图 2.249 M7 宴饮图 6（右）[2] 图 2.250 M7 宴饮图 7（左）[3]　图 2.251 M7 宴饮图 8（右）[4] 图 2.252 M7 宴饮图 9（左）[5]　图 2.253 M7 宴饮图 10（左）[6] 图 2.254 M3 奏乐图（左）[7]　图 2.255 M7 六博图（右）[8]	JYG

[1] 杜伊帆. 嘉峪关新城魏晋墓室壁画砖艺术特色之研究 [D]. 西北师范大学，2010:44.
[2] 杜伊帆. 嘉峪关新城魏晋墓室壁画砖艺术特色之研究 [D]. 西北师范大学，2010:44.
[3] 杜伊帆. 嘉峪关新城魏晋墓室壁画砖艺术特色之研究 [D]. 西北师范大学，2010:44.
[4] 杜伊帆. 嘉峪关新城魏晋墓室壁画砖艺术特色之研究 [D]. 西北师范大学，2010:44.
[5] 杜伊帆. 嘉峪关新城魏晋墓室壁画砖艺术特色之研究 [D]. 西北师范大学，2010:44.
[6] 杜伊帆. 嘉峪关新城魏晋墓室壁画砖艺术特色之研究 [D]. 西北师范大学，2010:44.
[7] 杜伊帆. 嘉峪关新城魏晋墓室壁画砖艺术特色之研究 [D]. 西北师范大学，2010:44.
[8] 杜伊帆. 嘉峪关新城魏晋墓室壁画砖艺术特色之研究 [D]. 西北师范大学，2010:44.

续表

地区	具体壁画墓方位（总计 11 座）	编号
山西外北朝壁画墓	图 2.256 M5 出行图[1] 图 2.257 M3 屯营图（左）[2]　图 2.258 M3 屯垦图（右）[3] 图 2.259 M1 耕播图（左）[4]　图 2.260 M4 播种图（右）[5] 图 2.261 M1 坞图（左）[6]　图 2.262 M6 出行图 1（右）[7]	JYG

1 杜伊帆．嘉峪关新城魏晋墓室壁画砖艺术特色之研究 [D]．西北师范大学，2010:45.
2 杜伊帆．嘉峪关新城魏晋墓室壁画砖艺术特色之研究 [D]．西北师范大学，2010:45.
3 杜伊帆．嘉峪关新城魏晋墓室壁画砖艺术特色之研究 [D]．西北师范大学，2010:45.
4 杜伊帆．嘉峪关新城魏晋墓室壁画砖艺术特色之研究 [D]．西北师范大学，2010:45.
5 杜伊帆．嘉峪关新城魏晋墓室壁画砖艺术特色之研究 [D]．西北师范大学，2010:45.
6 杜伊帆．嘉峪关新城魏晋墓室壁画砖艺术特色之研究 [D]．西北师范大学，2010:45.
7 杜伊帆．嘉峪关新城魏晋墓室壁画砖艺术特色之研究 [D]．西北师范大学，2010:45.

续表

地区	具体壁画墓方位（总计 11 座）	编号
山西外北朝壁画墓	图 2.263 M6 出行图 2（左）[1] 图 2.264 M6 出行图 3（右）[2] 图 2.265 M7 杀鸡图（左）[3] 图 2.266 M13 宰羊图（右）[4] 图 2.267 M3 庖厨图（左）[5] 图 2.268 M13 烧火图（右）[6] 图 2.269 M1 一男一女庖厨图（左）[7] 图 2.270 M1 庖厨图 1（右）[8]	JYG

1 杜伊帆. 嘉峪关新城魏晋墓室壁画砖艺术特色之研究 [D]. 西北师范大学，2010:45.
2 杜伊帆. 嘉峪关新城魏晋墓室壁画砖艺术特色之研究 [D]. 西北师范大学，2010:45.
3 杜伊帆. 嘉峪关新城魏晋墓室壁画砖艺术特色之研究 [D]. 西北师范大学，2010:45.
4 杜伊帆. 嘉峪关新城魏晋墓室壁画砖艺术特色之研究 [D]. 西北师范大学，2010:45.
5 杜伊帆. 嘉峪关新城魏晋墓室壁画砖艺术特色之研究 [D]. 西北师范大学，2010:46.
6 杜伊帆. 嘉峪关新城魏晋墓室壁画砖艺术特色之研究 [D]. 西北师范大学，2010:46.
7 杜伊帆. 嘉峪关新城魏晋墓室壁画砖艺术特色之研究 [D]. 西北师范大学，2010:46.
8 杜伊帆. 嘉峪关新城魏晋墓室壁画砖艺术特色之研究 [D]. 西北师范大学，2010:46.

续表

地区	具体壁画墓方位（总计 11 座）	编号
山西外北朝壁画墓	图 2.271 M1 庖厨图 2（左）[1]　图 2.272 M7 庖厨图 1（右）[2] 图 2.273 M7 庖厨图 2（左）[3]　图 2.274 M7 烧火图 1（右）[4] 图 2.275 M7 烧火图 2（左）[5]　图 2.276 M5 三女进食图（右）[6] 图 2.277 M7 进食图（左）[7]　图 2.278 M4 进食图（右）[8]	JYG

[1] 杜伊帆. 嘉峪关新城魏晋墓室壁画砖艺术特色之研究 [D]. 西北师范大学，2010:46.
[2] 杜伊帆. 嘉峪关新城魏晋墓室壁画砖艺术特色之研究 [D]. 西北师范大学，2010:46.
[3] 杜伊帆. 嘉峪关新城魏晋墓室壁画砖艺术特色之研究 [D]. 西北师范大学，2010:46.
[4] 杜伊帆. 嘉峪关新城魏晋墓室壁画砖艺术特色之研究 [D]. 西北师范大学，2010:46.
[5] 杜伊帆. 嘉峪关新城魏晋墓室壁画砖艺术特色之研究 [D]. 西北师范大学，2010:46.
[6] 杜伊帆. 嘉峪关新城魏晋墓室壁画砖艺术特色之研究 [D]. 西北师范大学，2010:46.
[7] 杜伊帆. 嘉峪关新城魏晋墓室壁画砖艺术特色之研究 [D]. 西北师范大学，2010:46.
[8] 杜伊帆. 嘉峪关新城魏晋墓室壁画砖艺术特色之研究 [D]. 西北师范大学，2010:46.

续表

地区	具体壁画墓方位（总计 11 座）	编号
山西外北朝壁画墓	图 2.279 M5 牧羊图（左）[1]　图 2.280 M5 耙地图（右）[2] 图 2.281 M12 耕地图（左）[3]　图 2.282 M5 耱地图（右）[4] 图 2.283 M3 耕种图（左）[5]　图 2.284 M4 打场图（右）[6] 图 2.285 M4 扬场图（左）[7]　图 2.286 M5 打连枷图（右）[8]	JYG

1　杜伊帆.嘉峪关新城魏晋墓室壁画砖艺术特色之研究 [D]. 西北师范大学，2010:47.
2　杜伊帆.嘉峪关新城魏晋墓室壁画砖艺术特色之研究 [D]. 西北师范大学，2010:47.
3　杜伊帆.嘉峪关新城魏晋墓室壁画砖艺术特色之研究 [D]. 西北师范大学，2010:47.
4　杜伊帆.嘉峪关新城魏晋墓室壁画砖艺术特色之研究 [D]. 西北师范大学，2010:47.
5　杜伊帆.嘉峪关新城魏晋墓室壁画砖艺术特色之研究 [D]. 西北师范大学，2010:47.
6　杜伊帆.嘉峪关新城魏晋墓室壁画砖艺术特色之研究 [D]. 西北师范大学，2010:47.
7　杜伊帆.嘉峪关新城魏晋墓室壁画砖艺术特色之研究 [D]. 西北师范大学，2010:47.
8　杜伊帆.嘉峪关新城魏晋墓室壁画砖艺术特色之研究 [D]. 西北师范大学，2010:47.

续表

地区	具体壁画墓方位（总计 11 座）	编号
山西外北朝壁画墓	图 2.287 M1 狩猎图（左）[1]　图 2.288 M6 坞壁图（右)[2] 图 2.289 M4 携子出游图[3]	JYG
北朝高句丽墓壁画	**北朝高句丽墓壁画** 　　2004 年 7 月 1 日，中国高句丽王城、王陵及贵族墓葬在中国苏州召开的世界遗产理事会第 28 届大会上，被正式列入"世界遗产名录"，成为中国第 30 处世界遗产，也成为全人类共同财富。这次申报成功充分表明了高句丽文化遗迹的国际地位和深远影响。 　　高句丽政权从公元前 37 年建国到 668 年灭亡，在长达 705 年的历史中留下了大量的文化遗迹，有数以万计的古墓葬分布在中国和朝鲜境内，其中壁画墓近百座。高句丽墓室壁画的规模在现存的墓室壁画中是绝无仅有的，在绘画水平和艺术成就上是魏晋南北朝时期墓室壁画中的佼佼者。绚丽多彩、生动传神的高句丽墓壁画被称为东亚艺术宝库。 　　我国境内的高句丽壁画墓，迄今发掘的绝大部分	JAGGL

1　杜伊帆. 嘉峪关新城魏晋墓室壁画砖艺术特色之研究 [D]. 西北师范大学，2010:47.
2　杜伊帆. 嘉峪关新城魏晋墓室壁画砖艺术特色之研究 [D]. 西北师范大学，2010:47.
3　杜伊帆. 嘉峪关新城魏晋墓室壁画砖艺术特色之研究 [D]. 西北师范大学，2010:48.

续表

地区	具体壁画墓方位（总计11座）	编号
北朝高句丽墓壁画	坐落于集安市区附近。集安的高句丽古墓现存75处（群）。其中最大的洞沟古墓群，1966年实测时共有古墓11280座，1983年普查时尚存7627座，高句丽壁画墓主要分布在洞沟古墓群中。集安高句丽壁画墓，迄今共发现25座，除4座为积石墓外，其余皆为封土墓。桓仁近年发现壁画墓一座，为封土墓 图2.290 舞踊墓西藻井第二层叠涩中间，抚琴仙人图（左）[1] 图2.291 舞踊墓西藻井第二层叠涩南端，抚琴仙人图（右）[2] 图2.292 禹山墓区中部三室墓，弹阮仙人图（左）[3] 图2.293 禹山墓区中部三室墓，吹角仙人图（右）[4]	JAGGL

[1] 徐光冀. 中国出土壁画全集：辽宁·吉林·黑龙江卷[M]. 北京：科学出版社，2012:136.
[2] 徐光冀. 中国出土壁画全集：辽宁·吉林·黑龙江卷[M]. 北京：科学出版社，2012:137.
[3] 徐光冀. 中国出土壁画全集：辽宁·吉林·黑龙江卷[M]. 北京：科学出版社，2012:154.
[4] 徐光冀. 中国出土壁画全集：辽宁·吉林·黑龙江卷[M]. 北京：科学出版社，2012:154.

续表

地区	具体壁画墓方位（总计 11 座）	编号
北朝高句丽墓壁画	  图 2.294 五盔坟 4 号墓 北藻井东侧抚琴仙人图（左）[1] 图 2.295 五盔坟 4 号墓 击鼓仙人图（右）[2]   图 2.296 五盔坟 5 号墓 伎乐仙人（左）[3] 图 2.297 五盔坟 5 号墓 第二重顶石东北左侧驭龙仙人（右）[4]   图 2.298 舞踊墓主墓室主壁上方 天井壁画第四重，吹角图（左）[5] 图 2.299 力士（右）[6]	JAGGL

1 徐光冀. 中国出土壁画全集：辽宁·吉林·黑龙江卷 [M]. 北京：科学出版社，2012:193.
2 徐光冀. 中国出土壁画全集：辽宁·吉林·黑龙江卷 [M]. 北京：科学出版社，2012:194.
3 辽宁辑安通沟高句丽时代墓的壁画 [J]. 文物参考资料，1957(1):76+85+2.
4 辽宁辑安高句丽时代墓的壁画 [J]. 文物参考资料，1957(1):76+85+2.
5 徐光冀. 中国出土壁画全集：辽宁·吉林·黑龙江卷 [M]. 北京：科学出版社，2012:125.
6 徐光冀. 中国出土壁画全集：辽宁·吉林·黑龙江卷 [M]. 北京：科学出版社，2012:148.

续表

地区	具体壁画墓方位（总计11座）	编号
北朝高句丽墓壁画	图 2.300 乘龙仙人（左）[1]　图 2.301 道士（右）[2] 图 2.302 乘龙仙人（左）[3]　图 2.303 伎乐仙人（右）[4] 图 2.304 伎乐仙人（左）[5]　图 2.305 伎乐仙人（右）[6] 图 2.306 伎乐仙人（左）[7]　图 2.307 伎乐仙人（右）[8]	JAGGL

1 徐光冀. 中国出土壁画全集：辽宁·吉林·黑龙江卷 [M]. 北京：科学出版社，2012:206.
2 徐光冀. 中国出土壁画全集：辽宁·吉林·黑龙江卷 [M]. 北京：科学出版社，2012:180.
3 徐光冀. 中国出土壁画全集：辽宁·吉林·黑龙江卷 [M]. 北京：科学出版社，2012:211.
4 徐光冀. 中国出土壁画全集：辽宁·吉林·黑龙江卷 [M]. 北京：科学出版社，2012:210.
5 徐光冀. 中国出土壁画全集：辽宁·吉林·黑龙江卷 [M]. 北京：科学出版社，2012:206.
6 徐光冀. 中国出土壁画全集：辽宁·吉林·黑龙江卷 [M]. 北京：科学出版社，2012:206.
7 徐光冀. 中国出土壁画全集：辽宁·吉林·黑龙江卷 [M]. 北京：科学出版社，2012:208.
8 徐光冀. 中国出土壁画全集：辽宁·吉林·黑龙江卷 [M]. 北京：科学出版社，2012:206.

续表

地区	具体壁画墓方位（总计 11 座）	编号
北朝高句丽墓壁画	图 2.308 伎乐仙人（左）[1] 图 2.309 舞踊墓朱雀图（右）[2] 图 2.310 舞踊墓青龙图（左）[3] 图 2.311 玄武（右）[4] 图 2.312 神龙（左）[5]	JAGGL

1 徐光冀．中国出土壁画全集：辽宁·吉林·黑龙江卷 [M]．北京：科学出版社，2012:194.
2 徐光冀．中国出土壁画全集：辽宁·吉林·黑龙江卷 [M]．北京：科学出版社，2012:131.
3 徐光冀．中国出土壁画全集：辽宁·吉林·黑龙江卷 [M]．北京：科学出版社，2012:130.
4 徐光冀．中国出土壁画全集：辽宁·吉林·黑龙江卷 [M]．北京：科学出版社，2012:156.
5 徐光冀．中国出土壁画全集：辽宁·吉林·黑龙江卷 [M]．北京：科学出版社，2012:185.

续表

地区	具体壁画墓方位（总计11座）	编号
北朝 高句丽 墓壁画	图 2.313 龙[1] 图 2.314 龙[2] 图 2.315 环纹[3] 图 2.316 龙纹（左）[4]　图 2.317 礼佛（右）[5]	JAGGL

1　徐光冀．中国出土壁画全集：辽宁·吉林·黑龙江卷[M]．北京：科学出版社，2012：175．
2　徐光冀．中国出土壁画全集：辽宁·吉林·黑龙江卷[M]．北京：科学出版社，2012：177．
3　徐光冀．中国出土壁画全集：辽宁·吉林·黑龙江卷[M]．北京：科学出版社，2012：140．
4　徐光冀．中国出土壁画全集：辽宁·吉林·黑龙江卷[M]．北京：科学出版社，2012：205．
5　徐光冀．中国出土壁画全集：辽宁·吉林·黑龙江卷[M]．北京：科学出版社，2012：172．

续表

地区	具体壁画墓方位（总计 11 座）	编号
北朝高句丽墓壁画	图 2.318 礼佛（左上）[1] 图 2.319 伎师（左下）[2]　图 2.320 伎师（右）[3]	JAGGL

　　从以上时间顺序和空间地域的图像资料（表 2.5）我们可以看出，其他地区与山西北朝时期壁画墓的图像有着显著区别，从中也可看出北朝时期的图像与周边地域和隋唐前后的图像有着千丝万缕的关系。正是时间性和空间性在这特定的时期形成的相互关系，才形成山西北朝时期壁画墓图像的特殊性。本书希望通过对山西北朝墓壁画世俗造型图像叙事特征和精神图像叙事特征的分析，进而与不同时期和不同地域中壁画墓图像进行比较分析，得出山西北朝墓壁画图像叙事特点。

---

1 徐光冀. 中国出土壁画全集：辽宁·吉林·黑龙江卷 [M]. 北京：科学出版社，2012:168.
2 王希丹. 论集安高句丽墓壁画中的细腰鼓 [J]. 音乐研究，2016(2):57.
3 王希丹. 论集安高句丽墓壁画中的细腰鼓 [J]. 音乐研究，2016(2):57.

第三章
山西北朝墓葬壁画
——世俗造型图像叙事特征

"叙事"一语最早出现于《周礼》之中，原本是指西周礼乐文化对尊卑等级秩序的重视与强调。唐朝张彦远《历代名画记》中记载："记传所以叙其事，不能载其容；赋颂有以咏其美，不能备其象；图画之制，所以兼之也。"这里的"叙其事"就是"叙事"，有记述之意。而所谓图像叙事，即"空间的时间化"[1]，图像通过自身特殊的视觉语言，由创作主体把想要表达、描述的事物进行图形形象化描绘。在这个过程中，虽然图绘者会根据自身的社会实践和经验、创作能力、对象创作性等，对其图像所描绘的内容进行一定程度的主观性表达，但其画面主体部分，通常依旧会根据现实事物来进行相对忠实的表现，即所谓视觉呈现一定有其现实依据。而所谓的图像叙事方式，则明显体现在创作者对动态事物的瞬间表现。因为图像作品往往具有瞬时性、象征性等特征，所以即便我们在画面中看到的仅仅只是一些人与物静止性的场面，但我们却又能够从静止的画面中看到其所描绘的故事情节等叙事过程中的关键性因素，从而在静态的方式下描绘出过去那个时刻正在进行中的故事效果。因此，识别壁画场景中的人与物的图形元素，才是获取并解读历史文化意蕴的关键。北朝是中外文化交流兴盛的时期，佛教僧侣、中亚商人、民间艺人络绎不绝地涌入中原，并在平城、洛阳、西安、邺城、晋阳等地留下了许多文明的轨迹。通过观察山西北朝墓葬壁画中的世俗造型艺术以及精神文化造型艺术，我们可以看到山西出土的北朝墓葬壁画以不同的叙事形式展现了当时的历史文化情境。

1 龙迪勇. 图像叙事：空间的时间化 [J]. 江西社会科学，2007(9):39-53.

第一节　山西北朝墓葬壁画中人物图像叙事特点

一、人物图像的社会文化直观叙事

山西北朝墓壁画中人物图像叙事具有强烈的直观性，其体现在人物壁画影射出的艺术特点都直接地反映了艺术与同时代地理文化的因果关系。一方面，可以看到北魏墓葬的人物图像叙事特点的发展脉络与文化历史的行经路线基本一致，艺术史的延续性在这里得到了直观的显现，前朝墓葬艺术对北朝墓葬艺术来说具有渊源性的意义，这使得北朝早期的人物图像保留了隐约的汉风倾向，在主要题材上基本相同，在作画手法与图像模式上有所借鉴。在题材上，魏晋时期壁画墓中人物图像延续了汉末传统，如宴饮图、仪卫出行图、生产生活图、乐舞百戏图、经史人物图等。在内容上，墓室正壁中端坐的墓主夫妇、仪卫出行队伍皆可在前代的壁画墓中找到相似的图像题材。除去构图十分相近，大多所绘生活设施也基本保留了汉代特征，如在墓主图像当中，男女墓主人的坐姿、手部的摆放或拿捏物品的姿势，在仪仗图像当中，鞍马、牛车预备出行图像皆可在汉末的墓葬中找到雏形，皆与前代没有太大差异。例如，沙岭北魏壁画墓中漆棺彩绘和墓室壁画的图像在内容上重复了同一套题材（如图 3.1），不同的是夫妇衣着的颜色、围屏内的图案以及墓主夫妇手中所持物品，漆棺上的墓主夫妇手持团扇，而壁画则手持麈尾。而大同地区的智家堡北魏墓的北壁上也绘有一幅墓主夫妇并坐图（如图 3.2）。图中墓主夫妇并坐在一个带有幔帐的帐架内，头戴黑色风帽、身着交领袍衫的男墓主人右手持红色麈尾，左手放

图 3.1　大同沙岭 7 号壁画墓墓主人夫妇棺画[1]

---

[1] 高峰，李晔，张海雁，等. 山西大同沙岭北魏壁画墓发掘简报 [J]. 文物，2006(10):13.

图3.2 大同智家堡墓石棺北壁夫妇并坐图[1]

在凭几上，女墓主人双手袖于胸前。墓主夫妇端坐在榻上，背后有围屏，围屏内绘垂鳞纹，于帐架西侧绘有一株大树。从图像上来看，智家堡壁画的墓主夫妇的造型与沙岭墓漆棺和壁画中的墓主夫妇形象十分接近。其西侧所绘的大树与沙岭墓东壁两侧所绘的大树虽然在形象上并不相同，但这种图像的配置方法却有一定的相似之处。这就说明，墓主夫妇并坐图在北魏平城时代的墓葬画像中大量流行，并且存在一种创作粉本，工匠们在绘制墓主画像时会根据这个粉本进行创作，或者在这个粉本的基础上略作修改。所以在这两座北魏壁画墓中，漆棺和壁画上所绘的墓主夫妇并坐图虽然十分接近，但不一定出自同一批工匠之手，或许是不同的工匠根据同一粉本创作完成的。究其深层原因，是其既有对前代艺术母题的不自觉继承，又有孝文帝汉化运动的自觉性模仿。由此可以看出，山西北朝墓室壁画对汉代墓室图像的元素完成了众多的模仿和继承。

另一方面，随着历史的演进及地域的转移，魏晋墓葬图像承袭汉制但也已然产生了新的变化和突破，其逐渐受到了南方和西域文化的影响，较之汉代具有更强的时代和地域特征，各个地域文化具有相对较强的主导地位，因此墓葬图像表现出多元化的艺术取向。相比于大一统的汉王朝，北朝前期领土面积、国力大不如前，长期战乱下中原地区的壁画墓出现式微的趋向，壁画的规模和汉室相比也明显缩小，由此催生出单一的墓室结构，使得壁画基本以墓道所在的直线左右对称，壁画多表现为一砖一画的格局。与洛阳汉末的墓葬壁画相比，

---

[1] 刘俊喜，高峰. 大同智家堡北魏墓棺板画 [J]. 文物，2004(12):45.

这一区域的人物图像的场景画面变小，绘制也比较草率，渲染成分减少，例如，宴饮场面的表现显得简略了许多，描绘也相对草率。帷帐在画面中很少出现，床榻的描绘也非常简单甚至没有绘制，大部分墓主则跪地而坐。伺候进食的男女侍从和墓主被分开单独绘制在不同砖面的场景之中。此外，多民族的风格开始呈现：出行队列的结构在汉代的基础上进一步繁杂，牛车成为出行队伍的核心，骑从成为出行队伍的主题，由甲骑具装、轻骑兵、马上军乐、乐舞百戏以及仪卫侍从等各种功能的人物组成整个出行队列，这和汉末以车辆为主的出行场面已经完全不同。这一转变除了拓跋鲜卑军队以骑兵为主力兵种的特色外，强烈的民族文化因素也是这种改变的原因之一。例如，宋绍祖墓出行仪仗队列中增添了乐舞百戏的场景，这实际上具备了鲜卑民族的送葬特色。

二、人物形象的宗教文化象征叙事

在北朝时期，与各民族大融合相伴随的便是各路宗教的传入，其中最为盛行的当数佛教，而墓葬图像与佛教图像的相互交融使得很多图像符号来源于艺术象征并像代码一样延续下来，这就造成了墓室图像叙事的象征性特点。墓葬壁画中不少图像符号可以上溯到宗教经典中残存下来的图解，或源于作为集体记忆的民间习俗以及宗教仪式，其中象征性的物象往往会有一些普遍含义。例如，大同智家堡壁画墓出土的石棺床左右两侧各有一个佛教的护法神、做供养状的持莲童子像（如图3.3），司马金龙墓石棺床上刻有童子图像以及忍冬纹都说明佛教图像的种类进一步多样化，佛教元素更加突出。但是随着

图3.3 智家堡壁画墓持莲童子形象（线稿自绘）[1]

---

[1] 刘俊喜，高峰. 大同智家堡北魏墓棺板画[J]. 文物，2004(12):37.

北魏迁洛后，佛教石窟大规模地出现，墓葬中的佛教图像和平城时期相比却有减少的趋势，到北齐时期，佛教图像在墓葬中出现的情况进一步减少，只剩下一些和佛教相关的莲花图像。可以说，早期墓葬中的佛像主要充当供奉对象，后期叙事的象征性增强，并进入审美范畴。

伴随着佛教图像的传入，中原绘画技法与西域画法产生了融合，这种融合主要体现于凹凸法的运用上。凹凸法的引入改变了魏晋南北朝墓葬人物图像"染色"和"勾线"的表现方式，它使当时的造型观念转向了注重立体效果的方面。尤其是北朝后期，墓葬人物造型主要通过晕染表现立体效果，用线条表现立体人物形象的绘画方式达到了一定的高度，比较明显地借鉴佛教图像凹凸表现方法的例证应该是在东魏北齐时期。罗世平先生通过比对徐显秀墓人物图像的晕染法和龟兹石窟壁画人物图像的表现手法，认为它们存在着明显的相同之处，从而认定通过西域传入的佛教犍陀罗艺术曾对北朝徐显秀墓人物画法的形成产生过实质性的影响。[1] 从现在的视角来看，凹凸表现技法和汉代传统的平涂晕染法相比，北朝时期墓葬中人物图像的晕染更多用在人物生理结构的转折处，如寿阳贾家庄库狄回洛墓中的人物（如图3.4），大量运用晕染手法，形成人物形象的立体效果，这在一定程度上扩展了绘画线条的表现潜能，从而使物象产生强烈的立体效果。这种表现方式的转变极大地改变了当时绘画的基本面貌，产生了完全不同于汉代的图像叙事风格。单就佛教图像的绘制技法来说，北朝时期线条表现力的不断加强，印证了佛教图像对中土传统绘画技巧的吸纳和改造。

佛教图像和墓葬图像在审美意识方面也相互影响，这些与当时佛教在中国社会思想中的地位及其自身的发展状况有一定的关系。相比于汉代佛教主要依附于黄老学术和道教方术，北朝佛教的盛行，使得人物的审美特征和印度佛教图像崇尚丰满富丽的美感相接近。影射到墓葬图像之中，人物造型明显带有佛教造型的特征，例如，徐显秀墓中所见人物形象，皆具有圆润之面部形态特征（如图3.5）。

---

[1] 罗世平. 埋藏的绘画史——中国墓室壁画的发现和研究综述 [J]. 美术研究, 2004(4):68-72.

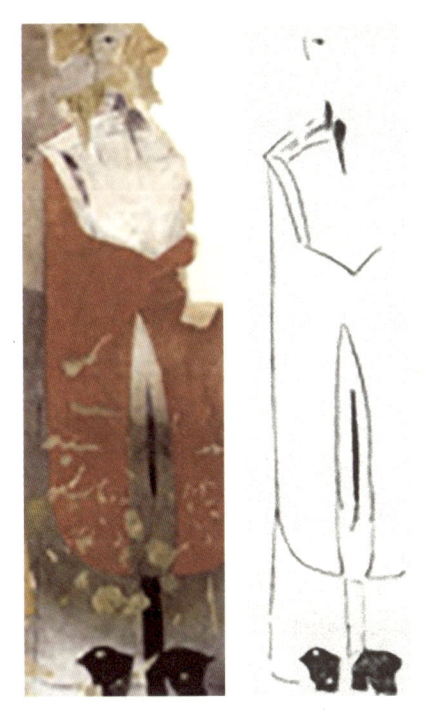

图 3.4 阳泉寿阳贾家庄厍狄回洛墓人物图像[1]　　图 3.5 徐显秀墓北壁徐显秀像[2]

三、人物图像的跨文化叙事

  魏晋南北朝的文化实质上是跨越了不同国家与民族界限的综合文化，是不同民族、国家及群体之间的文化融合的显现，体现了越过体系界限来经历文化归属性的人与人之间的互动关系。北朝墓葬壁画个体形象较前朝相比更为准确，更加注重写实。这理当归因于北朝时期艺术的交流，及在这一过程中形成的艺术自觉。北朝墓葬壁画在规模上的繁盛与造型上的精致既是在前代基础上发展而来的，又兼收并蓄了各类材质、各个民族、各方政权图像传统中的多种因素，最终营造成较为丰满的艺术形式。中亚、西亚的外来人口和商业贸易、文明输入都为北朝壁画人物的造型创作提供了养分。

---

1 周丰伟. 山西北齐壁画墓男子服饰研究 [D]. 山西大学，2018:6.
2 太原市文物考古研究所. 北齐徐显秀墓 [M]. 北京：文物出版社，2005:31.

就人物图像叙事来看，跨文化融合的因素在太原王家峰村徐显秀墓、忻州九原岗北齐壁画墓、朔州水泉梁北齐壁画墓中都较为明显。时间较早的水泉梁墓中已出现了胡人形象（如图 3.6），该人物形象位于墓室北壁右下角，为一蓄短须的卷发胡人。徐显秀墓中所见的胡人形象在数量上有明显的增多，其墓室东壁的备车图中即有一蓄着络腮胡子的胡人形象（如图 3.7），学者推测其可能为墓主人徐显秀来自西域的友人之一。此外，在忻州九原岗墓的狩猎图中也可见胡人骑马射箭图像（如图 3.8），该胡人外貌十分具有西域特色，而身着服饰却具有中原风格。这一现象反映出当时晋阳和邺城地区不但是北方的政治经济文化中心，同时也是民族文化和中外文化融合之地。因此，强壮有力的审美导向也反映于墓葬人物之中，大部分人物刻画丰满健壮，衣着不羁，姿态豪迈，野性粗犷的性情在墓室人物图像中展露无遗。北齐统治阶级的"胡化"

图 3.6 朔州水泉梁墓墓室北壁胡人形象[1]

图 3.7 徐显秀墓胡人图像[2]

图 3.8 忻州九原岗狩猎图中的胡人图像[3]

1 山西博物院，山西省考古研究所. 壁上乾坤：山西北朝墓葬壁画艺术 [M]. 太原：山西人民出版社，2019:158.
2 徐光冀. 中国出土壁画全集：山西卷 [M]. 北京：科学出版社，2012:97.
3 张庆捷，张喜斌，李培林，等. 山西忻州市九原岗北朝壁画墓 [J]. 考古，2015(7):71.

倾向十分强烈,"深目、高鼻、多发"人物形象的出现,以及冷暖色调的运用等多方面特征皆可作为"胡化"的证据。另外,除去人物肖像以及造型的异域化特点,北朝墓葬壁画中具有波斯萨珊风格的联珠纹的纹样运用、仪仗牛车图中还有胡人形象的侍者等,都被普遍认为是受到了中亚、西亚、南亚等地区文化的影响。

此外,北齐与北周、南朝之间也有互鉴。魏晋南北朝时期虽然处在格局分裂的状态之中,但南北方的相互交流从来没有停止过。南迁人士带去了北方的文化和艺术,为南方的发展注入了新鲜的元素,同时东晋在与北方十六国的对峙过程中也没有中断过文化艺术的融合。例如,北齐对南梁墓葬图像传统的吸纳有着文献的记载,《历代名画记》中记载了萧放由梁进入邺城,在北齐宫廷中从事监工以及绘制工作。这种直接的交互极大地促进了南北方在艺术领域的交流与融合。另外据文献记载,北齐画家曹仲达曾师于南朝画家袁昂(一称师于袁倩)亦曾取法张僧繇,这一切足以说明政权对峙并没有阻隔南北方之间的艺术交流。

而具体到墓葬人物图像时,不仅在画面内容与形式皆有所相仿,画面的留白、用笔的方式等细节也都展现出了北齐人物图像与南朝文化间的联系。例如,邓县画像砖墓出土的画像砖和陶俑都具有强烈的秀骨清像之风,这与北魏晚期的图像风格颇有相似之处。另外,该墓中手持仪刀的门吏图像的布局安排也与北周李贤墓相似,这些都是南北文化交流的现实证据。

北朝时期是汉唐之间墓葬人物图像的重要转变阶段。在其历史进程中,北方北魏在迁洛前后有较大差别,北魏分为东西魏之后至北齐、北周时期,由于吸收佛教艺术、少数民族艺术以及受南方文化的影响形成了多种艺术相互混合交流的状况,南方地区艺术风格在南朝齐梁之间出现明显的转折。正是通过对中外文化元素、各民族元素以及地域元素的融合,墓葬壁画人物图像具有了鲜明时代特色和地域特征的图像叙事特点。

第二节 山西北朝墓葬壁画中服饰图像叙事特点

北朝是中国服饰发展过程中一个重要的转折点,传统汉族上衣下裳的服制,受到便捷利索的胡服的挑战,开始朝着上衣下裤的方向发展。而中原汉族典雅端庄的礼服,特有区别等级尊卑的礼仪功能,成为鲜卑贵族效法学习的对象。

于是，胡汉民族在交往与融合的过程中，发展出了具有时代精神的服饰新风貌，亦即后来中国中古时期常服的雏形。在这样的历史情境中，山西发掘的北朝墓葬壁画中所展现的服饰图像在叙事上具有一个极其明显且重要的特征，即跨文化的叙事特征。与此同时，我国古代对于服饰表现身份的传统的流传，意味着服饰的样式、色彩等还具有表达壁画人物身份的叙事价值。

一、服饰图像中的游牧民族风格新潮

为了适应马上的活动和寒冷的气候，早期鲜卑族装扮为头上戴鲜卑帽，身穿窄袖交领上衣，下着小裤口裤子，脚蹬靴子，并且裤口多塞入靴中，这样的衣着类型统称为"胡服"，动物皮毛是早期胡服制作的主要材料。虽然北魏政权极力推行汉化政策，但是北魏人民的生活环境和物质文明却并没有达到完全汉化的水平，因而一些鲜卑族妇女的服饰仍然保留了鲜卑族原有的服饰风貌。

大同智家堡北魏墓中发掘的三块色泽鲜艳的彩绘棺板画中有车马出行、狩猎活动、宴饮奉食等丰富生动的内容，其中牛车右侧有两御车手同行，头戴垂裙皂帽，上着交领衣，下着裤，车内墓主人端坐其中，头戴垂裙皂帽，身着图案鲜艳漂亮的对襟披风（如图 3.9）。狩猎图则分三排陈列，上排左侧绘一脸上蓄络腮胡的徒步猎者，身着圆领红色褶服，腰系革带，穿黑靴，弯弓欲射迎面而来的一头野猪。右侧绘一头戴垂裙皂帽、身穿交领窄袖黑边蓝色上衣、下着红色裤与黑鞋、腰系革带者，策马向左疾驰，回首引弓射天上的飞雁。中排有一身着红色衣服的骑马武士向前疾驰，左手执弓，右手拉弦，另一骑马武士与着红服者相向而奔，夹击野兽。拓跋鲜卑原是塞北游牧民族，狩猎是其传统的生产和生活方式，棺板画中山林间的骑射场面，正是这种游牧狩猎习俗的再现。奉食图的内容以帷屋为中心，在下方残存的画面中，可见一帷屋，左侧横向三排侍从人物，上排均为男性，头戴圆顶垂裙皂帽，着交领窄袖上衣，下身着裤，其间一红、白两色勾画条纹，脚穿黑鞋，双手笼袖于胸前；中排人物为女性，头戴凹顶垂裙皂帽，着交领窄袖上衣，下身着曳地长裙，双手亦笼袖于胸前。此外，棺板画中还出现一举起双臂的人物形象，该人物身着短褐，腰间系腰带，短褐长度至膝盖上方，袖为窄袖，下身着长裤（如图 3.10）。上述人物均身着具有北方游猎民族风格的服饰。

图 3.9 智家堡墓棺板画女子图像[1]　　　　图 3.10 智家堡墓棺板画男子图像[2]

二、服饰图像中的中原风格遗风

尽管这时的汉化影响力还没有达到顶峰，但是因为由骑马涉猎到耕地种田的生产方式之巨大改变，北方少数民族自身的服饰还是产生了一定程度上的改变，胡汉服饰的融合由此开始形成。鲜卑族服饰保留了其独特的鲜卑帽，服装的款式借鉴了汉族服饰。较早期的大同智家堡墓棺板画中有一女子身着汉晋制式的襦裙（如图3.11），而大同雁北师院宋绍祖墓中也出现一戴有莲花冠首服的外族男子形象，该男子脸部轮廓起伏明显，棱角分明，头上戴一三瓣莲花冠，莲花在汉晋时代的首服中的运用并不明显，但冠的制式基本上属于中原本土汉族贵族的首服。这种贵族服饰在中原制式上的再运用，是北朝服饰走向胡汉结合的开端。

徐显秀墓中人物服饰具有更加明显的中原特征，推测可为徐显秀本人所具备的中原血统，使得其墓葬壁画中的内容表达对于中原文化的接受程度更高。墓室北壁的夫妇图中，徐显秀妻子内里身着交领襦裙，上襦袖子宽大，共有三层，两袖肩膀处有接袖痕迹。这是北朝墓葬中中原服饰运用的典型。服饰形制的变化阐述了北朝社会文化的融合历程，传统中原文化在经历退行后重新发挥了自己的影响力。

1 刘俊喜，高峰.大同智家堡北魏墓棺板画[J].文物，2004(12):37.
2 刘俊喜，高峰.大同智家堡北魏墓棺板画[J].文物，2004(12):40.

图 3.11 大同智家堡墓棺板画女子图像[1]

三、服饰图像中的跨文化叙事

  北齐一朝的服饰，在各民族长期杂居的情况下，存在着三种现象：一种为纯然少数民族的服装，如娄叡墓壁画所反映的鲜卑服，如鲜卑帽、缺骼袍、合裆裤和靴子；一种为少数民族与汉族服饰混杂的式样，如裤褶的褶衣袖口加大、裤管加宽；另一种则是传统的汉族服饰，有部分汉族士庶固守其汉服不肯轻易改变，如《资治通鉴》所载："陈庆之之入洛也……庆之自魏还，特重北人，朱异怪而问之，庆之曰：'吾始以为大江以北，皆戎狄之乡，比至洛阳，乃知衣冠人物，尽在中原，非江东所及也，奈何轻之。'"可知在北方少数民族统治下的部分汉人，仍然坚持着汉服。汉服象征着阶级意识，在北魏汉化政策后，少数民族上层的统治者，往往于重要的场合中穿着汉服，以显示身份的尊贵，这在响堂山石窟中的《帝后礼佛图》浮雕或徐显秀墓壁画里都有所反映。民族融合虽然促使各民族之间的服饰产生了交流与学习，然亦有其复杂难解的一面，必须有一段时间的磨合消化，方能形成新的服饰风貌。因此，在北齐的墓葬壁画中，往往杂陈着不同民族的服饰风貌，呈现着一种百花齐放、各领风骚的局面。

  北朝墓葬中的女性大多梳髻，穿长裙，有的长裙饰以联珠纹，上身穿衫或襦，有的穿在内，有的外披，发型有月牙形高髻、双髻、飞鸟髻等状，还有一特殊卷曲发型（如图 3.12），有人推测其渊源可以追溯到印度阿旃陀佛教石窟壁画中，

---

1 刘俊喜，高峰. 大同智家堡北魏墓棺板画 [J]. 文物，2004(12): 43.

图 3.12 徐显秀墓备车图侍女形象[1]

经过萨珊波斯，随粟特文化东渐而传入中国，其反映了当时中西文化之间的交流与传播，但流行范围和时间都非常有限，在出土的同时代资料中尚未见。该墓壁画造型上充分体现了民族特色，人物大都着胡服，发式装束上表现出明显的少数民族与西域民族特征。另外，无论是壁画人物还是服饰上的装饰图案，都体现出浓郁的异域文化气息，反映出晋阳地区北齐社会文化的多元性以及这一地区与西域民族文化交流的深度与广度。

从山西发掘的北朝墓葬壁画来看，北朝的时代复杂性诱发了各种民族文化的交叉，在服饰形态上，山西北朝墓葬中的服饰呈现出融合之趋势，窄袖圆领袍、长裤、窄袖褶子等不再是鲜卑少数民族的服饰，也在汉族群体中得到了流行。而在这个过程中，中原的汉服制式也同样得到了保留，这种跨文化性的叙事是北朝墓葬壁画的主要叙事特征。

而从另一个角度来说，这种跨文化的叙事特征还反映在从北朝早期到后期这一时间段内绘制壁画人物服饰的艺术手法之变化上。北魏时期的服饰绘制大多稚拙古朴，颇有汉晋之风。大同沙岭 M7 壁画墓中的人物衣纹的线条缺少粗细变化，整体上也不够灵动，衣纹细节相对较少，有汉代时期抽象浪漫的韵味（如图 3.13）。随着文化交流的持续深入，到了北朝后期，墓葬中人物服饰的绘制受到了更多来自丝绸之路的影响，尤其是在衣纹上借鉴佛像绘制手法。例如，

---

1 上海博物馆.壁上观：细读山西古代壁画[M].北京：北京大学出版社，2017: 149.

忻州九原岗墓葬中所展现的奔跑羽人形象（如图 3.14），其衣纹飘逸，贴合身体，有"吴带当风"的气质。

图 3.13　沙岭 7 号壁画墓人物形象[1]　　　　图 3.14　九原岗壁画墓羽人形象[2]

第三节　山西北朝墓葬壁画中车马、仪仗图像叙事特点

车马、仪仗图像的画面内容相较于其他类型，如人物、服饰图像更加直观，因而对于车马、仪仗图像的研究既可从其内容本体出发，还可讨论其描绘手法的问题。在宏观上，从车马、仪仗中可以看到北朝时期的礼制风俗、墓主人的身份地位等历史信息；在微观上，通过探究北朝墓葬中车马仪仗壁画的艺术手法可以进一步了解北朝壁画在受到画论发展影响之下而发生的变化。

一、车马、仪仗图像的宏观叙事

车马、仪仗的图像内容通常包含几个方面——车、牲畜（马、牛）、仪仗队伍（人物），我们从这几类内容可以大致了解北朝时期的生活风俗习惯。大同智家堡墓墓室南壁西侧可见一牛车图像，牛车前方有一人引领（如图 3.15），

---

[1] 高峰，李昉，张海雁，等 . 山西大同沙岭北魏壁画墓发掘简报 [J]. 文物，2006(10):13.
[2] 山西博物院，山西省考古研究所 . 壁上乾坤：山西北朝墓葬壁画艺术 [M]. 太原：山西人民出版社，2019:62.

此外并未在其他北魏墓葬中发现马车。这种情况可能与北魏时期的社会动荡状态有关，长期战乱使得当时社会生活并不富足，因此即使是身份较高的贵族、官员也较少使用马车出行。朔州水泉梁墓墓室西壁上也绘有一牛车图像（如图3.16），该牛车图中牵引牛行走的为一胡人，后方有五名侍从，画面内容有所发展但并不复杂，这至少说明，在北魏时期的单牛车图像产生了一定程度上的发展。在北朝后期的墓葬中则可见马车图像和大量随行侍从，娄叡墓墓室东壁、西壁可见牛、马车备行图，并且伴随有一整支仪仗队伍。西壁为牛车备行图，最左侧牵牛者为一胡人，牛车后方为一卷棚顶安车，车窗上有垂帘，车门处悬挂帷幔与锦幡。东壁为一组马车备行图。除了娄叡本人身份地位的影响外，这种规模也得存于北齐日益丰足的社会生活环境。与娄叡墓相似的还有徐显秀墓，徐显秀墓墓室西壁、东壁也分别绘有马车和牛车备行图。与北魏墓葬壁画中的车马图相比，北齐的车马已不再局限于牛车，马车队伍的规模也更加庞大。此外，在北齐墓葬的仪仗图中还出现了西域动物，九原岗墓葬壁画中出现了骆驼出行图，这表明丝绸之路商贸的发展达到了一个峰值。

图 3.15　大同智家堡墓牛车图像 [1]　　　　　图 3.16　水泉梁墓墓室西壁牛车备行图 [2]

1 刘俊喜，高峰. 大同智家堡北魏墓棺板画 [J]. 文物，2004(12):37.
2 山西博物院，山西省考古研究所. 壁上乾坤：山西北朝墓葬壁画艺术 [M]. 太原：山西人民出版社，2019:164-165.

当然，如果抛开这种内容上的变化不谈，北朝墓葬壁画中的车马仪仗图像也具有相似之处。上文提到娄叡墓中的车马仪仗队伍中出现了胡人形象，这种情况也出现在徐显秀墓、水泉梁墓中，这些都暗示了当时的胡人地位似乎并不高贵，通常是以服侍者的形象出现的。[1] 另外，山西地区所见的北朝墓葬对于车马仪仗内容的表现形成了一种固定的模式，徐显秀墓、娄叡墓和太原南郊第一热电厂墓的墓室东西二壁上均出现了牛、马车出行图，且其图像中均缺失乘坐者，这种潜在的相似符合郑岩教授所说"牛车鞍马题材则是表现人物身份的一种固定模式"[2]的判断。

二、车马、仪仗图像的微观叙事

图像本身能够表达某种潜在的含义[3]，从微观上来讲，在车马、仪仗图像这一本体中，我们同样可以发现一些叙事性。北魏时期的车马、仪仗队伍的扁平化非常严重，大同智家堡壁画墓的棺板画上绘有一组分层的仪仗图（如图3.17），这种分层不同于九原岗墓墓道壁画按照内容进行分层，而是将同一时空中的仪仗队伍分成了明确的上下两层，上层人物为男性，下层人物为女性。这种对于透视关系的忽略承袭自汉代墓葬壁画，在画论尚未发展的早期时代，这种非写实的空间关系非常普遍。这种情况的改变发生在水泉梁北齐墓葬壁画中，水泉梁墓甬道东壁上绘有一组出行仪仗图（如图3.18），图中右侧人物距

图 3.17 智家堡壁画墓的棺板画仪仗图[4]

---

1 王毅. 北朝墓葬胡人形象研究 [D]. 东南大学，2009:25.
2 郑岩. 魏晋南北朝壁画墓研究 [M]. 北京：文物出版社，2002:190.
3 林柳生. 试论图像叙事的本质和特征 [J]. 南昌教育学院学报，2013(7):29.
4 刘俊喜，高峰. 大同智家堡北魏墓棺板画 [J]. 文物，2004(12):38.

离观众较近，人物体积较大，左侧人物距离观众较远，人物体积较小，这种简单的透视关系运用反映出南北朝新画论的影响，古拙的扁平化透视关系明显变弱了。

在绘画技法上，画论的进一步发展也产生了长足的影响。在人物的章节中，本书讨论了人物形象的变化，由于仪仗图中大多都包含人物图像，有关人物的论述在这里也仍旧适用。毫不例外的是，仪仗图也是粉本传摹的产物，人物都呈现出单一性的特征。虽然早期的壁画人物古拙，线条简单质朴，但也并非画师的现场创作。早期的粉本普遍线条平稳，缺乏粗细变化，人物的头身比例也多按照汉代俑的 1∶5 的比例描绘，尤其是大同智家堡墓中的仪仗人物，在人物布局上，通常也用平均的方式进行分布。水泉梁墓中，这种稚拙开始向成熟转变，人物比例仿照现实人物比例创作，面部细节和服饰衣纹细节增多。再后期如忻州九原岗墓和太原徐显秀墓中，人物的写实程度更高，仪仗队伍中人物之间的距离也有了远近差异，赋色上讲求"染高不染低"，力求人物面部的立体。仪仗图的另一个要素是牲畜（马、牛），动物形象在一定程度上与人物是统一的，早期的动物形象追求形态的基本相似，随后进一步追求神似的艺术特征，动物的线条也变得更加丰富和细节化。徐显秀墓墓室西壁的鞍马图像坐落于整体画面的中心位置，马匹的整体轮廓仅仅使用简洁而利落的寥寥数笔，且其线条如行云流水般流畅明快。创作者在描绘物像的过程中，有着明显的主次分明的意识，在马匹全身的细节之处，通常会通过其肌肉起伏、关节转折、骨骼变化来进行质感相异且姿态万千的细节处理，从而通过根据身体结构变化而进行特定处理的形体描绘，将画面中的马匹塑造出生动而立体的艺术美感。九原岗墓的情况则存在特殊性，在九原岗墓葬壁画中，同一墓室中，描绘马匹贸易场景中的鞍马形象普遍都比该墓葬狩

图 3.18 水泉梁墓甬道东壁出行仪仗图[1]

---

1 山西博物院，山西省考古研究所. 壁上乾坤：山西北朝墓葬壁画艺术[M]. 太原：山西人民出版社，2019:150-151.

猎图中的鞍马形象更加写实，同时其鞍马细节部分的处理也更加精致，身形比例更加精准。然而，这种现象的出现，则很有可能是由于在图绘过程中，不同板块分拨给不同画工所导致。

总体而言，北朝墓葬中的车马、仪仗图在宏观和微观上阐述了这一时期社会情况以及绘画技法和观念上产生的变化，这种叙事具有一定的直观性，是北朝社会的写实性描述。

第四节 山西北朝墓葬壁画中日常生活用具图像叙事特点

一、乐器图像叙事

乐器是北朝墓葬壁画中另一个较为丰富的表现主体。在北朝的社会环境下，大量外来乐器的引进和与本土乐器的不断融合，形成了更加丰富的音乐文化，不同民族地区的乐器走入贵族的日常生活，最终成为墓葬壁画的一个表现内容。山西出土北朝墓葬壁画中可见的乐器主要包括以下几类：打击类乐器图像、弹拨类乐器图像、吹奏类乐器图像。

（一）打击类乐器图像

打击类乐器中较为常见的是鼓类乐器。鼓类乐器特点是将两块拉紧的膜覆于近圆桶形的鼓身之上，通过敲击或拍击发声，是北朝墓葬中较为常见的打击乐器。这类乐器可见于山西出土的包括徐显秀墓、娄叡墓、忻州九原岗墓等多个北朝墓葬，可见鼓类乐器在北朝时期贵族日常生活中的使用十分频繁。从整体上来看，山西出土的北朝墓葬壁画中的鼓类乐器并未表现出强烈的外族气息，而是多有中原本土特色。大同沙岭7号北朝壁画墓墓室北壁所绘出行图中可见一两人抬鼓图（如图3.19），其中所绘椭圆悬吊物为一建鼓，通常用于行军、出行仪仗，鼓手随行进队伍边行走边击鼓。《国语·吴语》中记载道："载常建鼓，挟经秉枹。"[1] 可见此类鼓乐器可归于中原地区的一类传统鼓乐器，早在战国时期已出现。北朝早期中原文化的影响最为深远，建鼓的出现来自这种本土文

---

1 徐元诰. 国语集解[M]. 王树民，沈长云，点校. 北京：中华书局，2002:549.

化在北魏政权统治下的再生。相比之下，墓葬中所见数量最多的细腰鼓则蕴含了西域风格。细腰鼓在外形上似两碗底部相接，两端较粗，中部较细，如大同云波里北朝墓墓室东壁所绘宴饮图底部的乐师队伍中右侧第二位胡人乐师手中所持即为细腰鼓（如图 3.20），此类人物与乐器图像的组合暗示该乐器的东渐可能。此外，在丝绸之路沿线佛教遗迹的发掘中，细腰鼓的装饰功用表明其大致与印度地区的宗教文化有所关联，在佛教入华的过程中，细腰鼓也成为一种贵族生活中的重要西域乐器。

图 3.19 大同沙岭 7 号北朝壁画墓北壁建鼓图（线稿自绘）[1]

图 3.20 大同云波里北朝墓东壁手持细腰鼓的胡人乐师（线稿自绘）[2]

（二）弹拨类乐器图像

山西北朝墓葬壁画中可见的弹拨类乐器主要有琵琶、阮咸和竖箜篌。北朝时期，梨式音箱的短颈四弦琵琶从波斯传入，在大量宴饮场景中均可见琵琶演奏场景。上文提到的大同云波里墓葬东壁乐师队伍中，左侧为首的乐师怀中所抱乐器即琵琶，弦数不清晰但可推测为梨式四弦琵琶（如图 3.21）。与细腰鼓类似，四弦琵琶与该人物图像的结合大致说明了其自西域传播至中原并最终成为贵族日常宴饮中歌舞的重要演奏乐器之一。此外，还有五弦琵琶图像，汉魏时期，五弦琵琶由波斯传入中国，形制与琵琶基本相同，如太原徐显秀墓墓室

---

[1] 高峰，李晔，张海雁，等 . 山西大同沙岭北魏壁画墓发掘简报 [J]. 文物，2006(10):18.
[2] 刘俊喜，高峰，侯晓刚，等 . 山西大同云波路北魏壁画墓发掘简报 [J]. 文物，2011(12):20.

北壁壁画左侧侍女手中即持有一五弦琵琶（如图 3.22）。除琵琶外，阮咸也可见于山西出土的北朝墓葬壁画，这类乐器通常有圆形的共鸣箱与一长柄。在大同雁北师院宋绍祖墓壁画中发现一手持圆形阮咸乐师，其正以手指拨动琴弦（如

图 3.21 云波里墓东壁怀抱琵琶的乐师（线稿自绘）[1]

图 3.22 徐显秀墓侍女手持琵琶（线稿自绘）[2]

图 3.23 大同雁北师院宋绍祖墓所见阮咸乐器（线稿自绘）[3]

1 刘俊喜，高峰，侯晓刚，等 . 山西大同云波里路北魏壁画墓发掘简报 [J]. 文物，2011(12):20.
2 上海博物馆编 . 壁上观：细读山西古代壁画 [M]. 北京：北京大学出版社，2017: 149.
3 大同市考古研究所，刘俊喜 . 大同雁北师院北魏墓群 [M]. 北京：文物出版社，2008:129.

图 3.23)。相较于琵琶，阮咸则为一种中原传统乐器，与龟兹传来之曲项琵琶不同，推测为秦代之"秦汉子"。

（三）吹奏类乐器图像

首先，横笛是北朝墓葬乐器出现频率最多的气鸣乐器，说明北朝时期横笛仍旧十分流行。通常而言，横笛在壁画中的作用有二：一方面是为了壁画中演奏场面的表现需要，另一方面是为了保证画面的对称性。山西地区主要见于司马金龙墓石棺浮雕。其次，吹奏乐器中比较流行的还有笙，此类乐器在山西北朝墓葬的宴饮图、乐舞图中也十分常见。

北朝墓葬出土的乐器可以反映出音乐形式主要是民间音乐、墓主生前生活的描写和死后对天堂世界的向往。马俑出土数量最多，这与北朝的奖励制度有关。北朝初期，奖励较少。魏孝文帝以后，礼乐制度不断完善，悬赏不断增多。因此，我们从大量崇尚兵马俑的墓葬可以得到解释。壁画或棺材、兵马俑中坐俑所反映的宴席是客观的，它反映了当时艺术形势发展的高度。表现飞天伎乐的形象与佛教在南北朝时期广泛深刻的传播有密切关系，虽然经历了太武帝与周武帝两次大规模的灭佛，但北朝统治时期的两百年余间社会矛盾的突出，使得统治阶级不得不利用佛教来缓解社会矛盾，但由此也促进了音乐的广泛传播。在北朝墓葬中伎乐飞天形象的出现也是与宗教有密切联系的，如反映萨珊文化的虞弘墓、史君墓等，或出现描绘墓主人死后由伎乐飞天引导其进入极乐世界。壁画中音乐图像类型主要有三种：飞天伎乐图、仪仗鼓吹图和家居宴饮图。其主要围绕着三个主题：表现墓主人生前的显赫地位，仪仗队音乐的高贵威严；表现墓主人生前富贵享乐的宴饮乐；墓主人希望借助宗教信仰，在他死后享受财富和幸福的美好愿望。

飞天伎乐图主要出现在墓门或石棺石床上，与礼教贵族，特别是萨保首领有关。如北周安伽墓、史君墓，还有日藏入华粟特人石床榻、巴黎吉美博物馆展北朝围屏石榻多出现了与祆教色彩有关的伎乐图像，而史君墓中飞天伎乐的形象更丰富一些。飞天形象组合以偶数居多，2 人组合最多，所执乐器通常为左箜篌、右琵琶。也有 4 人、8 人等，4 人组合乐器通常为琵琶、箜篌、横笛、排箫。也有不对称的情况，如史君墓中东西门框各有飞天 5 个，但执乐器的只有 7 个，乐器增加了笙篥、螺等吹奏乐器。总之，除了最常见的 2 人或 4 人的结合外，其他并不是完全统一的，飞天伎乐只出现在北齐北周时期，这与粟特贵族和信仰道教的信徒有关。

仪仗鼓吹是常见的一种题材，因为鼓吹是一种身份地位的象征，盛行于汉魏六朝时期，用于出行仪仗、朝会宴飨和丧葬。吴钊、刘东升的《中国音乐史略》里对鼓吹的解释为：鼓吹按所用乐器和用途的不同，可认为鼓吹和横吹。横吹主要由鼓、排箫、笳等乐器组成。其中由建鼓与箫、笳在朝会宴飨时演奏的称"鼓吹"或"黄门鼓吹"，由提鼓与箫、笳在马上作为出行仪仗演奏的称"骑吹"，由提鼓、箫、笳、铙在马上作为军乐演奏的称"铙歌"或"短箫铙歌"。横吹又称鼓角横吹，一般由鼓、角、横吹（横笛）等组成，有时加用笳或排箫。

无论是浓厚的祆教色彩，还是声势浩大的仪仗队，总有与宴请有关的音乐俑和图像同时出土，只有皇帝、贵族和官员有条件欣赏。音乐和丰富的生活总是紧密相连的。这一时期的音乐大多伴随着舞蹈（胡腾舞或其他舞蹈），就乐器的种类而言，有一点不容忽视。中原地区流行的钟、磬、铙等大型青铜乐器很少见到，尤其是钟磬类。相对而言，最常见的一种，即出现在乐队中的笙。

北朝乐器的发展在中国乐器史上具有重要的历史意义。北朝墓葬乐器所反映的音乐内容，既体现了北朝音乐艺术形式的丰富内容，也反映了现实生活中民间对宫廷乐器的选择和使用。北朝使用的乐器大多适合骑马演奏，这与当时的游牧习俗有很大关系。在音乐文化方面，它经历了与汉代文化的碰撞、吸收和融合，最终形成了吸收了西域音乐特色的鲜卑特色文化，为盛唐音乐高峰的到来奠定了坚实的基础。

二、餐具及食物图像叙事

北朝时期民间文化的冲撞彻底跨越了中原与北方少数民族之间的饮食文化分水岭，在山西北朝墓葬中发掘的壁画多承接汉晋之习俗，绘制墓主人生前日常生活的场景，其中宴饮即其表达的主要内容之一。由于宴饮在我国古代贵族生活中的重要性，宴饮中所使用的餐饮器具、器具规制、食物种类等都能够表明这一时期主流的生活习惯和贵族礼法，传递有关风俗的信息。

大同沙岭北魏壁画墓发现了大量饮食器皿，以及当时使用的各种家具，我们可以根据这些图像推测北魏时期日常饮食生活的情景，探究器皿造型与饮食方式之间的关系。在北魏沙岭壁画墓中有一幅夫妇或主宾对坐宴饮图（如图3.24），图中墓主人地位明确，处于画面的中心地位，表现的形式是人物坐在榻上饮食的情节。坐于榻上，是日常饮食的一种方式。先秦时期没有桌椅，宴饮活动是在地上进行，在地上铺筵加席，大家绕席而坐。墓主人夫妇面前放着

图 3.24 大同沙岭 7 号墓墓主人夫妇宴饮图[1]

一个几案，几案上放着两个装有食物的红色圆形漆盒，下面放着漆耳杯，食案应该为一套。这两个漆盒分别盛有不同的食物，漆耳杯则用来饮酒或饮水，这显然是分餐制所产生的器皿样式。

此外，北朝时期还出现了大量针对饮食餐具的创新，"槅"也是满足实用功能需要的一种创新设计，设计者在方形木胎上用竹条分成若干格子，不同的格内可放不同的物品或食品，如同现在的快餐盘。大同沙岭 M7 墓葬中出土一残存漆皮，该漆皮上绘有夫妇二人宴饮场景，右下部有一被分隔为八段的餐盒（如图 3.25）。这种餐具后来在南北朝时期非常盛行。北朝时期此类餐具的出现暗示着民族融合带来的餐饮习俗变化所带来的需求。

中亚和西亚自通往西域的丝绸之路打通之后，在经济、文化、贸易等方面进行交流。

图 3.25 大同沙岭 7 号墓漆皮中的漆器"槅"[2]

---

[1] 高峰，李晔，张海雁，等. 山西大同沙岭北魏壁画墓发掘简报 [J]. 文物，2006(10):19.
[2] 高峰，李晔，张海雁，等. 山西大同沙岭北魏壁画墓发掘简报 [J]. 文物，2006(10):13.

长于经商的粟特人沿着古代丝绸之路，不远千里移居中原，将大量的器皿运输传送到中国。山西北朝墓葬壁画图像中出现了器皿包括圈足盘、食盘、托盘。在水泉梁墓北壁壁画中，床榻前部摆放各式食物，呈条状、片状或小球状，整齐地盛放在高足豆和平底盘中。帷帐外有一侍从，双手高举高足盘，盘中放置一个高足杯，杯身隐约有花纹，还有一圈足盘，大敞口、浅腹、高圈足（如图3.26），器皿下半部分有弧度。这些高足杯、盘的设计可能与当时的餐饮礼仪习俗有关。《礼记·乐记》中记载："铺筵席，陈尊俎，列笾豆。"也就是先在地上铺席，再在席上根据需要另设小席，即筵，人坐于筵上，筵席之上或之前设桌、几等，由"司几筵"根据需要负责陈设。高足器皿的出现主要取决于时人餐饮方式为席地而坐，高度增加之后人们取用食品更为方便，用于放置食物，便于主人享用。席地而坐以及分餐制，对器皿设计产生了直接的影响，其造型必然要与这种生活方式相适应。以成套形式出现桌器，不仅满足了分餐制的实用需求，而且满足了分餐制的礼仪需求。使用成套的和专门定制的餐具，也就成为显示礼仪身份的重要手段。每套餐具造型、色彩的雅俗、种类和件数的多少、制作工艺的高下，成为决定席面丰盛程度和礼遇等级的标志之一。分餐制的器皿及其使用方式一直延续到隋唐时期，隋唐墓葬壁画中亦有体现。

以上食物图像表明：第一，不同社会阶层对食物的享用有其对应的规制。第二，图像中不同器物和食物的体现可以看到饮食结构的多样化。第三，进一步分析可感受到游牧民族入主中原后其饮食结构受到中原农耕文化影响后的结构变化。

年代较早的水泉梁墓中可见一些以圆盒盛装的白色饼类食物（如图3.27）。饼食文化在魏晋南北朝时期进入了一个全新的发展

图3.26 水泉梁墓北壁宴饮图高足托盘[1]

---

1 山西博物院，山西省考古研究所. 壁上乾坤：山西北朝墓葬壁画艺术[M]. 太原：山西人民出版社，2019:154-155.

阶段，此时饼类食品的制作方法多种多样，晋朝束皙的《饼赋》中饼的烹饪方法就有十多种：安乾（馓子）、纠耳（饼类）、狗后（饼类）、剑带（面条）、案盛、髓烛、馒头、薄壮（薄饼）、起溲（发酵面食）、汤饼、牢丸（汤团）等[1]，虽无法从壁画图像中断定该类盒装食物属于上述饼类食物的何种种类，但从其外观和该壁画中其他食物情况来看，可大致认定该食物为一种主食。

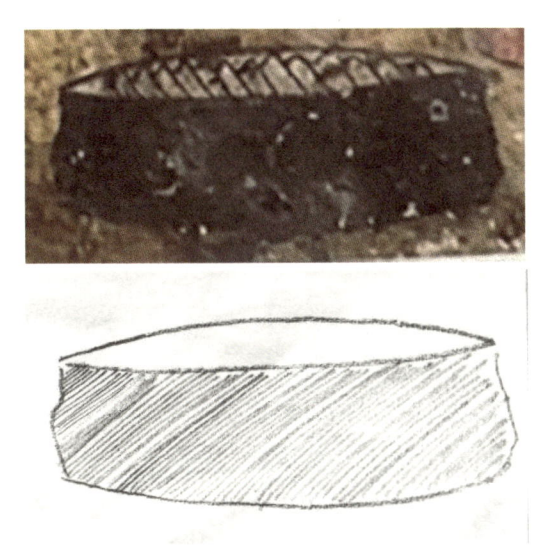

图 3.27　水泉梁墓壁画中的食盒[2]　　　　　图 3.28　徐显秀墓宴饮图局部[3]

而在年代较晚的太原王家峰村徐显秀墓北壁夫妇宴饮图中食物种类则更加丰富，不仅反映了当时中原地区的一些传统食物，还体现了北方游牧民族的饮食对象和饮食行为。从这些富含民族饮食文化的信息中，我们可以进一步看到北朝民族文化丰富多彩的内涵。该壁画中，夫妇二人中央有一围炉放一餐具，上置有肉脯，四周有一圈高足托盘，盘中所见的食物可见有饼、肉丸等菜肴，共十三份，画面中也没有出现筷子、勺等中原餐具（如图 3.28）。这种餐具是

1　张洁.魏晋南北朝饮食文化研究[D].西北农林科技大学，2011：24-25.
2　山西博物院，山西省考古研究所.壁上乾坤：山西北朝墓葬壁画艺术[M].太原：山西人民出版社，2019:154-155.
3　上海博物馆，壁上观：细读山西古代壁画[M].北京：北京大学出版社，2017:149.

一种非常方便的器皿，游牧民族煮食大块肉类的饮食方式使得这种容器在中原地区退居次要地位以后，在游牧民族生活中延续使用的时间非常长。《三朝北盟会编》记载："自过咸州至混同江以北，不种谷麦，所种止稗子。春粮旋炊硬饭，遇阿固达聚诸将共食，则于炕上，用矮台子或木盘相接。人置稗饭一碗，加匕其上，列以韲韭、野蒜、长瓜、皆盐渍者。别以木碟盛猪、羊、鸡、鹿、獐、麂、狐狸、牛、驴、犬、马、鹅、雁、鱼、鸭、虾蟆等肉。或燔或烹生脔，多以芥蒜渍沃，续供列。各取佩刀脔切。荐饭食罢，方以薄酒，传杯冷饮。谓之御宴者亦如此。"

由此，我们了解到北方主要的生产活动和经济来源是畜牧畋渔，与中原地区的生产生活方式截然不同。《辽史·营卫志》对这种生活方式有着较为全面而形象的概括："大漠之间，多寒多风，畜牧畋渔以食，皮毛以衣，转徙随时，车马为家。此天时地利所以限南北也。"种种条件能够提供充足的肉和奶，成为游牧民族的主要食物，加工方式以烤、煮、蒸为主，取食方式则靠刀和手。

在北朝墓葬壁画中，餐具和食物呈现出相互统一的状态，这种状态叙述了鲜卑民族的"马上"特色与中原传统礼仪文化之间的交合流变。事实上，这样的交融只有在饮食上才能如此明确，因为生活习俗的变化直接表明北朝民族文化的复杂性和融合性。早期水泉梁墓、沙岭墓壁画中的饮食单一，证明更早的时期少数民族在生活上并没有完全接受中原饮食文化，也并没有完全保留北方特色。而在后期的徐显秀墓中，这种情况消失了，宴饮图上出现的稻谷粮食、肉类、蔬菜类食物证明南方的饮食文化最终被北方少数民族接受。

小 结

北朝墓葬壁画在世俗内容上继承了汉晋传统，同时又发展出与汉晋不同的新的艺术造型。北朝墓葬中的世俗化造型主要包含人物造型、人物服饰、车马仪仗、日常生活用品几类，在这几类造型中，人物与服饰造型集中反映了北朝时期墓葬壁画中造型艺术的特点。造型艺术的核心特点是再现性和瞬间凝固性。北朝绘画师承中原，一贯继承并发展了中原画论，因而在处理人物造型时秉承中原画法中"以形写神""传神写照"的模式。正如在上文对于壁画风格的阐述中提到的，北朝墓葬壁画的人物造型通常使用高古游丝描、柳叶描等线条勾勒笔法，重视对于人物衣纹的描绘从而展现人物的动态，试图利用线条展现人物对象的神韵与外形。与此同时，北朝墓葬壁画中也不难探查到西域绘法的气息。尤其是来自天竺地区的晕染法，在北朝墓葬壁画的赋色中具有极其重要的地位，徐显秀墓、娄叡墓、忻州九原岗墓等北朝墓葬中，均可见天竺晕染法的技法。该种赋色技法讲求"染高不染低"，突出人物面部五官的立体感。

而在服饰造型上，北朝墓葬壁画中的人物服饰形制在很大程度上显示出"胡化"的特征。目前发掘的山西北朝墓葬壁画中，人物所着服饰多为以下几种：男子多为圆领袍、右衽窄袖袍，女子多为圆领襦裙、窄袖衫以及间色裙或交领袍。上述几种人物服饰表现出窄袖特征，可能与北朝少数民族统治者长期游猎有关，但也保留了中原传统的交领右衽形制。此外，从服饰绘制的角度来说，北朝墓葬壁画所见的人物服饰线条变化较多，既有忻州九原岗墓壁画的飘逸自由风格，又有娄叡墓中简练质朴的形貌。其赋色则集中反映了南北朝画论中"随类赋彩"的原则，表达画师自身和壁画制作目的的主观要求。因此，北朝墓葬壁画中的世俗化造型艺术具备"汉胡结合"的艺术特点，不仅保留了中原传统绘画的理念，也引入了西域造型艺术的全新认识。

在上述世俗造型艺术特征中，中原绘画技艺与西域、少数民族绘画技艺产生了交叉融合，从而使得这一系列图像在叙事维度具备了跨文化的表达能力，包括人物造型、人物服饰、车马仪仗、餐饮食物、乐器工具在内的多种壁画图像的叙事构建与分析是了解探究北朝墓葬所蕴含的历史要素的重点。

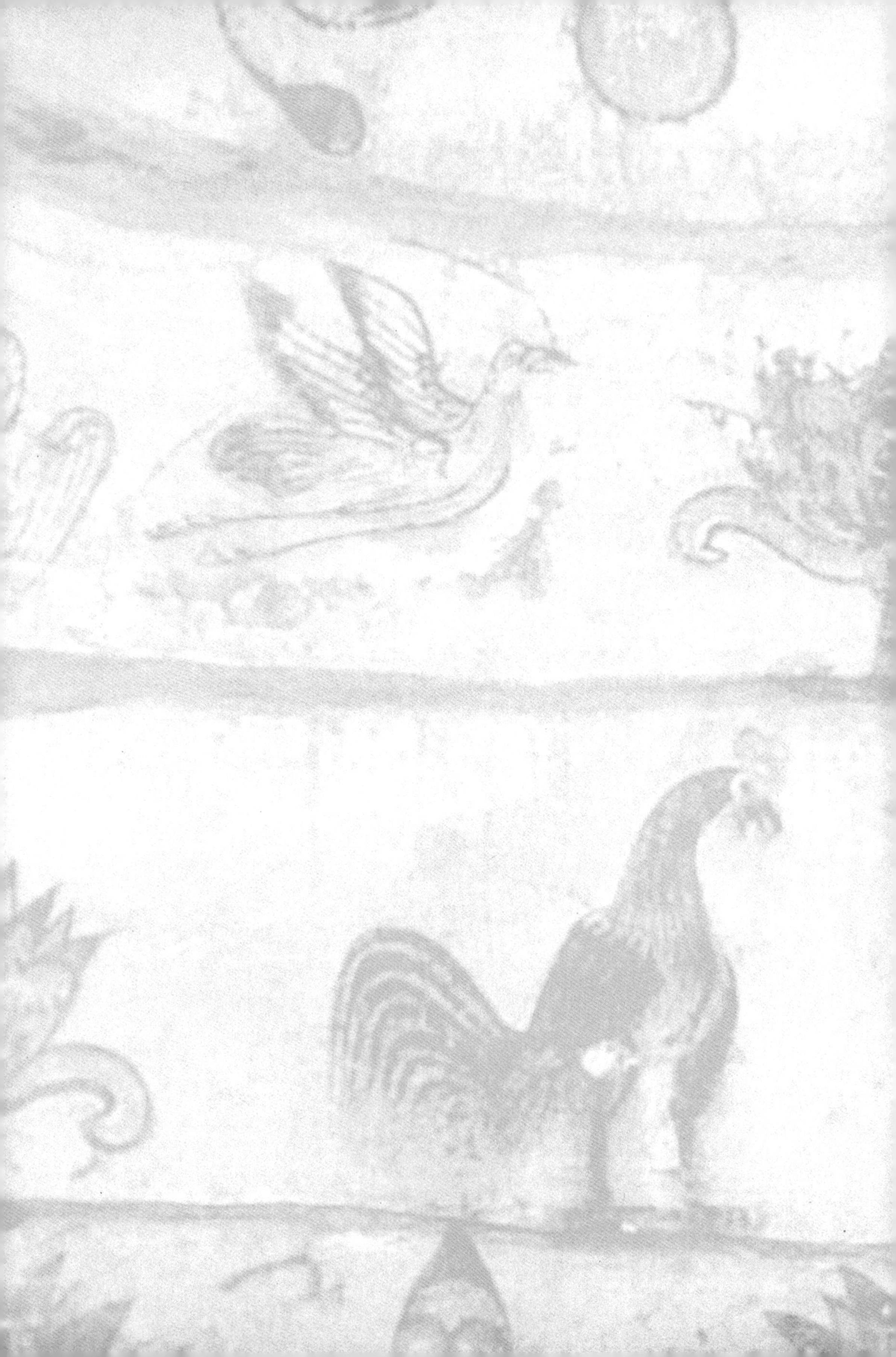

第四章
山西北朝墓葬壁画
——精神符号图像叙事特征

第一节　山西北朝墓葬壁画中纹样图像叙事特点

纹样的形成本质上是具有意象的事物的抽象化，从而使得图像具备了符号性质。纵观北朝不同时期的墓葬纹样图像，可以发觉其形态经历了一定程度的变迁。从北魏到北齐，纹样图像逐渐具有了一定的规制和规模。从整体上来看，我们可以大致将此类纹样图像归为以下几种。

一、植物类纹样

总体来看，植物类图像的抽象程度最高，主要包括忍冬纹、莲花纹、其他花草纹样。忍冬纹、莲花纹的文化气质比较明显也相对复杂。关于忍冬纹的文化来源判断目前学界尚未明确，但大致可以论断，山西北朝墓葬中出土的忍冬纹图像并非取材于中原地区的金银花，而是由中西亚地区传来，具有"胡饰"的特征。山西北朝墓葬所见忍冬纹通常为三瓣叶片和两个一瓣叶片分列两边的形态，在山西发掘的北魏墓葬壁画中十分普遍，早期的忍冬纹十分古朴，例如，大同全家湾北魏9号墓东西两壁发现的两株忍冬纹样，为墨线勾勒、赤色填涂，整体线条结构简洁单一（如图4.1）。在随后的纹饰发展中，忍冬纹逐渐形成了更加复杂的形态。大同智家堡北魏壁画墓石椁三角梁上饰一忍冬纹组合纹样（如图4.2），由多簇忍冬枝叶共同组成大面积的复杂纹样。其后，忍冬纹单独出现的频率降低，通常与其他植物、动物纹样相结合出现。如北齐徐显秀墓中所见忍冬纹位于墓室门框雕刻而成，上面刻有宝相莲花、摩尼宝珠、忍冬纹等图案。[1]

---

[1] 常一民，裴静蓉，王普军. 太原北齐徐显秀墓发掘简报[J]. 文物，2003(10):5.

尽管在发展中忍冬纹产生了诸多变种和组合，但其主要文化内涵并没有发生变化。一般而言，忍冬纹独特的波曲线结构表明其与西域文化之间的连接性，因为在佛教艺术兴盛之前，此类波线结构是极其少见的。佛教忍冬纹受希腊纹样影响。佛教传入中国后，忍冬所蕴含的"灵魂不灭"的信仰观念也与中国"事死如事生"的理念叠合重流，不断重申着生死往复、灵魂转生的精神文化信仰，与中原本土文化进行了无阻拦的内核衔接。

图 4.1　仝家湾北魏 9 号墓忍冬纹壁画及线稿（自绘）[1]

图 4.2　大同智家堡北魏壁画墓石椁忍冬纹图案及线稿（自绘）[2]

莲花纹的图像文化内涵同样来自中西亚地区的佛教信仰，极大数量的莲花图案的发掘是佛教在中原得到彻底传播的直接图像证据。北魏时期墓葬中的莲花图案与忍冬纹一样都表现出简易概括的特征。大同文瀛路壁画墓棺床前踏步上所见的莲花纹样即其概括简练风格的代表（如图 4.3），该莲花纹样莲花瓣

---

[1] 张庆捷，吕金才，冀保金，等 . 山西大同南郊仝家湾北魏墓 (M7、M9) 发掘简报 [J]. 文物，2015(12):13.
[2] 张庆捷，吕金才，冀保金，等 . 山西大同南郊仝家湾北魏墓 (M7、M9) 发掘简报 [J]. 文物，2015(12):13.

围绕中心圆形莲心整齐排列，线条圆润匀称，莲心有莲蓬。在北魏之后，北齐墓葬中所见的莲花图案已有复杂化的趋势，其装饰意义更强，线条更加优美灵活。2008 年发掘的山西朔州水泉梁壁画墓中可见一组较为丰富的莲花纹样组图（如 4.4），两幅莲花纹样图像运用了组合图像的方式，将莲花与忍冬等其他植物进行拼接，美化了单一的莲花图像，从而形成了更加具备佛教装饰意义的纹样图像，其线条相比文瀛路墓壁画中的莲花纹样已相对活泼，落笔线条较短，力度深厚。除水泉梁墓外，太原徐显秀墓中的莲花纹样图像数量也相当巨大，在墓室东、西、北三壁上可见莲花纹样图像共 19 幅，其图像线条相比前两组莲花纹样更加灵动飘逸，像是莲花飘浮在空中，增加了化境的空间性。行笔勾线较长，技法趋于熟练（如图 4.5）。

图 4.3　文瀛路壁画墓踏步莲花纹样[1]　　　图 4.4　水泉梁壁画墓莲花纹样[2]

图 4.5　徐显秀墓墓室壁画莲花纹样[3]

---

[1] 刘俊喜，高峰，侯晓刚，等．山西大同文瀛路北魏壁画墓发掘简报 [J]．文物，2011(12):29.
[2] 山西博物院，山西省考古研究所．壁上乾坤：山西北朝墓葬壁画艺术 [M]．太原：山西人民出版社，2019:154-155.
[3] 上海博物馆．壁上观：细读山西古代壁画 [M]．北京：北京大学出版社，2017:149.

从上述莲花纹样的变化来看可以大致说明两个问题，一是佛教在北朝社会中的传播程度处于渐行渐深的状态。早期北魏莲花纹样数量少，形态古拙，更多具备象征意义，中后期北齐墓葬中所见的莲花纹样数量有明显的增加，且线条技法更加成熟，形态更加富于变化。由此可见墓葬文化中佛教信仰地位的巨大提升。二是北朝墓葬壁画画师本身在技法上的长足进步，北魏早期的古拙风格向北齐时期灵活多变风格的转变直接表明南朝画论的发展对于北朝墓葬壁画绘制技法的影响。

以上所述结论说明"以图证史"功能在北朝墓葬壁画纹样图像中的实存，同时也表明此类纹样图像在叙事上表现出直观性的特征，其大致体现了壁画与社会精神文化信仰之间的联系。

二、畏兽纹样图像

畏兽纹样图像与植物类图像相比，文化特质相对复杂，暗示了中原传统文化与西域文化之间相互融合与接纳的可能性。图像叙事本身的特殊性导致其可能会在读图时使人产生歧义，因此如何消除这样的歧义就是神兽图像叙事中最主要的部分。英国学者苏珊·伍德福德认为，可以通过大背景的分析消除图像的叙事歧义。[1] 徐显秀墓中的神兽图像在形态上具有模糊性，如其墓室两扇石门上，有一首似狼兽、头部有鹿角、肋间有两羽翼、偶蹄分开站立、口中衔有莲花枝的神兽。有角、有翼的神兽在中国古代汉族神话中可为神兽獬豸，而偶蹄，有翼的神兽又可能为古代波斯地区琐罗亚斯德教中的神兽"森木鹿"。按照苏珊·伍德福德的消除歧义的方法，我们姑且回归到北朝时期的社会历史背景中，正如上文导言中所述，北朝社会与传统汉族统治的社会不同，其文化内容相当复杂，尤其是粟特商人入华后，北朝的精神文化信仰开始呈现出融合趋势，琐罗亚斯德教、佛教、道教玄学等精神文化无一独占鳌头，反而相互接纳，并在统治阶级中获得了类似的认同。因此，在北朝墓葬中发现的神兽图像较容易出现各类宗教相混合的再创作的情况。按照这个消除歧义的方法，我们可以判断，徐显秀墓中如"獬豸"或"森木鹿"样的神兽图像，极有可能就是这种再创造的结果。

此外，苏珊·伍德福德还认为，通过分析图像的象征意义也可以消除图像

---

1 苏珊·伍德福德. 古代艺术品中的神话形象 [M]. 贾磊，译. 济南：山东画报出版社，2006:15-27.

叙事的歧义。同样以徐显秀墓的神兽为例，墓门上偶蹄分开站立、口中衔有莲花枝的神兽明显存在一种象征含义，即其口中所衔的莲花枝。莲花图像的象征意义即佛教所言"清净不染"，尤其是北朝时期佛教在中原地区的迅速发展与传播使得莲花纹样的数量快速增加。莲花的象征意义使得徐显秀墓的这幅神兽图像与佛教产生了联系。如此看来，北朝墓葬中的精神信仰图像虽然可以消除叙事歧义，却无法明确图像内容。总体上来看，就是神兽图像在叙事上的跨文化性，这也是北朝墓葬精神信仰图像的又一叙事特征。

三、其他综合类纹样图像

其他综合类纹样图像，包括组合联珠纹、摩尼宝珠纹、山字纹、鸟兽纹、组合植物纹等。这些图像综合性较强，所蕴含的文化意象交叉相容，不宜定论，但仍不排除其具有的空间时间化的叙事特征。造型艺术是空间艺术，而精神信仰图像在一定程度上把时间的度量赋予了空间，因为从这些复杂的综合类图像中我们可以看到精神信仰是如何从精粹走向融杂的。以联珠纹为例，其在古代波斯萨珊王朝时期的流行表明它与琐罗亚斯德教信仰的密切关联，当这种纹样抵达中国时，它的美好寓意和基本空间形态被保留了下来，但是却不可避免地成为当地文化的陪衬。在徐显秀墓南壁的宴饮图左侧可见一身着间色裙的侍女，间色裙上纹样为一联珠女子纹（如图4.6），联珠纹中间的女子头像显然没有琐罗亚斯德教娜娜女神的特征，其头部所戴三瓣莲花冠可推断其与佛教信仰有关，可能为一女菩萨形象。袄教联珠纹与佛教人物的组合也唯独在北朝时期的中原地区有实践的可能性，此类组合让西域宗教信仰的传播具备了时间性的证据。在联珠菩萨纹之前的佛教图像都是单独出现的，而到了北齐时期，粟特商人通过丝绸之路在中原的商业活动带来了袄教文化，才出现了徐显秀墓中的联珠菩萨纹。而同样在徐显秀墓西壁的鞍马图中，马匹所驮鞍袱下坠的部分，看到一排描绘细致的菩萨联珠纹，荣新江认为："徐显秀墓壁画上出现的菩萨联珠纹样，并不是孤立的现象，它实际是伊朗系统的图像进入佛教王国以后，与佛教图像相融合的反映，是伊朗—印度混同文化东渐的结果。"[1]

足以见得，创作者并非简单地进行场景描述，而是将当时的社会、文化、民族发展背景充分融入看似简单的墓室壁画之中。

---

[1] 荣新江. 略谈徐显秀墓壁画的菩萨联珠纹 [J]. 文物，2003(10):67.

图 4.6 徐显秀墓南壁侍女衣着联珠女子组合纹样[1]

第二节　山西北朝墓葬壁画中畏兽图像叙事特点

　　北朝畏兽图像载体丰富，使用范围广泛，既可以在墓葬壁画、石葬具线刻画、墓志纹饰和随葬装饰品中，亦见于佛教石窟雕刻、壁画当中。山西北朝墓葬壁画中所见畏兽形象均反映了北朝时期墓葬壁画内容对于中原道教文化的继承以及西域文化影响下神兽图像的造型变化。

　　早期的畏兽图像中中原传统文化占据主体地位。沙岭北魏壁画墓甬道的顶部绘有伏羲女娲图，其两侧各有一名穿戴相同、动作相反，面目丑陋、头戴盔、身披甲，拿刀持盾，脚穿黑履的武士看向甬道。"在武士的东面，两侧各有一个人面龙身的形象。"[2] 这两只畏兽（如图 4.7、图 4.8），面目不同于武士，长相略有不同，动作呈朝下爬的姿态，但头部向上朝武士看去，与武士一起守卫墓葬。两只畏兽赤嘴乌发，身体用红线起稿，身上的龙鳞以黑色的线条整齐有序地勾勒而出，主要有红黑两色，四肢强壮有力，四足锋利，背部鬃毛似刀剑般向前竖起，让人产生畏惧感。从空间意义上来说，甬道象征着墓穴的外部空间，墓室象征着墓穴的内部空间，甬道处于内宅之外，墓穴之内，是门限的

---

1 上海博物馆.壁上观：细读山西古代壁画 [M]. 北京：北京大学出版社，2017:150.
2 高峰，李晔，张海雁，等.山西大同沙岭北魏壁画墓发掘简报 [J]. 文物，2006(10):23.

特定空间，在甬道绘武士和人面兽身的畏兽，目的在于守卫墓门及镇墓辟邪。这一点在司马金龙墓当中也得到了验证，司马金龙墓出土的陶制镇墓兽也是人首龙身模样，头长髻状角，面涂白粉，身画白鳞片纹与沙岭所绘的人面龙身的怪兽非常接近。据此可以判断，沙岭甬道所绘的怪兽形象是自秦汉时期即流行的镇墓兽。而之所以谈及文化风格的遗传，是因为《山海经》中曾记载了人面龙身的神兽形象，而在商丘发掘的汉墓画像砖中也出现了类似的形象[1]。这种形象的出现，意味着殷商文化和楚文化甚至影响了北朝墓葬壁画的创作，这就十分有力地侧证了殷商文化和楚文化正是后来人们认知中的中原文化的滥觞。

图 4.7 沙岭 M7 墓葬神兽壁画（一）[2]

图 4.8 沙岭 M7 墓葬神兽壁画（二）[3]

解兴墓石椁形似棺，四壁彩绘，前壁图像绘在石椁外壁，其余三壁图像绘于石椁内壁。与沙岭甬道两侧的壁画内容相同，解兴墓在石椁正面，绘一人持盾、一人持戟的两位武士，两位武士头戴盔、身披甲、脚穿白履，做守卫状。在手持盾武士的头部上方，有一头梳发髻、背长双翅、尾飘逸、两足站立的畏兽（如图 4.9）。武士脚部上方的畏兽（如图 4.10），头部发型似为男式，长长尾，

---

[1] 王良田. 商丘汉画像石中的祥禽瑞兽画像[C]// 朱青生. 中国汉画学会第九届年会论文集（上）. 北京：中国社会出版社，2004:166-174.
[2] 高峰，李晔，张海雁，等. 山西大同沙岭北魏壁画墓发掘简报[J]. 文物，2006(10):22.
[3] 高峰，李晔，张海雁，等. 山西大同沙岭北魏壁画墓发掘简报[J]. 文物，2006(10):22.

腰身修长，四足站立，呈行走式。两只畏兽发型各有不同，似为男女有别，与大同沙岭墓的镇墓兽意义相同，位于石椁正面，就其象征意义而言，起到了镇墓辟邪的作用，用来保卫石椁。

图 4.9 人面鸟身畏兽（女性）[1]　　　　图 4.10 人面龙身畏兽（男性）[2]

忻州九原岗墓室壁画当中的畏兽分别位于墓室西壁第一层的升天图、东壁第一层的升天图和墓室甬道顶部。畏兽均以墨色勾勒外轮廓，身体部分主要运用黄、红、蓝和黑色。

位于墓道西壁雨师前方的畏兽（如图 4.11）身穿红色短裤，右爪持物，侧身面向观众，脚踏祥云，尖牙利齿，大眼长须，面目可怖，做向前奔跑状，背部飘起的毛发显示出其奔跑的速度极快，头部朝身体后方看去。雨师后方的畏兽右手托盘，盘中有一圆形物体，与雨师前方的畏兽相同，腹部突出，上身裸露，着红色短裤，腿生毫毛，同样做向前奔跑状。两只畏兽刻画生动灵活，使人生畏。雷公前方的畏兽（挟石）（如图 4.12），全身蓝色，上身着红，后肩羽翼飞扬，下身着黄，腿生毫毛，腹部圆润，两脚生风，双手高举头顶托一梯形山石向前飞奔，头部毛发随风而起。西壁畏兽（如图 4.13）被一整圈锣鼓包围着，其一脚踏鼓，一脚伸出鼓外，手持一鼓槌状物，做奋力击打之状，可能表达的是雷神形象，正如《论衡·雷虚篇》所云："图画之工，图雷之状，累累如连鼓之形。又图一人，若力士之容，谓之雷公，使之左手引连鼓，右手推椎，若击之状。"[3] 其旁满绘云纹，似处于天界之中。与前三只畏兽不同，此雷公全身黄色，后肩羽翼呈白色，上身与下身相同，着黄，腿生毫毛，腹部突出，双爪高举，两腿

1　大同北朝艺术研究院. 大同北朝艺术研究院藏品图录——青铜器、陶瓷器、墓葬壁画 [M]. 北京：文物出版社，2016.
2　大同北朝艺术研究院. 大同北朝艺术研究院藏品图录——青铜器、陶瓷器、墓葬壁画 [M]. 北京：文物出版社，2016.
3　王充. 诸子集成·论衡：第七册 [M]. 北京：中华书局，1954: 65.

图 4.11 九原岗墓墓道西壁畏兽[3]　　　　　图 4.12 九原岗墓墓道西壁一层畏兽[4]

大跨步向前奔跑，其动态以鼓声劲催，有威震四方的威慑感。

　　位于墓室东壁的口吐长舌怪属于持蛇畏兽（如图 4.14），大眼赤嘴，长有獠牙，头部无发，全身裸露，腹部突出，着一三角红裤，侧身面向观众，头部看其后方，做向前奔跑状。其形象与《山海经》中所载的"强良"形象相近。"强良"是一种食蛇的怪兽。[1]《山海经·大荒北经》记载："大荒之中，有山名曰北极天柜，海水北注焉。有神，九首人面鸟身，名曰九凤。又有神衔蛇操蛇，其状虎首人身，四蹄长肘，名曰强良。"郭璞云："亦在《畏兽画》中。"[2]

　　墓室东壁与西壁的畏兽都绘制于《升天图》当中，四神居于主位，畏兽次之，间饰云纹，如行于空中，令观者目眩神迷。忻州九原岗升天图中的场景，为我们呈现出死后成仙的理想状态，这也是中国先民自古以来的追求和梦想。墓道的东西壁最上层所绘的仙神怪灵不胜枚举，共同绘制出一幅"杂物奇怪，山神海灵"的奇景，展现了北朝人丰富的精神世界。绘于甬道拱券顶部的神兽（图 4.15），赤目白眉，长有獠牙，上身裸露，后肩羽翼飞扬，腹部突出，下身着黄，腿生毫毛，四爪锋利，挥舞着四肢向下方俯冲。绘制为墨色勾勒外轮廓，身体部分主要涂以蓝色和红色。此处较其他畏兽，特别之处在于大量使用了蓝色绘制。从此处畏兽所处的位置可以看出，同沙岭甬道畏兽、仝家湾甬道畏兽的作用相同，都起到了镇墓辟邪的作用。

---

1 周明初. 山海经 [M]. 杭州：浙江古籍出版社，2011:179.
2 袁珂. 山海经校注：增补修订本 [M]. 成都：巴蜀书社，1993:486-487.
3 渠传福. 九原岗《升天图》与南北朝《山海经》图像 [M]// 上海博物馆. 壁上观：细读山西古代壁画. 北京：北京大学出版社，2017:165.
4 渠传福. 九原岗《升天图》与南北朝《山海经》图像 [M]// 上海博物馆. 壁上观：细读山西古代壁画. 北京：北京大学出版社，2017:165

图 4.13 九原岗墓墓道西壁雷神形象[1]

图 4.14 九原岗墓墓室东壁强良形象[2]

图 4.15 九原岗墓甬道拱券顶部神兽图[3]

通过上述观察研究发现，北朝墓室壁画当中的畏兽，根据动作造型和所持道具不同，分为匍匐状畏兽、行走状畏兽、俯冲状畏兽、奔走状畏兽、托举状畏兽、周身环鼓畏兽、口吐长舌畏兽。从中我们可以看出，北朝时期畏兽图像造型各异，载体多样。这些畏兽图像出现在北朝的墓葬中，是我们了解北朝时期的文化交流的重要材料。但是想要对畏兽图像的释义了解得更加透彻，必须"放到它们原来的位置外，还应结合图像其周围其他图像之间的关系，根据其所在的位置研究畏兽图像"[4]。研究图像之意除了需要研究其单独在图像中所处的位置外，还应结合该图像及其周围其他图像之间的关系。只有这样，我们才可全面、透彻地解读畏兽背后的意义。

图像在墓葬中所处位置不同，其所代表的意义也不尽相同。例如，同为畏兽，

---

1 扬之水. 忻州北朝壁画墓观画散记 [J]. 大众考古，2014(3):72.
2 白曙璋，张庆捷. 山西忻州九原岗北朝壁画墓的发掘 [J]. 大众考古，2016(5):33.
3 张庆捷，张喜斌，李培林，等. 山西忻州市九原岗北朝壁画墓 [J]. 考古，2015(7):72.
4 [美] 巫鸿. 武梁祠：中国古代画像艺术的思想性 [M]. 柳杨，岑河，译. 北京：生活·读书·新知三联书店，2006:6.

处于墓室与甬道位置，其所代表的意义一定是不同的。通过以上对于畏兽图像的分析，我们大致可将畏兽所处位置分为三类：一是墓室，二是甬道，三是墓门。

墓室是墓主人逝世后所处的中心位置，作为墓主人棺椁之所在，相当于墓主人之寝室，是整座墓葬的中心，其重要性不言而喻。位于墓室壁画上的畏兽图像以奔走状居多，多与四神、星象图等祥瑞图像绘于一处，表达着墓主人在逝世后引魂升天的愿想，例如，忻州九原岗墓当中的畏兽图像。甬道处于墓室与外界的中间部位，起到将墓室与外界连接的作用，所发挥的作用便是隔绝外界，以免墓主人受到外界的干扰，甬道内的畏兽多以匍匐状居多，这也表明了古人观察生活极其细致客观，畏兽多和武士一起出现，匍匐状畏兽多代表着墓主人希望此镇墓兽起到守卫墓室和镇墓辟邪的作用，例如，大同沙岭7号墓中的畏兽。墓门则是地下墓葬建筑之门，既是对地上门的模仿，又与墓葬死亡的主题紧密相连。墓门是墓葬的重要组成部分，墓门之上的壁画相对于整个墓室壁画，又具有相对独立性，因此，墓门之上的畏兽也是相当重要的研究对象。大同解兴墓石椁壁画当中的两畏兽图像便处于墓门之上，与两武士绘于一处，由此可以看出此类门墙的畏兽同甬道中所绘畏兽意义相同，同为镇墓兽。

北朝是一个多文化、多民族发展融合的时期。通过对北朝之前的考古资料的仔细研究发现，畏兽形象的出现有着相当清晰的脉络，北朝畏兽形象源于汉代传统；通过对山西境内的畏兽形象进行分析，同时结合宿白先生的研究，汉代画像砖当中就存在着畏兽形象，并且畏兽图像可能就是《山海经》中记载的计蒙等象征风雨之物。王子云先生则认为此类畏兽图像应为驱灾辟邪的方相氏。[1] 孔令伟认为畏兽图像可能来源于郭璞所说的《畏兽画》，结合山海古图神兽或者汉宫十二神兽乐舞中怪兽的名称与形象[2]。

---

1 尹夏清. 北朝隋唐石墓门及其相关问题研究 [D]. 四川大学，2006:143.
2 孔令伟. "畏兽"寻证 [C]// 范景中，郑岩，孔令伟. "考古与艺术史的交汇"国际学术研讨会论文集，杭州：中国美术学院出版社，2009:422.

第三节　山西北朝墓葬壁画中天国图像叙事特点

壁画的研究与图像学关系密切，美国学者潘诺夫斯基认为图像学是一种源于综合而非分析的解释方法："要想找出艺术作品的内在意义，艺术史学者就必须尽可能地运用与某件艺术品或某组艺术品的内涵意义相关联的文化史料，去检验他所认为的那件艺术品的内涵意义。"[1]叙事学则来自结构主义和符号学理论所支撑的当代叙事学理论。图像叙事不同于文本叙述，一般情况下，二者相辅相成。图像以其特有的构图及话语结构更为直观且生动地表现着事件、冲突、内容等元素。将图像叙事与文本叙事相结合，可以最大限度地表达想要表达的思想和内容。"天国"在中国道教中是指人得道成仙以后生活的世界，具有强烈的"吉"的思想观念，山西北朝墓葬所见的不同形式的天国图像反映了在同一个生死理念引导下的不同的具象表达。

一、天国图像的历史流变

北朝早期的墓葬中所能留存的天国图像更加具备中原气息，几乎继承了汉晋风格。大同沙岭 M7 墓葬中残存一伏羲女娲图（如图 4.16），此类内容的图像在汉晋时期相当流行，伏羲、女娲是中国传说中的始祖神，通常蕴含着赐福子孙的祝福文化内涵，这类以中国独有神话为内容的壁画构建了一个相对更加具有中原文化特色的天国意象。该伏羲女娲图像在人物形象上同样在一定程度上保留了中原画法，衣纹细节考究，以交领汉服为主。但画面中其他内容

图 4.16　大同沙岭 M7 墓葬伏羲女娲图（线稿自绘）[2]

---

[1] 欧文潘诺夫斯基.图像学研究：文艺复兴时期艺术的人文主题：中译本序[M].戚印平，范景中，译.上海：上海三联书店，2011:5.
[2] 高峰，李晔，张海雁，等.山西大同沙岭北魏壁画墓发掘简报[J].文物，2006(10):21.

元素则叙述了其他文化因素的影响，这一点将在之后探讨。

壁画创作发展到北朝后期，天国图像产生了一定程度上的变化，北魏时期天国图像中展现仙人以及其他人物类图像的构建方式减少了，神兽、图景图像数量增多。北齐徐显秀墓的表现十分明显，目前发掘的徐显秀墓壁画中并未见仙人图像，而其墓室南壁墓门上方绘有两只从天而降的神兽（目前仅存其一），甬道墓门两侧绘有神鸟（如图4.17），覆盖于两侧浅浮雕的白虎和青龙形象之上。这种情况可能与当时的工匠在中原传统神兽四神兽与具有佛教色彩的金翅鸟形象之间的抉择思虑有关，墓葬内没有出现玄武和朱雀浅浮雕可以印证这一猜想，青龙与白虎浅浮雕制作完成后随即被似为金翅鸟的形象覆盖。这样的图像叙述了当时社会中宗教信仰相互交融和争夺的状况，佛教的影响显然有了巨大的提升。这一点我们在北魏时期的墓葬壁画中也可以看到苗头，正如上述的大同沙岭7号墓中伏羲女娲图，图像中不仅有女娲伏羲两仙人，两人中间还绘有一摩尼宝珠纹，这是佛教在北朝墓葬中形成规制的早期探索。

相比之下，忻州九原岗北朝壁画中的天国图像内容较为丰富，墓道壁画中的神仙世界图像谱系复杂，内容包罗万象，主要为墓主人升天服务，起守卫和护佑作用。从九原岗壁画神仙世界图像的排列情况，观察可知其内容之丰富、布局之精美。神仙世界绘有若干人物形象，出现中国传统神话中的神仙风伯、雨师等，也有行走奔跑的羽人，更有人物乘龙飞翔、骑鱼遨游于神仙世界的故事图景。甬道西壁的第一层壁画中展现了一组仙人图像，似乎恢复了早期中原汉族壁画的兴趣，包括《仙人乘鱼图》《仙

图4.17 徐显秀墓墓门两侧神鸟形象[1]

---

1 太原市文物考古研究所. 北齐徐显秀墓[M]. 北京：文物出版社，2005:24.

人乘鹤图》和两名奔跑羽人图像（如图4.18）等，此外还有墓道东壁第一栏出现的风伯、雷公等形象。这类引导升仙图像的恢复与九原岗墓葬壁画画师的中原身份有着一定的关联，中原汉族始终在一定程度上保持着古时的死后世界遐想。而在门墙上的壁画则通过其中所绘门楼之上的天象构建天国景象。门楼正上方为一巨大莲花忍冬组合图像，这种天国图景明显刻上了佛教天国概念的印记。总而言之，九原岗壁画墓的装饰艺术体现汉民族文化传统，同时包含佛教与祆教美术因素的壁画图像，一定程度上再现了北朝时期忻州地区的世俗生活，展示了北朝艺术之美。

图4.18 九原岗墓甬道羽人图像[1]

二、天国图像中的文化叙事内涵

总体上来看，山西北朝墓葬天国图像主要可以分为以下三类。

（一）天宫人物图像

此类图像以表现刻画人物为主，如上文提到的九原岗甬道壁画中的风伯等形象，画师将风伯刻画为全身仅着一红色短裤，身体半蹲，口中吹气，右手持风袋的神人形象。中国古代为农业社会，人们对于风雨雷电等自然现象极为重视，认为自然现象由专门的神仙掌管，因此出现了风伯、雨师、雷公等天神。《论衡·祭意》称："群神谓风伯、雨师、雷公之属。风以摇之，雨以润之，雷以动之，四时生成，寒暑变化。" 此中风伯是为风神的拟人化称谓。风伯作为传统的天神之一，与雷公、雨师等天神人物形象共同为墓主人构建了一个想象的天国图。

---

[1] 张庆捷，张喜斌，李培林，等. 山西忻州市九原岗北朝壁画墓[J]. 考古，2015(7):71.

（二）仙人与云气纹图像

羽人不止一次出现在神仙世界中，现有两身完整的羽人图存于九原岗壁画墓东、西两壁。其羽人动作不一，自身奔跑的同时还侧身回望身后队伍，他们的存在将整个神仙世界有机联系起来，表明羽人在神仙世界的重要作用。贺西林总结汉代艺术中之羽人的特性时称其既有自身长生不老和自由自在之意味，还肩负接引升仙、行气导引、奉神娱神等功能。此外，该壁画中的仙人也具有多重作用，它们既可以表现仙境生活的美好，也具备引导墓主人飞升，到达天界（仙界）的功能。羽人的大量出现显示了传统升仙形象和道教因素在当时墓葬绘画中的重要地位。

天国不仅有羽人的存在，云气的存在也是极其重要的因素。云气一方面可以表现天国云雾缭绕的气氛，另一方面也衬托出人们对仙界的美好想象与向往。日本学者肥田路美曾言："墓葬器物中所见布满云气纹的装饰，推测这是死者为了再生与升仙时需要天地阴阳之气频繁流动并与之相调和。"实际上，春秋战国时期就有思想家常常用"气"这一概念表示构成万物的物质元素。《管子·枢言》云："有气则生，无气则死，生者以其气。"这也说明了气在日常生活中的重要性，不论是在现实世界还是在天国世界都有气的存在。

（三）乘骑动物的人物图像

乘龙、骑鹤与骑鱼人物形象频频出现。现存石棺常有人物骑龙升天的场景，藏于山西省博物院的北魏方兴石棺棺板上有男子骑于龙背的形象，发掘于河南洛阳上窑村的北魏画像石棺、邙山前海资村石棺以及开封市博物馆藏洛阳出土的石棺都有人物与龙的组合。山西夏县东汉壁画墓骑鹤仙人和骑鱼仙人图像也同时出现，这种图像内容表明了古人认为仙鹤具有助人成仙的功能，乘鹤人物图位于墓道西，头梳双髻身穿裙的女子骑乘仙鹤，追随前方仙人。考古简报称之为"仙人乘鹤"，后有学者观察其在升天图中的位置，表示女子骑鹤与东壁骑龙仙人位置相对，进而认为该图像为墓主夫人骑鹤升天。在九原岗墓葬壁画中，御龙人物图位于墓道东壁。龙背之人身穿白色长袍，面有污损，目光朝下张望。墓葬壁画吸收了古老传说中人们将龙视作神仙出行的坐骑的观点，并期望借助龙的力量，帮助墓主人升仙。目前所见单幅的人物骑鱼的图像并不多见，但是依据古文献的记载，人们借助鱼作为升天工具从而飞升成仙的想法也早已出现。此外，鱼在丧葬活动中，还具有死生转化的功能。《山海经》中"鱼妇"即拥有此功能，"有鱼偏枯，名曰鱼妇。颛顼死即复苏。风道北来，天乃大水泉，

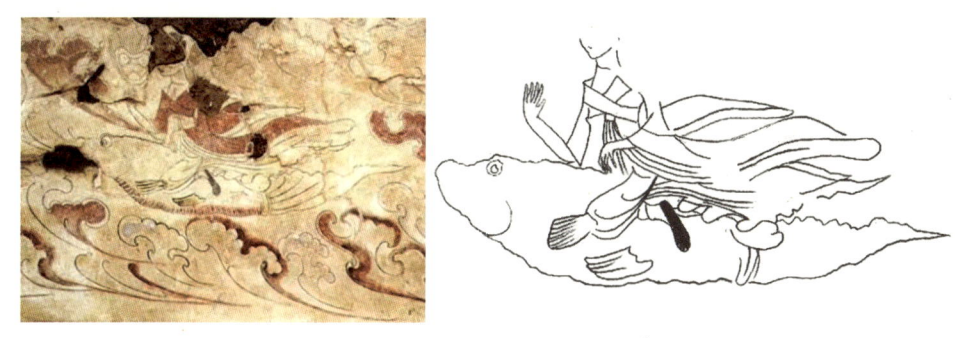

图 4.19　九原岗壁画墓甬道西壁仙人图（仙人乘鱼图）（线稿自绘）[1]

蛇乃化为鱼，是谓鱼妇。颛顼死即复苏"。由此可见鱼在墓葬语境中可有多重含义。九原岗墓葬壁画中即有一仙人乘鱼图像（如图 4.19），一长袍仙人骑坐于一巨大鱼背之上，右手举起，其上漂浮有一面具样物件，应有赐福之意。

　　按照上文对于山西北朝墓葬中天国图像的列举和分类，可以发现这类图像在叙事上都表现出明确的符号性和跨文化性的特征。本书所提及的中原仙人，如仙人乘鱼图、仙人乘鹤图、羽人图等都是中原传统文化的符号，这类图像叙述了九原岗墓的特殊性，表明这一阶段中原道教文化的影响力犹在，也证明画师本人的主观意志在壁画创作中的重要影响。同样，天国图像与其他精神信仰类图像一致，都表现出明确的跨文化叙事特征，佛教因素、道教因素在北朝墓葬中天国图像内容的选择上显得尤为明显。

第四节　山西北朝墓葬壁画中宗教图像叙事特点

　　宗教图像是精神信仰类图像的另一个重要类型。在上述几种精神信仰类图像中，宗教内涵皆有所体现。从整体上来看，山西北朝墓葬中的宗教图像主要可以分为三类，包括佛教图像、琐罗亚斯德教图像与道教图像。这些图像集中反映了北朝社会的宗教发展情况，从早期小规模的礼佛，到中后期佛法兴盛，再到琐罗亚斯德教随粟特商人入华，以及玄学道法在士族阶层的广泛流行，这

---

[1] 张庆捷，张喜斌，李培林，等. 山西忻州市九原岗北朝壁画墓 [J]. 考古，2015(7):62.

些情况皆可以通过图像叙事在北朝墓葬壁画中尽于言表。

一、佛教图像

　　山西北朝墓葬中的佛教图像是最丰富也是最隐晦的，其较少出现与佛教直接相关的人物形象。目前学界认为北朝壁画艺术形成了佛教艺术与墓葬艺术的分流，因此北朝墓葬中的佛教图像通常都以纹样的形式出现。上述有关纹样图像的分析中指出，纹样图像主要包括植物纹、动物纹以及组合纹，其中集中体现佛教内容的是植物纹和组合纹。莲花纹与忍冬纹占据植物纹样的大多数，早期的大同智家堡墓、文瀛路墓中的莲花纹、忍冬纹的数量相对较少，但仍旧十分可观。后期北齐墓葬中莲花纹、忍冬纹不仅在数量上有所增加，形态上也呈现出相互结合、日趋复杂的势头，这与佛教在北朝地区的信奉程度的发展密切相关。北齐时期佛教上升为国家宗教，战乱不断但仍大兴土木建造佛堂[1]，可见佛教之影响力的提升。

　　而在佛教描绘的天国图景之下，北朝墓葬中的装饰纹样在一定程度上是对这种天国图景的表达。例如，在徐显秀墓的墓室壁画中，四壁皆出现了悬浮于天的莲花纹样，表达净化升天的理想，构建西方极乐世界的美好幻景。同样的情况还出现在娄叡墓中，该墓葬中的莲花纹、忍冬纹位于墓道、甬道和墓室上方，与下部神兽、仙人等图像相结合，共同构建天国图景。除植物纹外，北朝墓葬中还出现了模拟宝珠图案，上文提到的大同沙岭7号墓、娄叡墓中均出现了摩尼宝珠。《魏书·南天竺传》中载："南天竺国，去代三万一千五百里。有伏丑城，周匝十里，城中出摩尼珠、珊瑚。"[2] 这种图中的宝珠被认为是一种佛教圣物（或为舍利子），具有满足众生心愿的功效。

　　上述内容即佛教在构建升天、天国氛围上的图像表现。除这一叙事功能之外，个别北朝墓葬中还出现了具有佛教因素的门神形象，例如，山西怀仁北魏墓甬道东壁南端（如图4.20）和西壁南端（如图4.21）留存有一组门神形象。东侧门神披头散发，右臂一手持金刚杵；西侧门神有项光、袒腹，左臂一手持金刚杵，佛教密宗有金刚杵可"断坏二边契于中道……亦表十波罗蜜，能摧十种烦恼"之说。可见，佛教中的因素也曾代替镇墓兽执行守卫墓主人的作用，这也是佛教因素能够出现在贵族墓葬壁画中的重要原因。

---

1 赵洋. 娄叡墓宗教图案研究[D]. 山西大学，2011:27.
2 魏收. 魏书卷一〇二：西域传·南天竺传[M]. 北京：中华书局，2003:3230.

图 4.20　怀仁北魏墓甬道东壁南端门神[1]　　图 4.21　怀仁北魏墓甬道西壁南端门神[2]

二、琐罗亚斯德教图像

琐罗亚斯德教即祆教，南北朝时期自波斯由粟特商人引入中原，进入山西地区。祆教在北齐时期发展到顶峰，《隋书·礼仪志》载：后齐"后主末年，祭非其鬼，至于躬自鼓舞，以事胡天，邺中遂多淫祀，兹风至今不绝"，因而在北朝墓葬中，祆教特征的壁画图像几乎集中于北齐时期，包括太原徐显秀墓、娄叡墓和忻州九原岗墓等。

首先是琐罗亚斯德教风格的纹样图像。徐显秀墓中墓室北壁宴饮图左侧立有一侍女，该女子身着间色裙上绘有一组组合联珠纹图像，为一被联珠环绕的同心圆。类似的纹样图像亦可见于东壁出行备马图中马鞍布匹下侧边缘。这种联珠纹为波斯萨珊王朝时广泛流行于该地区的一种纹样图案，其象征太阳放射的光辉。这一类图像也可见于北齐娄叡墓中的各类器物之上。另外，娄叡墓中还出现了另一种植物纹样——茛苕纹，其形态与忍冬纹相似，叶片卷曲呈两侧分布，这种纹样与来自波斯教中长生不灭的信仰文化有关。而在忻州九原岗墓

---

1 徐光冀. 中国出土壁画全集：山西卷 [M]. 北京：科学出版社，2012:32.
2 徐光冀. 中国出土壁画全集：山西卷 [M]. 北京：科学出版社，2012:33.

葬中，墓道北壁门楼图下出现了两棵圣树图腾，此类圣树外观上都表现为整齐的叶片团簇环绕于一个圆心（如图4.22）。其形态似琐罗亚斯德教中的圣树——七叶生命树，有生命常青永存的宗教寓意。

其次是壁画中的神兽图像。九原岗墓中的门楼图上方中央火坛两侧分别绘有两神鸟形象，该神兽生有双翼、偶蹄、口衔瑞草，学者认为其为祆教中的瑞兽Senmurv的变体[2]（注：Senmurv在《阿维斯陀》经和《列王纪》中均有提及，为伊斯兰时期伊朗艺术中一种形似中国凤凰的鸟），这类形象亦可见于徐显秀墓与娄叡墓中。尽管如上文所述，徐显秀墓墓门处鸟身神兽的形象尚不可完全定论，但可以明确的是，这类组合形象都是祆教文化与其他文化碰撞后相融合的产物，也就不可避免地带有祆教信仰中的内涵。

再次，现实图景中也不乏表现祆教文化的图像。这些图像包括器物图、乐器图等。最直接反映祆教信仰的器物图是上述九原岗墓墓道门楼图中央上方的火坛图像，祆教文化中有以火设坛，进行宗教仪式的传统。仪式火坛的出现无疑是祆教信仰的直接证据。另外，姜伯勤教授证实，在火坛祭祀活动中波斯人还会使用琵琶、箜篌等乐器进行伴奏，这些乐器均可见于徐显秀墓北壁宴饮图，墓主人夫妇左侧两女子分别怀抱箜篌和琵琶，右侧两男子则均手持琵琶，这就证明了北朝时期的胡乐之流行，而这种流行正是波斯祆教传入中原的伴生物。

琐罗亚斯德教是北朝时期的特殊阶段性信仰，通过探析北朝墓葬中的相关图像，可以从其叙事中看到彼时祆教文化在贵族阶层中的大流行。

图4.22 九原岗墓道北壁圣树图像（线稿自绘）[1]

---

1 张庆捷，张喜斌，李培林，等．山西忻州市九原岗北朝壁画墓[J]．考古，2015(7):72.
2 秦芳．山西九原岗北朝墓葬壁画中祆教因素探析[J]．文物鉴定与鉴赏，2021(12):9.

三、道教图像

相较于佛教与祆教，道教是我国的本土宗教，诞生于传统中原文化氛围之中。因而讨论道教图像之叙事，可以明确中原传统文化的保留程度。北朝墓葬的道教图像中，尤以神兽与神话人物为主要表现对象。两者的共同作用承继于汉代升天的理想——引导亡者灵魂飞升，为亡者、生者祈福。

从神兽图像上来说，四方神兽是典型的道教神兽图像，其形象在北朝墓葬中也较为常见。朔州水泉梁墓墓室天顶所绘天象图的下方东、南、西、北处，各绘有青龙、朱雀、白虎、玄武四神兽，这些神形象对于方位的守护具有固定的模式，《北极七元紫庭秘诀》中载："左有青龙名孟章，右有白虎名监兵，前有朱雀名陵光，后有玄武名执明。建节持幢，负背钟鼓在吾前后左右，周匝数千万重。"四神守护四方，于墓室天顶则可避凶邪，引导亡灵升仙。娄叡墓的四象图保存较差，目前仍可见的是墓门东西两门扉上所绘的青龙和白虎形象，两神兽正凌空而起，飞腾于彩云之中，墓室中栏也可见残存的玄武形象与白虎形象。四神在古代星宿信仰与道教信仰的结合中产生，是道教发展融合的叙事体现。四神图的运用表明，即使是在佛教和少数民族气息浓烈的北朝社会环境中，道教文化仍旧发挥着一定的影响力。

而除了四象图外，云波里墓、沙岭7号墓中还出现了龙、凤图。云波里墓中的龙、凤图，形态简洁，以朱色绘龙（如图4.23），以青色绘凤（如图4.24），两者在道教中均为吉祥物，也为阴阳平衡之体现。沙岭7号墓中，目前仅可见

图4.23 云波里墓龙图（线稿自绘）[1]  　　　　图4.24 云波里墓凤图（线稿自绘）[2]

---

[1] 刘俊喜，高峰，侯晓刚，等.山西大同云波里路北魏壁画墓发掘简报[J].文物，2011(12):24.
[2] 刘俊喜，高峰，侯晓刚，等.山西大同云波里路北魏壁画墓发掘简报[J].文物，2011(12):24.

一长龙形象，位于伏羲女娲图左侧，龙首细节清晰（如图 4.25）。龙凤图像的出现说明道教文化的本土性，其理念观点是伴随中原文化深深植根于北朝文化之中的。

从神话人物上来说，上文提到的沙岭 7 号壁画墓中的伏羲女娲图十分典型，尽管两人物起源于上古神话，但在道教的发展中，这些民间信仰也被逐渐纳入其中，

图 4.25 沙岭 7 号墓长龙形象（线稿自绘）[1]

通常被道教赋予生命的象征，祝福后代生命昌盛。此外，神话人物形象最丰富的应当为忻州九原岗墓葬壁画，其墓道东壁三层壁画最上层描绘了羽人形象、风伯、雷公以及乘龙飞行的仙人形象，此类人物形象均取材于道教神话。大量道教神话人物的出现，暗示了墓主人的生死观念及道教中的升仙愿景在北朝社会的流行程度。

从总体上来说，北朝墓葬中宗教图像的数量和所展现的内容表明上述三类宗教占据了北朝壁画宗教叙事的主体，此类图像大致佐证了北朝社会中复杂的民族文化和精神信仰。另外，这些单一图像的内容阐明了北朝统治者对各类不同来源的宗教的包容，这也就解释了自北朝之后，唐代开放的国家政策的历史借鉴与渊源。

---

1 高峰，李晔，张海雁，等. 山西大同沙岭北魏壁画墓发掘简报 [J]. 文物，2006(10):21.

第五节　北朝墓葬壁画中精神和信仰造型艺术特点分析

　　北朝墓葬壁画中的信仰与精神造型艺术相比于汉晋时期的壁画呈现出复杂多样的特征，这必然归结于北朝时期社会的文化大融合趋势。在目前已发掘的北朝墓葬壁画装饰纹样中，可见大量多宗教、信仰文化因素，包括来自中原汉族的传统信仰、道教信仰、佛教信仰以及来自古代波斯地区的琐罗亚斯德教信仰的内容。

　　首先，北朝墓葬壁画中的精神信仰造型艺术具有抽象性的特征。像其他所有的信仰图腾纹样一样，在北朝墓葬壁画中发掘的精神信仰装饰纹样都具有抽象性的特征，例如，徐显秀墓墓室北壁夫妇宴饮图上方空白处绘有大量浮空莲花纹样，所绘莲花外形简洁，花瓣有四到六瓣不等，莲花叶片呈卷曲状。此外，还有大同文瀛路出土的北魏壁画墓葬，墓室石棺前台阶上所绘莲花抽象程度更高，由圆形莲心和十二花瓣组成。此类具有装饰性的佛教信仰图腾在北朝墓葬中极其普遍。除了莲花纹样外，还有来自西域的忍冬纹，此类纹样通常被认为具有古代波斯琐罗亚斯德教特征，如大同全家湾北魏 9 号墓中可见大量忍冬纹图像，其为赤色填涂展现忍冬卷曲的三瓣花瓣，几乎略去了花卉本体的现实特征。

　　其次，北朝墓葬壁画中的信仰造型艺术还具有融合性的特征。在所有目前业已出土的山西北朝墓葬中均可见包括中原汉族的传统信仰、道教信仰、佛教信仰以及来自古代波斯地区的琐罗亚斯德教信仰在内的文化符号和具象图像。此类图像通常难以确定形象含义，因其多为上述几类文化的综合体，例如，徐显秀墓墓门门楣左右两侧所绘偶蹄鹿首怪鸟形象，该形象同时类同于中原文化中的獬豸，又可与琐罗亚斯德教中的 Senmurv 类似，还可与佛教典籍中的金翅鸟形象产生联系。从这一方面来看，西域文化的"东渐"让中原地区的北朝统治者构建了一套独特的融合性文化体系，由此使得北朝墓葬中的精神和信仰装饰图像具备了融合性的特征。

　　综上可看出，墓室壁画中纹样图像本身折射出的精神信仰都可以作为一个独立的叙事单元，各单元之间也可产生诸多联系，这种联系能够反映一系列事件的因果联系。这些图像不仅具备直观性，而且纹样精神信仰的叙事也证实了丝路商业贸易的融会贯通，为文化上不同民族的融合提供了实物参考。北朝社会结构的更替交换使得种族身份随着精神和信仰统一到某种既定程式下，形成"以图证史"的有力证明，利用已发掘的图像，我们可以进一步论证史料文字中具体的社会状态之变迁。

小 结

作为社会风俗之写照的世俗题材以及时代文化精神表达的精神文化图像，人物、服饰、车马仪仗、食物、乐器、神兽、天国、纹样等图像，都具有丰富的图像叙事内涵。在探讨这种叙事功能的同时，也正是以图证史研究方法的新运用。通过对上述不同类型的世俗与精神信仰类图像的研究，我们可以了解到存在于图像本体之下的丰富历史信息，包括北朝社会的生产生活状态以及南北朝画论技法的发展等信息在其中跃然纸上。叙事功能使得这些尘封在墓葬中的装饰艺术成为研究历史的一手资料。

在上述的关于这类图像的叙事特征的阐述中，可以明确的是，山西北朝墓葬壁画的叙事具有直观性，也具有暗示性、象征性与跨文化性的特征。在这些特征之下，山西北朝墓葬壁画展开了对于北朝民族文化大融合的描绘。中原文化的光辉毫不掩饰地继续在北朝壁画的绘制中发挥影响；西域的波斯、粟特以及北方的游牧民族文化也毫不逊色地改造与丰富着传统壁画的绘制内容。龙迪勇先生提到，图像由于其"止能画一声"[1]的特性，通常只能选择一个"最富于孕育性的顷刻"[2]来表现，这种特性是图像获得叙事性的关键。无论是宴饮图、仪仗出行图，还是神兽图、升仙图等，都不外乎遵循着这样的规律，在这之中，一些其他影响着壁画形态的因素也浮出水面，包括画师的选择、画论的发展以及墓主人的身份、偏好等。这是我们重新认识北朝墓葬壁画流变的良好契机与通道，也是从叙事角度出发，研究北朝墓葬壁画的重要学术价值。

1 钱锺书. 读《拉奥孔》[M]// 舒展. 钱锺书论学文选：第六卷. 广州：花城出版社，1990:64.
2 龙迪勇. 空间叙事研究 [M]. 北京：生活·读书·新知三联书店，2014:428.

第五章
山西北朝墓葬壁画中丝绸之路
   文明交流的时空图像叙事

第一节　从历史维度看山西北朝墓葬壁画与汉墓葬壁画及隋唐墓葬壁画的关系

墓葬习俗是反映一个时代社会文化特质的重要参考标准，我国古代墓葬多有绘制壁画的传统。在山西发掘的北朝墓葬，如山西太原的北齐娄叡墓，忻州的九原岗北朝墓，朔州的水泉梁北齐壁画墓、宋绍祖墓等，都有丰富的壁画资源，蕴含着大量社会文化和风俗信息。而汉代墓葬的主要聚集地有陕西西安、山西平陆、河南洛阳，包括西安曲江西汉墓、平陆枣园汉代壁画墓等，基本体现了两汉时期的社会文化氛围。唐代墓葬壁画已经达到了相当精美的程度，例如，在山西太原、陕西西安等地，都有大量的精美墓葬壁画，凸显出唐代壁画技艺之成熟的同时也暗示了唐代的社会气氛。

一、两汉墓葬壁画特征在北魏墓葬壁画中的承继

（一）两汉墓葬壁画的特征

汉代、南北朝、隋唐的社会文化一脉相承。首先，汉代作为我国历史上最为繁盛的大一统王朝之一，也是我国艺术史上成就最为突出的时期。两汉时期的墓葬壁画表现出相当惊人的成就，其在题材内容上表达了汉代人的主要哲学思想和社会习俗。从汉武帝刘彻开始，儒学成为我国绝大多数封建王朝的治国理念，董仲舒在《举贤良对策》中提出了一种自下而上的推举人才的策略，在推举人才的过程中，"孝廉"是一项极其重要的考核项目，由此可以看出汉代人对于"孝道"的特殊重视。到了东汉时期更是以《孝经》来作为治国信条，这就使得两汉帝王陵墓中除孝文帝刘恒霸陵之外的绝大多数帝陵都呈现出厚葬

的特色，壁画作为墓葬装饰在表达孝道观念时显得尤为突出。河南发掘的西汉早期的卜千秋墓中描绘了大量"升仙"题材，如引魂升天图、女娲伏羲图、仙人引导图、祥瑞神兽图等都反映了当时人们所信仰的生死观，表现了中国古代传统的儒家"天人合一"理念的同时，暗示生者对于死者的敬畏和尊重，这种以祥瑞、神兽、星象、仙境为主的壁画内容一直延续到东汉早期。

图 5.1 卜千秋墓中的玄凤图[1]

而在山西平陆地区出土的东汉早期汉墓壁画中，除了保留大量西汉早期的祥瑞意象之外，还增加了描绘自然景观以及墓主人生平纪事的内容，即墓主人在封建庄园中的生活场景、出行场景，通常包括墓主人的仕宦、车马以及墓主人的送葬队伍等；墓主人像的画面通常以墓主坐帐为中心，情节多为墓主宴饮或观赏乐舞百戏。在墓葬壁画上展现出丰富的贵族日常生活场景大致上是因为古人对于死后世界的遐想，汉代人相信人死之后灵魂永存，因此把死人当作生人看待。为了使死后的人在另一个世界能够像活人一样过上舒适安稳的生活，在墓葬中展现的一系列自然景物实际上是对死后世界的重构，这就是汉代人"事死如事生"的生死观。

除了上述的两点社会观念外，汉代虽然以儒家思想为主，但是道家黄老之学的影响也没被完全洗刷掉。西汉初年的文景之治就是以黄老之学为根基的政治思想。汉墓讲究阴阳调和、对称，例如，平陆枣园汉墓中四神的绘制，分布

---

[1] 徐光冀. 中国出土壁画全集：河南卷 [M]. 北京：科学出版社，2011:12.

图 5.2　平陆枣园汉代墓中的车马出行图[1]

在墓道的两侧上部，日居东，上绘墨乌。月居西，上绘蟾蜍。日月星辰、彩绘云气中又有长颈短尾的白鹤飞翔。东壁有山峦，西壁有河流，都呈现出阴阳对称的特征。主室内顶部绘制有天空星象，有青龙、白虎、玄武诸动物形象，其间游云流荡，并有星辰百余颗。上述这些墓葬壁画内容是有关老子道家思想的较为直观的反映。

到了东汉时期，由于张骞出使西域开辟了一条贯通东西的丝绸之路，来自印度的佛教传入中原地区，东汉的一些墓葬中出现了佛教元素，一些墓葬中的甬道上出现了莲花等佛教图形。

（二）两汉时期的墓葬壁画艺术特征

两汉期间道家思想一直有着重要的影响，这种影响反映在墓葬壁画的创作风格上，在对形神关系的认知与处理上倾向于不拘泥于形而追求神，为中国画写意和"意境说"奠定了萌芽之思。艺术特征表现为自然、写意、简、疏、朴、拙、淡、天真、浪漫、怪奇等形象。在山西夏县王村出土的东汉墓前室东顶上发现的仙人引导图中，可以看出汉代人对于物象和空间的理解，人物的处理简洁却又不乏生动，壁画上部的山峦云气和仙禽神兽传达出一种浪漫主义的韵味。

西汉中晚期的墓葬已经偏离了早期如卜千秋墓中单纯的浪漫神秘的虚构色

[1] 徐光冀. 中国出土壁画全集：山西卷[M]. 北京：科学出版社，2012:11.

彩而变得更加注重写实，卜千秋墓中所展现的两种动物以上组合而成的神怪形象在墓室壁画中的数量逐渐减少，曲江西汉墓中发掘的壁画题材少见祥瑞、神鬼，而多见自然中的实际类动物，包括墓室东壁上的犀牛、西壁上的鱼、南壁上的牛马等，这些动物的绘制风格相当写实，在比例尺寸上与实际几乎相同。

二、山西北朝墓葬壁画与汉代墓葬壁画的承袭关系

（一）山西北朝墓葬壁画的文化特征

南北朝时期，少数民族为了稳固政权，在统治地区普遍实行汉化政策，娄叡作为北齐的东安王，其墓葬带有典型的汉族传统。娄叡墓中壁画内容可分为两大部分：一是墓主人生平的场景刻画，在墓道东西两壁、天井、甬道和墓室四壁的下部，主要描绘的是墓主娄叡生前的戎马生活及奢华的官宦生活场景，有出行图、回归图、仪卫图和宫廷生活图。这些场景以鞍马、车乘、仪仗、乐舞、羽葆为主。二是在甬道与天井上部，墓门，墓室内第二、三层，描绘了墓主死后升仙的奇幻境界，表现墓主人死后升仙，由天象图、十二时辰图及方士、神兽等组成，北朝天象图与汉代的相比少了星象，与隋唐的相比多了四象、二十八宿及十二辰等要素，使用星图的功能主要集中在"象天地""观照生死""升仙""人天关系""造福于人""升天或升仙的天堂"等。

在思想上，北朝统治者也同样接受了"事死如事生"的汉人生死观，北朝墓葬中，除了保留了生平纪事、登仙愿景的墓道、天井、墓室等壁画之外，北朝时期还出现了屏风式壁画，这种壁画上多描绘书画内容，展现墓主人的爱好以及品位乃至文化素养等。在山西太原发掘的徐显秀墓中也出现了屏风式壁画，徐显秀墓的屏风壁画损毁较为严重，但是根据其他同时代同类型的北朝墓葬，如山东崔芬墓屏风壁画、南京西善桥南朝墓壁画等发现，其中都表现了同一个相似的题材，即"竹林七贤"或者说是玄学名士。"竹林七贤"具有特殊的文人气质，"七贤"的生活暗示了墓主人对于超脱世俗隐居的理想生活的期待和追求。屏风墓葬壁画由北朝开创之后继续流传到唐代。从屏风壁画描述的内容上来看，老庄思想为核心的玄学在北朝时期的发展非常可观，"七贤"之首的嵇康认为"夫气静神虚者，心不存于矜尚；体亮心达者，情不系于所欲"，换而言之，就是超然脱俗的境界，看透世俗富贵利弊。北朝墓葬中出现的"竹林七贤"，在很大程度上是士族名流"清谈"的社会风尚。

北朝"清谈""玄学"之风连和尚都参与其流，这也就使得佛教能够在士

族阶层得到传播。娄叡墓墓门南外壁上部壁面绘有摩尼宝珠、莲花、忍冬等图案，墓门门额正中绘一巨大兽面，兽头上部绘摩尼宝珠及仰莲座，两侧绘金翅鸟，门楣刻五朵莲花，两侧门柱刻有六组缠枝莲，卷草中心有贴金箔的摩尼宝珠。山西大同陈庄北魏墓石质墓门门额上饰五枚莲花门簪，石板外绘守门武士。前室后甬道口部绘圆拱形门，两侧门框内各绘一束莲柱，两柱头上各绘一曲颈翘尾长龙，龙尾交缠，下绘三朵重瓣莲花。墓顶中心位置绘一朵大莲花，墓顶四壁的中心位置似乎也绘有莲花。山西太原出土的徐显秀墓中墓室北壁上所绘的夫妇并坐图上部以及西壁的鞍马备行图上部所展现的天空中飘浮着大量以红色和青色颜料绘制的莲花图案，这些特征均与佛教石窟的图案与装饰有关，反映出墓室与石窟之间的关联。

与两汉相同的是，山西忻州九原岗出土的北朝墓葬中，壁画同样充满北齐贵族浓郁的生活气息。两块 30 米长、1.5 米高的大面积壁画，绘满狩猎马队和步行猎人，手持弓箭、长矛和旌旗，驱狗放鹰，纵马驰骋，漫山遍野的虎、熊、鹿、羊、蛇、兔等动物，有的和猎者搏斗，有的在拼命逃窜。大门中央设有门环，门环底部装饰有狮形猛兽，双目圆瞪，露齿衔环；屋顶的正上方绘有一幅莲座摩尼宝珠图，图顶有拱形火焰；左右两侧各绘一只兽首鸟身的重明鸟，意为保护主人，驱赶灾祸。

除了佛教元素外，山西出土的北朝墓葬中还出现了另外一些非中原本土文化的元素。由于北朝时期少数民族在北方的统治影响逐步扩大，山西的北朝墓葬壁画是少数民族文化在汉化过程中形成的文化成果，但是其仍旧保留着少数民族的特色。其最明显的就是骆驼等西域动植物、少数民族服饰和乐器数量的增多。娄叡墓的墓道东壁上出现了一幅驼队图，驼队中的人物身穿窄袖胡服，有的戴着头巾，在面部形象上则表现为短发蓄须西域人，这在两汉时期的墓葬壁画中相当罕见。

（二）山西北朝墓葬壁画的艺术特征

晋北大同市沙岭村北魏壁画墓，据出土漆器残皮上的墨书题记，推断为北魏太延元年（435）墓葬。墓室平面略呈方形，顶部虽已塌毁，但甬道、墓室壁画基本完整，为研究北魏时期车马出行、服饰装备、丧葬习俗等提供了珍贵的形象资料。墓壁上抹石灰泥层后，刷一层调和着颜料的石灰浆；壁画以红色线起稿，墨线勾勒出物象，笔迹肆意多变，再随类涂画红、黑、蓝等颜色。山西大同出土的北魏墓壁画线条粗细不一、遒劲奔放，似有意识地运用了线条与点簇的复合型技法，绘画风貌朴拙自然。该墓壁画与本地同时期的棺板画、石椁壁画一样，沿袭了汉墓壁画以界栏分层的构图法来表现祭祀、出行等内容。在残留的墓顶起券处，用红线划分多道隔栏，分别填画各类神兽。东壁上层一栏绘对列的男女侍从，向南、北两壁上层一栏延伸；东壁中部为墓主夫妇手执麈尾、团扇并坐于庑殿顶的堂屋内，两侧有大树、侍仆与备行的鞍马、牛车，似为"墓主受祭"图。北壁为纵向多排的车马出行队列，南壁以步障划分宴饮与庖厨的庞杂场面。

（三）北朝墓葬壁画对汉墓壁画的承继与发展

综上所述，北朝墓葬由于继承了两汉时期的社会文化思想，而表现出与两汉墓葬相似的内容和形式。包括在墓葬壁画中描绘"死后世界"和"升仙"图景、祥瑞、神兽和有关墓主人的生平生活场景的描述，以及在画面排列上的横向并行的时空顺序和分栏手法，都是对两汉墓葬的文化继承，同时在一定程度上发展了两汉黄老之学，形成了较为明确和完整的玄学体系，这在北朝墓葬中也得到了深刻的发展。除此之外，北朝文化受到了佛教文化的影响，这种影响自东汉中后期开始，发展到北朝逐渐稳定下来，北朝墓葬中可以发现数量较多、较为明显的佛教元素。

三、北朝墓葬壁画对隋唐墓葬壁画的影响

隋代结束了南北朝分裂的局势，使得中原地区再一次走向统一。隋代基本上继承了南北朝时期已经逐渐成形的文化社会氛围，在墓葬上表现出顺承。而唐代是中国历史上的第二个鼎盛王朝，相比于汉代，唐代的政治经济发展更加稳定、更加快速，这与唐代统治者本身在国家治理上的开放和进取的姿态有着密切的关联。在唐代，丝绸之路的作用和影响被发挥到最大，与汉代相比，丝路的范围在南北方向上得到了扩展，越来越多的国家通过丝路与唐朝进行交流。贞观十四年（640），唐朝在西域地区设立了安西都护府，极大程度上确保了丝绸之路地区沿线的军事力量和管理能力，从而保证了丝绸之路的通畅。西域文化，尤其是佛教文化在中原地区迅速发展起来。

（一）隋唐墓葬壁画的文化特征

1. 隋代墓壁画的外来文化特征

隋代墓葬壁画中表现的少数民族文化更加丰富，在山西出土的隋代虞弘墓是隋代墓葬的典型。虞弘墓所展现的粟特文化相当浓厚，在墓道、甬道以及石

棺上都绘有壁画。其中，石棺底座上的绘画中展现了当时波斯地区崇尚的袄教文化元素。壁画中央为一束腰形火坛，其左右两旁，各有一个人首鹰身的祭司相对而立，祭司穿红色圆领半臂衫，肩披带端为葡萄叶形的长帔（如图 5.3）。该壁画明确表明了外来宗教文化在山西地区的影响，然而中原本土文化也丝毫没有显示出消退迹象，上述壁画中两位火坛祭司的衣着在隋唐时期就广为流行，这样的衣饰文化在一定程度上替代了外来文化的一致性，反映了外族文化与中原文化在隋代时期的进一步融合。

2. 唐代墓壁画的文化继承和融合

图 5.3 虞弘墓石棺壁画线稿[1]

山西唐代壁画墓大部分集中出土于太原地区，年代上多属唐代早期，根据对已发表的壁画墓的资料研究，其题材归纳起来可分为四神、星象图、树下老人图、侍女图、驼马人物图及门吏图等几类。四神和星象图是自两汉时期以来就有的墓葬壁画习俗，四神形象的留存和继承，表明我国原本的中原汉族文化在西域和佛教文化的冲击下并没有被压制，反而相当根深蒂固。山西本土的唐代墓葬中还出现了树下老人图的变体——树下侍女图，屏风壁画在唐代墓葬中得到了进一步继承和发展。

树下老人、侍女图在其他地区的墓葬中较为少见，这种题材的壁画仅在宁夏固原和西北边陲的唐墓中发现过，而在长安附近的唐墓中还没有见到过，显示出其浓重的地方色彩。1935 年在董茹庄清理的万岁登封元年（696）赵澄墓中有多幅山前树下老人的图像。画面为在翠树之下立着一位道貌岸然的老人。

---

[1] 张庆捷，畅红霞，张兴民，等. 太原隋代虞弘墓清理简报 [J]. 文物，2001(1):45.

老翁高冠大履、长袍曳地，或静或动、或悲或喜，动作各异，似乎描绘着一段故事。自 20 世纪 50 年代到 80 年代在太原南郊金胜村陆续发现的多座唐代壁画墓中，亦多绘树下老人图。

另外，唐代墓葬同样关注墓主人的生平生活图景的描绘，这一点与两汉时期和北朝时期的墓葬具有一致性。温神智墓中出土生活起居图两幅，位于墓室东壁。北边一幅为舂米图，远处天空有几朵云彩，凉棚下有碾盘，另有碓、臼，井旁立有汲水的桔槔。有一人在舂米，一人在锅旁劳作。南边一幅画面部分剥落不清，为田园图。远处有高低起伏的小山，山顶绿草丛生，山谷绿树挺立。北侧有一牛为红色，大弯角，头向前倾，抬蹄做行走状。牛旁有一带篷的牛车。画面南部绘一马夫，头戴黑色幞头，身着长衫，双手持缰。马夫后有一马匹。

（二）山西隋唐墓葬的艺术特征

隋唐艺术受到盛世气象和厚葬风俗的影响，墓葬壁画的描绘更加精细写实，壁画中所使用的颜料更加丰富，一些颜料原料并不产于中原地区，而是经由丝绸之路从西域进口，因而展现出一种与中原色彩不同的艺术趣味。山西赫连山墓中出土的墓葬仕女图中，南侧为总角女童，面朝北，上穿白色窄袖襦，披黄帔帛，下着白色曳地长裙，双手捧淡黄色包袱于胸前，手隐于袖中。中间为成年女子，面向北，头梳反绾髻，穿黄色翻领窄袖长袍，下着青色裤，足穿红鞋，腰束带，佩黑色鞶囊，双手衬白巾捧黑色盝顶盖盒。北侧亦为成年女子，面朝南，头梳低髻，身穿白色窄袖襦，披浅黄色帔帛，着浅红长裙，足蹬黄色高头履，右手执长柄团扇，左臂弯曲，手持拂尘。在画面中所出现的颜色极为丰富，如黄色、白色等色彩在两汉和北朝时期是罕见的。

（三）山西地区隋唐壁画对北朝壁画的继承与发展

第一，山西地区的北朝壁画对后世的墓葬壁画创作具有巨大的影响，四神图和星象图以及有关墓主人的日常生活图经由北朝这个中转时代从汉代传承到隋唐，从文化根基上对中原汉族文化进行传承和保留。除了墓葬壁画制式，从山西地区的隋唐墓葬中所发现的壁画来看，画面的表现内容也得到了一定意义上的文化传承。从北朝到唐代，山西地区形成了具有地域特色的树下老人屏风壁画，尽管这种屏风画的寓意被模糊了，但是其形制仍然被完整地保存下来。唐代墓葬壁画一面继承了汉代、北朝的传统墓葬风俗，一面又取得了艺术手法和技巧上的发展。

第二，从历史维度上看，自汉代以来，我国各民族长期保持着开放交流的国家政策和民族气度，北朝时期的国家分裂和政治混乱的局面使得少数民族在这一时期成为我国北方地区，尤其是山西地区的主要统治力量，在政治诉求、文化诉求的共同作用下，山西地区形成了十分鲜明的文化融合特征，但主要表现为少数民族向中原汉族文化的学习。通过南北朝这一时代的过渡，到了隋唐时期，不同民族文化的融合几乎成为时代的主流，隋唐墓葬中的壁画可以看到民族文化之间的沟通逐渐发生了去等级化的表征，佛教、琐罗亚斯德教以及本土宗教在墓葬壁画中的展现更加频繁。

第二节　同一时间维度看山西地区北朝墓葬壁画与山西域外墓葬壁画之比较

一、与河西地区墓葬艺术之比较

史载北朝统治者经常去河西地区狩猎，山西与河西地区来往频繁，联系密切。与之相伴随的，两者文化艺术方面也发生着交流，北朝墓葬设计深受河西地区影响。"又西晋永嘉之乱，中原魏晋以降之文化转移保存于凉州一隅，至北魏取凉州，而河西文化遂输入于魏，其后北魏孝文、宣武两代所制定之典章制度遂深受其影响，故此（北）魏、（北）齐之源其中亦有河西之一支派……"[1]其中所述"北魏取凉州"即指北魏太延五年（439），北魏兼并北凉的事实。此后出于稳定边疆、充实都城等种种考虑，魏武帝迁徙凉州民到平城及其周边地区，史称"平凉户"，"平凉户"中包括儒生、工匠、僧侣、军士等各行各业的手工艺人，这些人的到来将河西地区的文化传播到平城，促进了其文化间的交流。

在墓葬壁画的形制上，河西魏晋墓与山西地区表现出较强的一致性。韩国河认为，凉州的"坟院式"是吸收了内地墙垣结构形成的，河西魏晋壁画墓墓室的结构也表现出对汉代传统的继承性。另外，关中和陕北地区汉代带斜坡墓道的砖室墓和石室墓的形制可能对河西地区有较大影响，如新城墓地前室穹隆顶，后室券顶的结构，即形成于陕西东汉墓中。类似形式的门楼在陕西潼关吊

1　陈寅恪. 隋唐制度渊源略论稿 [M]. 北京：中华书局，1963:2.

桥杨氏墓群可以见到，如保存较完好的 6 号墓门楼在门券以上以砖雕砌出双阙、斗拱的形象。武威雷台汉墓也有照墙，两侧各有向外增筑的砖墙，照壁高 3 米，以黑墨白粉相间涂饰，中间绘门、柱、梁、枋、斗拱等建筑构件的形象，形式虽与吊桥墓稍异，但性质是一样的。照墙的修建到了酒泉曹魏以后流行起来，佛爷庙湾西晋墓的照墙则更为踵事增华，成为整个墓室装饰最为繁复的部分。如果将上述几个地点连成一线，不难发现这种风尚由关中地区向西北传播的事实。

从壁画的内容题材上，可以观察到河西与中原丧葬观念上的一些联系和变化，可以很明确地看到河西魏晋墓葬壁画与山西丧葬观念的共同性，其中都离不开生产、庖厨、歌舞等内容。这实际上都反映了同样的观念，即死者及受其役使各种奴仆、生灵皆可就食于取之不尽的"大仓"，考察了当时民间所普遍具有的一些文化特征。五凉时期统治者采取了一系列政治措施，进一步加强了与山西乃至中原传统文化的联系，当地民间深层文化背景中也包含着与山西以及中原传统文化强烈的共同性，这种共同性决定了河西地区在十六国时期对中原文化的需求。河西走廊是中西文化交流的必经之地，地理位置特殊。在中原传统文化源源不断地涌入此地的同时，又与来自西域的文化因素发生碰撞。一

图 5.4　敦煌佛爷庙湾 37 号墓西壁北侧画像砖（郑岩绘）[1]

1　郑岩. 魏晋南北朝壁画墓研究 [D]. 中国社会科学院研究生院，2001:160.

方面，河西地区的魏晋壁画墓的习俗可以继续向西传播；另一方面，来自西域的佛教也深刻地影响了中原的文化面貌。

二、与河洛地区墓葬艺术之比较

在墓室形制上，洛阳北朝晚期壁画墓的墓主身份明显提高，均属王一类，墓室为砖室，边长5.5—7米。而异姓的将军王温的墓为土洞墓，边长只有3米，规格较小。高道悦墓的墓室为双室，其圆形的平面结构恰与相近的山东临淄北朝崔氏家族墓的平面比较一致，这是由于远离政治中心，从而受有关制度的约束较小，反映了地方传统的影响，而并非完全继承迁都前的邺城形制，例如，湾漳墓中表现出对传统的否定。装饰壁画开始出现在墓道。尽管目前北朝壁画墓的墓道多未做清理，但北周壁画墓的墓道缺乏北齐墓葬所见的那种"长卷式"壁画，说明北齐与北周墓道的装饰可能并没有一个共同遵循的年代更早的样板。因此我们推测墓道两壁大面积"长卷式"的壁画很可能是北朝分裂以后才开始出现的。

一方面，在墓室壁画内容题材上，与同时期河东区域壁画有一定的差异，如葬具上流行的孝子故事基本不见于墓室壁画；另一方面，许多题材也表现出与墓室壁画的联系，如石棺床上有的刻画墓主像，再如宁懋石室所见的牛车、仙人驾御龙虎的鞍马以及身着铠甲的门吏等，都在年代较晚的北齐墓葬壁画中可见。尤其是对于天文的纪实性描绘，例如，棺盖上的银河、天象题材多见于墓室壁画。

洛阳一带的壁画墓题材分布有一定的历史继承关系和阶段性特点。固原雷祖庙的画像可以为洛阳北朝晚期葬具上的许多图像找到先例，如前者

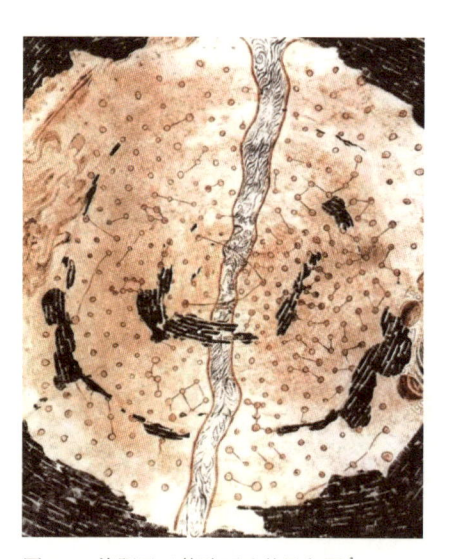

图5.5 洛阳元乂墓壁画天井星象图[1]

---

1 徐光冀.中国出土壁画全集：河南卷[M].北京：科学出版社，2011:110.

的孝子故事、两侧的小窗和龟背纹的装饰等在洛阳石葬具上均可以见到。而前者的鲜卑服饰到晚期则为褒衣博带的服装所代替，前者出现的明显受佛教美术影响的题材在晚期也不再流行。元乂墓顶部的银河与星象应是对汉代以来传统的继承（如图 5.5），王温墓所见的帷帐中墓主夫妇的坐像则与东北地区的墓主画像比较相似；元乂墓甬道两壁所见的仗剑武士，与邓县南朝墓墓门两侧的守门武士十分一致。这些内容大多被后来的壁画墓继承。北朝迁都洛阳以后，提出了鲜卑贵族死后葬于北邙而不归葬故里这一政治措施，使得埋葬制度趋于规范化，这一点在随葬的器物上体现得尤为明显。但是壁画的规制则最终是在邺城完成的，这都说明了洛阳在制度上对邺城的继承。洛阳的壁画题材大多可以上溯到更早的汉代，例如，墓顶描绘的天象，在汉代就已经十分流行，东魏、北齐墓葬只是延续了旧的套路，不管是把星宿画得更加精确还是比较粗略，在观念上都没有实质性的改变。

　　北朝晚期葬具的画像还明显反映出一些来自南方的文化影响，如与南朝墓葬中的仙人引导龙虎的题材相似的仙人驾御龙虎题材，屏风式的构图可能也表现出南方的文化因素，而以大量的树木装饰画面似乎也与南朝的"竹林七贤"与荣启期画像有所联系。[1] 中原传统的文化与习俗在其他边远地区保存下来，再次回流中原，即西晋与刘宋时期的学者所说的"中国失礼，求之四夷"。邺城地区在帝陵中装饰壁画的做法既然不是从北朝继承的，就有可能与南朝文化的一再北传有关。就题材方面来说，除了墓道中的龙虎，一邺城墓中大幅的仪仗行列与南朝墓中的卤簿仪仗内容也同属一类，由此可见河北墓室的形制实质上多受河南地区的影响。

三、与河北地区墓葬艺术之比较

　　由于邺城是北齐的首都，所以发掘的北齐墓室壁画中死者身份较高的墓葬集中在了邺城地区，此地区的墓室壁画较其他地方形成了颇为严格的形制。"邺城壁画的同一化的题材和严整的布局是前所未有的"，郑言先生在《南北朝壁画墓研究》中第一次提出了"邺城规制"这一概念。"这一规制下的壁画具有以下特点：形制的规制化、题材的同一化、布局的长卷化和叙事的层次化。"[1]

---

[1] 葛臻明. 中原地区魏晋南北朝时期的墓葬制度 [J]. 和田师范专科学校学报（汉文综合版），2010, 29(3):209.

北齐墓室里的壁画布局严整，最有规制的是以邺城为中心的墓室壁画。

在墓室壁画的形制上，河北地区的基本特点是：单室墓占据主流，砖室和石室墓均有所发现，无论是圆形单室还是方形单室，均属"甲"字形墓，基本都具有封土，晋阳地区也大抵如此。区别在于，墓园围墙痕迹仅在山西九原岗北朝壁画墓发现。从壁画墓的规模来看，可以分为大型墓和中小型墓。大型墓中既有以磁县湾漳北朝壁画墓为代表的帝王陵，也有王公贵族墓葬，其特征是只有一条墓道的单室墓，朝向南，如北齐高润壁画墓、北齐高孝绪墓、东魏茹茹公主墓等。山西域内晋阳地区以中小型墓为主，墓主多为中下级官员，这与河北地区特点十分接近。一般来说，壁画墓的规模体现在很多方面，比如墓道的长度、甬道是否分段、甬道内是否有石门的存在、棺床的材质以及壁画的分布多少等，而壁画墓的规模又反映了明显的等级性，这与地处当时的政治中心是分不开的。随着北朝壁画墓的进一步发展，逐渐形成了各具地方特色的模式。河北地区的壁画墓以邺城地区为代表，大多见于墓室、墓道和墓门位置，承袭了东魏以来壁画墓的基本模式；晋阳地区基本分布在墓室、墓道和甬道，墓室最为常见，除了沿袭东魏壁画墓的基本风格，布局形式也更加繁复，比如划分三栏的太原南郊北朝壁画墓和娄叡墓。以上这些特点反映了这一时期壁画墓布局的发展变化趋势。可以说，这一时期，中国古代壁画墓的基本模式已经大体形成，并逐渐走向成熟，山西地区与河北地区壁画墓形制结构大体趋同，差异不大。

在墓室壁画的内容上，通过对两个地区的北朝墓葬壁画的对比，我们可以发现：首先，从壁画的题材来看，总体不外乎体现墓主人生前生活场景和导引升仙的神兽与天象，而且壁画墓不同位置所绘壁画主题也不尽相同，比如墓道和甬道多见出行仪仗主题，墓门附近常见起镇压作用的神兽形象，墓室有体现墓主生活的内容。河北地区所见的完整壁画大抵如此，而晋阳地区除了上述两类之外，似乎更偏向军队和狩猎等体现鲜卑民族文化特色的内容，其中以太原热电厂北齐墓和娄叡墓最能体现这一特点。其次，壁画的分布区域方面，北朝壁画墓的发展开始于北朝晚期，形成于东魏时期，这一时期以茹茹公主墓最具特色。

在墓室壁画的艺术风格方面，一般来说主要考虑构图形式和线条色彩。首先，构图形式区分，是从典雅精致的工笔逐渐向简单飘逸的南朝疏体画风转变。

---

1 郑岩. 魏晋南北朝壁画墓研究[D]. 中国社会科学院研究生院，2001:58-68.

其次，从线条色彩上来看，河北地区和晋阳地区壁画墓中，壁画精美，色彩鲜艳，注意各种线条的质感，用墨汁勾出线条，再以色彩填充，采用平涂与晕染相结合的定色技术。最后，多元文化的融合对壁画有重要影响，包括来自不同地区的文化，以及来自不同民族和宗教的文化，例如，图像中的中亚文化元素、佛教元素和胡汉融合的特点。因此，在这样的背景之下，逐渐产生了不同特色的墓葬壁画。以邺城为中心的这些壁画墓最大的特征就是形成了比较严格的规制，这一点相比于山西地区表现得比较明显。

四、与南方地区墓葬艺术之比较

随着西晋王室的南迁，南朝文学艺术发展兴盛，绘画一技得到发展壮大，南北朝时期南北双方交往频繁，文化艺术方面得到了交流。

在墓室壁画内容题材上，山西诸多壁画墓中体现了南朝墓葬艺术的影响，壁画布局结构以及壁画题材的选择有着深深的南朝烙印。门楼侍女臂携的茵褥，首先在南朝士大夫阶层中流行开来，它是贵族阶级出行所带的坐垫，"棋子方褥"即是茵褥的一种。《颜氏家训·勉学》载："梁朝全盛之时，贵游子弟，多无学术……无不熏衣剃面，傅粉施朱，驾长檐车，跟高齿屐，坐棋子方褥，凭斑丝隐囊，列器玩于左右，从容出入，望若神仙。"[1]文中记载的长檐车、高齿屐、棋子方褥、隐囊，皆为日常生活用具。而北朝壁画墓、敦煌石窟以及卷轴画中出现的方褥表示其被北朝世家大族接受并成为墓葬壁画中的时尚品，显示了文化艺术的交流。例如，九原岗壁画墓中有若干图像元素源于南方，其升天图中仙人手执的麈尾有浓烈的南方色彩，南方士子重玄谈，麈尾可以说是南朝时期士大夫"玄谈"的标志，石窟壁画及墓葬壁画存在着其身影，直至唐代壁画墓中仍有该形象。升仙图中御龙飞行图的题材也与南京一带南朝墓葬中仙人引导龙虎有关系。就题材方面来说，墓道仪仗图深受南朝墓卤簿图的影响。除了墓道中的龙虎，邺城墓中大幅的仪仗行列与南朝墓中的卤簿仪仗内容也同属一类。郑岩称，南方的"卤簿图"流传到了北方，形成了出行仪仗图。不只如此，北方区流行的鞍马和牛车出行图与南方同类图像也很接近。此外，北方地区可能存在的神道墓仪石刻，可能也就来自南朝的文化因素。南朝帝陵的壁画装饰显

---

[1] 庄辉明, 章义和. 颜氏家训译注[M]. 上海：上海古籍出版社，2012:71.

然也有制度的规定，特别是在宋齐时期，模印砖壁画的题材在帝陵中已经相当固定，南朝壁画规制化的现象，这些都显示了北朝墓葬艺术对南方墓葬艺术的借鉴。同时，九原岗壁画墓构图方式、人物造型的描绘上也与南方艺术有着联系。以上图像要素及壁画绘制手法表现了山西北朝墓葬壁画艺术深受南朝艺术的影响，进而形成了内容丰富、布局合理的壁画体系。

五、与东北地区墓葬艺术之比较

北朝是由拓跋鲜卑建立的政权，拓跋先世居于大兴安岭北段。拓跋鲜卑墓葬体现出了与东北地区墓葬的联系，其中突出的当数高句丽壁画墓与南北朝壁画墓的联系。

高句丽政权是由高句丽族在东北地区建立的少数民族地方政权，其活跃于汉唐时期。根据考古发掘可知，高句丽统治地区发现壁画墓，主要集中在吉林集安及朝鲜境内。安岳3号墓是最早的纪年壁画古墓（357），此时的中原正处于东晋升平元年，最晚的高句丽墓葬可至7世纪中叶。魏晋南北朝时期，高句丽与中原地区保持联系，多次遣使朝贡。由此促进了高句丽与中原地区的联系，可以发现此时期高句丽壁画墓题材与中原地区的墓葬壁画题材类似，图像布局较一致，反映了文化间的跨区域交流。

在墓室壁画题材上，鲜卑族与高句丽人民皆有尚武习俗，二者文化相互吸收借鉴，壁画墓这一艺术载体也相互联系，墓中狩猎图的盛行体现了尚武的传统。

图 5.6 5 世纪末集安长川 1 号墓藻井北侧[1]

---

1 徐光冀.中国出土壁画全集：辽宁.吉林.黑龙江卷[M].北京：科学出版社，2012:168.

高句丽壁画墓时间跨度较大，研究者根据壁画内容将其分为早期、中期、晚期三阶段。早期以角抵墓为代表，墓室藻井绘日月星辰；中期以三室墓为代表，出现四神图像；晚期以五盔坟 4 号墓为代表，伏羲女娲、日月星辰、仙人骑兽等元素皆出现在此，与山西域内壁画墓元素基本相似，表明了二者之间的影响。与九原岗壁画墓元素共性较多的莫过于四神墓，因墓内绘有四神图像，故称四神墓，其建造时代约为 6 世纪末到 7 世纪初。它是一座由墓道、甬道、墓室组成的石室墓，墓壁绘有壁画，墓室南壁开有墓门，墓门的两侧绘朱雀，北壁绘玄武，西壁绘白虎，东壁绘青龙，墓顶四周装饰有托梁力士，其下有叠涩藻井，藻井壁画精美，龙、凤、乘龙仙人、驾鹤仙人、飞廉、骑虎仙人、乘马仙人、兽面图、鸟衔蛇、鸾鸟、伏羲女娲等都在此出现。藻井壁画与九原岗壁画墓内容有诸多相似之处，本时期壁画墓中不多见的鸟衔蛇图案在二者皆有描绘。除此之外，壁画墓常见的龙凤造型、乘龙驾鹤之人以及四神图像的出现皆表明中原艺术与边远地区文化存在联系。

六、与其他大陆之比较

有关北朝时期墓室壁画的对比，甚至可以沿丝绸之路的行经路线远溯到波斯半岛，甚至非洲大陆。横跨半球的壁画纹样呈现出高度的相似性以及趋同的母题构成，是偶然还是同一时期山西域内外的交流互通的结果，值得挖掘深究。

（一）联珠纹装饰样式母题对比

大同湖东北魏 1 号墓出土了一棺一椁，棺下设棺床，现残存左侧板、后挡板和棺盖前沿。棺床边缘装饰忍冬纹，左侧棺板残存八个联珠圈纹（如图 5.7），这些联珠圈纹两两相切，并且在相切之处左右用兽首连接，兽首的形状与该墓出土的鎏金铜铺首相近，上下用白色小圆圈连接。每个联珠圈纹中都绘有一个伎乐童子，童子周边绘有忍冬纹。漆棺后挡板中部绘中国传统建筑样式的门楼一座，左扇门向外半启，门内有一人探身翘首前视，门外两侧各绘一对视的守门侍者，侍者身后是一棵朱红色的阔叶树。[1] 这种图像通常被称作启门图，其源头可追溯到东汉，在四川芦山王晖墓棺前档就雕有启门图。另外，在徐州双沟所出的汉画像石中也有此类图像，至唐宋及金，这类图像较为通行，但在魏

---

[1] 王雁卿，高峰 . 山西大同出土的北魏漆棺 [M]// 文化遗产研究与保护技术教育部重点实验室，西北大学丝绸之路文化遗产保护与考古学研究中心，边疆考古与中国文化认同协同创新中心，等 . 西部考古：第 11 辑 . 北京：科学出版社，2016:188-203.

图 5.7 大同湖东 1 号墓左侧棺板联珠圈纹 [1]

图 5.8 宁夏固原北魏墓漆棺侧板联珠圈纹 [2]

晋时期却在墓葬绘画中鲜有发现。湖东 1 号墓漆棺虽然也有代表汉代文化的图像，但其最大的特色就是联珠圈纹的使用，几乎遍布漆棺的各个棺板，装饰性极强。这种大面积绘联珠圈纹的做法在固原漆棺的左右棺板上也有发现，但与湖东 1 号墓漆棺不同的是，固原棺通体髹红漆，左右棺板的图案分两层，联珠圈纹仅位于中层。这些联珠圆环之间用双行联珠龟背形相连接，并且在每个联珠圆环内绘对禽、对兽或对称人物图案。联珠圈纹上面一层是三角火焰纹分隔的孝子故事画，下面一层绘狩猎图。每块侧板的前方中部都绘有一个长方形直棂窗，窗后画对戴高冠、着夹领衣的男女。

联珠圈纹不是中国本土的纹样，它是一种典型的波斯纹样，经常出现在萨珊王朝的银质器皿和织锦中，联珠圈内也常绘有禽、兽等形象。此类图案影响范围很广，在埃及、印度等地都有类似的图案发现，并广泛流行于中亚地区以

---

1 高峰. 大同湖东北魏一号墓 [J]. 文物, 2004(12):31.
2 韩孔乐, 韩兆民. 宁夏固原北魏墓清理简报 [J]. 文物, 1984(6):55.

及我国北朝晚期、隋唐之际的墓室葬具、丝织品和石窟壁画上。现在两具北魏平城时代的漆棺上都绘有联珠圈纹，联珠圈内所绘的伎乐童子的人物和对禽、对兽的形象比较鲜见，在以往中国传统纹样中找不出所能承袭的例子，显然这些图像受到萨珊波斯风格的强烈影响。

由于宁夏固原北魏墓和湖东1号墓中并未发现带有纪年的文字，我们无法判断这种带有萨珊风格的联珠圈纹是何时传到北魏平城地区的。但这两具漆棺所处的地理位置不同，却都使用了萨珊风格的装饰纹样（如图5.8），说明联珠圈纹在北魏平城时代的漆棺彩绘中已经出现并开始流行。然而不知什么原因，这种装饰纹样在北魏迁都洛阳以后的墓葬绘画中并未发现相关内容，直至北朝晚期、隋唐之际才再一次兴起。至于这种波斯风格的纹样是如何传到中原地区的，应该归功于北朝时期的"丝绸之路"。丝绸之路上的中西贸易往来，使得一些中亚、西亚的器物经过新疆与河西走廊被来往的商人或者各国的使节带到平城地区。在北魏平城、河西走廊和西域各国之间曾经存在一条商路，北魏平城地区发现的带有中亚风格的各种艺术品正是通过这条商路传播的。北魏出土的萨珊波斯朝狩猎纹镏金银盘和素面高足银杯以及大同南郊北魏墓群中107号墓出土的镏金錾花银碗等就是这条商路传播的历史见证。

虽然两具漆棺都大面积绘有联珠圈纹，但从整体上看，固原漆棺的彩绘图像与湖东1号墓漆棺上的彩绘图像并不是来自同一种装饰样式，两者存在一定差别。湖东1号墓漆棺上几乎通体绘联珠圈纹，具有很强的装饰性，但与固原漆棺相比，其内容比较单一，缺少叙事性的图像。固原漆棺彩绘图像保存相对完整，内容比较丰富，除了左右棺板绘联珠圈纹、孝子故事和狩猎图外，其前档绘有墓主宴饮图，棺盖绘东王公、西王母等天象图。其中，前档所绘的墓主宴饮图曾有多个学者对其进行过研究，孙机认为墓主的动作、坐姿都与中亚乌兹别克巴拉雷克建筑遗址中的壁画—嚈哒贵族宴饮图十分相似，反映出当时鲜卑贵族与嚈哒贵族之间的关系。罗丰则进一步分析指出，这类宴饮图与波斯宴饮文化有关，体现了一定波斯艺术风格的影响。

综上所述，湖东北魏1号墓与宁夏固原北魏墓中出土的两具漆棺上都带有明显的来源于萨珊艺术风格的装饰图案，同时又在某些图像上沿袭了汉代的文化传统，从图像上证明了两种文化在北魏平城时代的碰撞并且相互融合。

（二）"一人双兽"母题对比

同样地，"一人双兽"母题，其特点是整体或局部的一人居其中（这个人一般具有神的身份），处于主角和控制者的绝对优势地位，一相对或相背的双（禽）兽伴其左右，处于辅助或被控制的境地。从山西和域外考古材料中可以看出，这一母题被安排在很多介质上。

1. 中原地域"一人双兽"母题

在山西域内，"一人双兽"多表现为"一人二龙"。图案形式有两种：一种呈圆形或椭圆形，见于云冈中期洞窟装饰图案、铺首衔环装饰、日用品。目前发现11例。另一种呈倒三角形，见于铺首兽面犄角内装饰图案。目前发现1例，即大同南郊窖藏遗址出土的铜鎏金铺首。其在纹样构图上，均为一人居中，处于主导或控制地位，二龙则分列人物两侧，处于辅助或被控制的地位，此图案装饰于云冈石窟窟壁、建筑、葬具、日用品上。"一人二龙"图案在北朝平城已发现多例，主要见于云冈石窟第6、10窟，大同南郊窖藏遗址、阳高下深井北朝墓、大同湖东北魏1号墓、大同北朝艺术研究院藏铺首、恒安街北魏墓等处。

在表现主题上，云冈石窟第6窟北壁龛楣图案中的人物为飞天，大同市恒安街北朝墓金耳饰中的人物为化生，从面部特征和发式来看，与新疆出土的一件南北朝时期头像泥范比较相似，定名为化生应该不错。云冈石窟第10窟窟门南柱东西两侧装饰中的人物，有学者认为是"童子"，从其姿态与所处空间来看，应为夜叉。下深井北朝墓出土的铜鎏金衔环中的人物，发掘者认为是武士。今从其形象和衣着来看，也是夜叉，其上身着十字斜向交叉的帛带在云冈石窟第7窟主室东壁第三层南柱下方的地夜叉上身亦可见到。大同南郊窖藏遗址出土的铜鎏金铺首及衔环中的人物原报告称"童子"，湖东北魏1号墓铜鎏金饰牌上的人物原报告称"化生童子"，其逆发、袒上身、着犊鼻裈、交脚坐，前三点特征更为符合北朝平城夜叉图像的特点，但交脚坐的夜叉又少见于北朝平城，我们反而在克孜尔石窟第38、17、14等洞窟内的"弥兰本生故事"中发现，弥兰形象亦为袒上身、着犊鼻裈、交脚坐，但其头一般有高髻，考虑到克孜尔本生故事多是依据源于中亚的民间传说绘制而成，弥兰的交脚坐姿可能也是流行于中亚一带的坐姿。"一人双兽"题材传入北朝平城后被再次改造，这次改造大体完成于太和之前（477年以前），其基础是平城当时多元的艺术、开放的思潮和极盛的佛教发展并迅速风靡一时，俨然成为一种流行元素和风尚。这个过程似可称为"一人双兽"题材的平城化。平城化后最明显的变化有两点：一是夜叉、飞天、化生等形象的大量使用，并与铺首兽面相结合；二是文化内

图 5.9　云冈石窟第 10 窟窟门南柱东西两侧的装饰 [1]　　图 5.10　云冈石窟第 6 窟北壁龛楣浅浮雕（张海雁摄）[2]

涵得到了极大拓展。

  北朝平城的"一人二龙"图案主要装饰于中上层人群的棺饰、建筑装饰、耳饰及皇家石窟窟门或龛楣上，运用十分广泛，并因装饰载体的不同而进行融合改造。湖东北魏 1 号墓铜鎏金饰牌上的龙已是比较典型的北朝时期的龙，应制作于平城，夜叉的姿势仍带有异域风格，但图案已基本定型。云冈石窟第 9、10 窟设计时吸纳了"一人二龙"图案，并将其与对波状忍冬纹、横向环状忍冬纹相结合，夜叉的姿势灵动多样。第 6 窟北壁龛楣图案的设计以第 9、10 窟"一人二龙"图案为基础，将灵动的夜叉置换成了飘逸的飞天。大同南郊窖藏铺首衔环、阳高下深井北朝墓铜鎏金衔环和西京博物馆藏铺首衔环，这三例"一人二龙"图案均与铺首衔环相结合，只是夜叉形象较呆板。恒安街北魏墓出土的金耳饰中，人物形象表现为莲花化生，对二龙形象进行了简化，构图也有变化。简言之，"一人二龙"图案在湖东北魏 1 号墓铜鎏金饰牌上表现得已经比较成熟。在云冈石窟第 9、10 窟（如图 5.9）和第 6 窟（如图 5.10）的装饰中，得到了大面积的运用和快速发展，人物题材得到拓展，出现佛教艺术中流行的"飞天"形象。随后的发展中，"一人二龙"图案逐渐被简化、题材不断被突破，出现瑞兽、

---

1 张海蛟. 北魏平城"一人二龙"图案的渊源与流变 [J]. 形象史学，2017(1)：67.
2 张海蛟. 北魏平城"一人二龙"图案的渊源与流变 [J]. 形象史学，2017(1)：67.

化生和"二人二兽"等新题材。

通过"一人二龙"图案，我们能感受到强烈的征服和控制气息，这是对"一人双兽"题材原始内涵的表达。在北朝平城，这种文化内涵可能还有"彰显拓跋鲜卑对其他民族的征服"的含义。平城化后，其文化内涵不断丰富和发展，其中尤以佛教意义最为突出，是当时社会佛教发展到一定阶段并已渗透墓葬的重要表现。如夜叉、飞天、化生与二龙等题材的运用，水野清一先生认为夜叉出自《维摩经》，为守卫天城与门的侍卫神。该形象出现在墓葬中，当为守卫、守护之义。铺首作为墓葬中的辟邪、守护题材，大量见于汉代画像石，将夜叉与铺首融为一体，守护意义更浓。飞天亦为佛教八部护法之一，与二龙组合被用于龛楣，当也是护法之用。化生为四生之一，是往生极乐净土的重要途径。敦煌的化生题材出现较早，北凉时的第 268、272 窟即可见到。杨雄认为其与佛教净土思想密切相关，出自净土三大部。云冈石窟最早的化生形象见于第 18 窟，中期洞窟中化生题材亦大量出现，可能即与净土思想的流行有关。从恒安街耳饰可以看到，化生居中处于主要地位，二龙处于次要地位。依四生之说，化生形式最高级，龙属湿生，较化生级别为低，这可能是其设计的经典依据之一。这种等级差异，与"一人双兽"的原始内涵十分契合。宁夏固原雷祖庙出土的铺首衔环（如图 5.11）和甘肃省博物馆藏的北朝卜氏石塔亦有"一人双兽"题材的表现。宁夏固原雷祖庙出土的铺首衔环的时代约为太和十年（486），甘肃省博物馆藏的北朝卜氏石塔为北朝孝文帝改制后的作品（486 年以后）。内蒙古正镶白旗伊和淖尔古墓群 M3 亦出土 1 件类似的铜鎏金铺首，该墓葬时代约为 5 世纪晚期。这几例图案，无论是时代还是构图，均可看到平城化的"一人双兽"对其产生的影响。这里还应注意"一人二龙"图案与铺首兽面相结合使用的情况。我们在江苏沛县栖山汉画像石墓的画像石上可以见到将人物装饰于铺首兽面嘴部下方的情况。在太和元年（477）的宋绍祖墓（M5）、太和八年（484）的司马金龙墓（M6）、太和早期的智家堡北砂场石棺床（M7）等处则可见到将夜叉、供养天人、莲蕾等佛教题材装饰于兽面阔嘴下方，或装饰于兽面犄角内。显然，"一人二龙"图案与铺首兽面结合使用实为汉代以来已有的装饰传统与平城佛教相结合的产物。至于在衔环处装饰"一人二龙"图案，可能是工匠为追求与铺首兽面装饰的呼应或协调进行的艺术处理。就图像学的角度而言，"一人二龙"图案源于"一人双兽"图案，是"一人双兽"图案的发展。图案出现伊始即表现得比较成熟，夜叉和二龙的组合已基本定型，随后快速发展，夜叉之外出现飞天与二龙的组合，之后图案逐渐被简化，出现瑞兽、化生等新题材。其母题可能源于嚈哒控制下的中亚，于太和之前传入平城，出现在墓葬中的时间早于石窟。

双兽的母题在早期文明中已经被赋予艺术形式特殊的象征意义。埃及人用成对真实的或想象出来的凶猛动物（野狗、狮子和神话中的长颈动物）来表现单纯的和平共处和势均力敌，如耶拉孔波利斯小调色板和著名的纳尔迈调色板所表现的，成对的动物象征着政治的和谐。

如果就"一人双兽"母题这一形式而言，我们所知最早的例子发现于埃及。一个是耶拉孔波利斯装饰墓的壁画，壁画的一部分描绘了一对面对面的动物（狮子）被王者形象的人分开（如图 5.12）；另一个是在杰贝阿拉克的刀柄上相似的母题，而且，狮子的形象更为明确，不过中间王者的穿着不太像埃及的，和两河流域的比较接近。（非秩序）仅仅靠宇宙调节平衡是不够的。王朝时期的埃及是一个等级森严的社会，国家的最高等级属于国王，其次是王室官吏，最后才是人民。国王是至高无上的秩序维护者，他不仅负责公正和敬神，而且负责对混乱的征服。中王国时期富于哲理性的文稿所描写的非秩序，不仅指社会的动乱，而且指自然的和宇宙的大灾难，认为最终保证社会和谐和自然秩序的不是对立双方势均力敌，而是一方力量必须占据上风。因此，中间的王者使之

图 5.11　宁夏固原雷祖庙出土的铺首[1]　　　图 5.12　埃及耶拉孔波利斯装饰墓壁画[2]

---

1 宁夏固原博物馆．固原历史文物 [M]．北京：科学出版社，2004:112.
2 郭物．一人双兽母题考 [M]// 余太山．欧亚学刊：第四辑．北京：中华书局，2004:18.

第五章　山西北朝墓葬壁画中丝绸之路文明交流的时空图像叙事　　315

分开并保持均衡之势，象征着对冲突双方的控制。

2. 西亚、希腊、中亚和印度的"一人双兽"母题

在两河流域，无论是建筑浮雕还是圆形印章上，都有很多一神双兽的母题。如大英博物馆藏海法吉出土的公元前3000年至公元前2800年的石质容器上就有一人操两蛇或两牛的母题。美索不达米亚初期王朝时代的器台和圆筒印章上都有这样的母题。例如，乌尔王墓出土的一件贝壳饰板上有一神人左右各搂抱一匹人面兽身怪兽的形象。在阿卡德王朝时代的一个圆筒印章上表现的是双人双兽，其中一个是吉尔伽美什，提着一头鹿，另外一个是恩奇都，擒着一头倒立挣扎的狮子，表现的是《吉尔伽美什史诗》中的情节。新巴比伦时期的苏萨遗址发现的釉瓷砖上也有相同的母题，吉尔伽美什抓着两只站立的格里芬（如图5.13）。在两河流域甚至杀害孕妇和儿童的邪魔拉玛煞茶的形象也是左右手各抓着一条蛇。在尼普尔发现的阿卡德时期的印章上表现的是两个牛形人守护着人形的太阳神。在美索不达米亚艺术中，中间的太阳神渐渐由有翼圆盘代表，有七种双兽可以托举或守护，他们是牛形人、男性形人、蛇形女人、兀鹰形人、蝎形人、鱼形人、狮形人。这些母题的使用有季节和方向的规定，反映古代美索不达米亚人对太阳神的崇拜。其根据是对天文星象的认识，特别是太阳和星座运行的认识。这样的母题在亚述人中也很盛行，如牛形人守卫着太阳的进门，代表东方，鱼形人在南方，蝎形人在北方，兀鹰形人代表地狱的方向。在西方，赫梯一个神像的狮子底座上有一个鸟首人身的神人双手各牵一头狮子的形象。在阿契美尼德王朝的圆筒印章上仍有这一母题，只是圆盘部分换为琐罗亚斯德教

图5.13 苏萨美索不达米亚王朝初期一人双兽母题圆筒印章[1]

---

[1] 郭物. 一人双兽母题考[M]// 余太山. 欧亚学刊：第四辑. 北京：中华书局，2004:18.

主神阿胡拉·马兹达的形象。波斯战神、水神和丰育女神阿纳希塔有时也表现为一女神两手各抓一头狮子，这可能源于两河流域相同身份的女神伊什塔尔。从亚述开始，很多时候中间的人神还为圣树所代替。近东的"一人双兽"母题源远流长，甚至在伊斯兰时期还完全保留着"一人双兽"母题。说明这一母题在伊朗高原的传续和演变。

在古希腊米诺斯时期的埃及珍宝中，有一件金挂饰表现的是"大地之母"女神像，时代为公元前1800年到公元前1700年，其姿态、构图和用意与上述"一人双兽"母题都有近似之处，或许其表现女神的式样和小亚细亚和埃及有关系。法国卢浮宫博物馆藏的一件乌加里特的圣盒象牙盖，出自叙利亚，中间是生育女神阿斯塔特，双手各持一把谷物，两边各有一头立起的公羊。在今东地中海希腊克里特岛北部沿岸的诺萨斯古城遗址中，出土了一件约公元前2000年代中叶的米诺斯艺术品，为象牙和金质雕铸像，是一位女神，双手各操一蛇，当是司蛇女神或祀奉圣蛇的女祭司，是土地肥沃的象征。

二十多年前，考古学家第一次调查了中亚的巴克特里亚和马尔吉亚纳青铜时代的遗址，目前，这一地区发现的文化遗迹和遗物已经被命名为巴克特里亚—马尔吉亚纳考古文化群，由于此文化具有高水平的陶器制造业、金属业、石雕和大型聚落等，因此备受关注。在马尔吉亚纳嶂勒土墩遗址神庙中发现了滑石护身符，上面刻画了带翼鸟人，鸟人双手擒拿击败的动物。在中亚，这样的母题在此之前是没有的，但是在叙利亚—安纳托利亚地区却非常流行。公元前1800年到公元前1750年的鸟人形象可看作此类母题最早的例子，所以，中亚地区这种特殊的"一人双兽"母题应当来自小亚乌莱西亚湖西部。近年在伊朗中南部的吉罗夫特发现的大量石杯上有十分典型的"一人双兽"母题，时代为公元前3000年，和两河流域的一脉相承，可以说为中亚类似题材的渊源提供了早期的材料。

印度河古代文明中也有这样的题材，显然是受到两河流域的影响，不过在印度河流域，狮子被老虎代替。在哈拉帕出土的模制书板上有一个类似吉尔伽美什的人像站在两头立起的老虎中间，而且是一个女性，因为从侧面可以看到她的乳房。这样的考古发现不胜枚举，从迄今发现的考古材料可以看出，西亚流行的"一人双兽"母题可能渊源于埃及。"一人双兽"母题在两河流域地区得到了充分的发展[1]，无论是从形式还是寓意看，中亚、希腊和印度河流域的此类母题基本可以视为两河流域的发展形式。值得注意的是，虽然构图形式基本相同，但在不同的地区已经融入了当地的宗教信仰。

"一人双兽"母题最集中的发现是在伊朗高原西部扎格罗斯山区的卢里斯坦，大致为公元前2000年，其起源于米底亚（Medes）王国的物质文化，主要繁盛于公元前1300年。这时作为母题主体的人面部特征基本相近，长圆扁脸，眼睛圆睁或半睁，长而直的鼻子，鼻梁与额平齐，外貌和赫梯人很像。下半身多和双兽融为一体，两旁的双兽大多是一些怪兽，如格里芬等，凸显出英雄对自然的控制。中间的英雄被认为是苏美尔和巴比伦艺术中的吉尔伽美什和恩奇都，卢里斯坦人兽合体的形象可能受古代两河流域文明的影响，在乌尔发现的乐器上就有吉尔伽美什手擒双狮或双虎的形象，时代为公元前第四个千年前，之后一直流传。一人双兽图像实际是古代印欧人三分概念的体现，掌握宗教巫术的伐楼那神构成神祇系统中的第一等级，第二等级由战神因陀罗代表，第三等级是能为家畜和人们解除灾难和疾病的双马神奈撒特耶。这种概念从古代到现代的印欧人社会中都存在。

"一人双兽"母题在两河流域地区特别流行。处于两河文明边缘地带的卢里斯坦是"一人双兽"母题最重要的流行地带。公元前1500年前后，欧亚草

图 5.14　卢里斯坦出土的一人双兽牌饰[2]

原的古代游牧部落在历经分化的过程中不断向四方迁徙，史称"雅利安人大迁徙"。卢里斯坦"一人双兽"母题在基本的思想原则和构图原则下得到了最自由的表现，成为一个特征明显的母题（如图5.14）。南下两河流域的米底人、

1 李细珍，孙志芹.阿富汗蒂拉丘地出土服饰所见东西文化互动[J].丝绸，2020 (6):100—109.
2 张海蛟.北魏平城"一人二龙"图案的渊源与流变[J].形象史学，2017(1):72.

波斯人和帕提亚人被称为"西伊朗人",粟特人等被称为"东伊朗人",继续在欧亚草原游牧的金麦里人、斯基泰人、塞人,中亚两河流域的大夏人,远徙南亚次大陆的一支被称为"印度雅利安人"。欧亚草原流行的"一人双兽"母题的文化艺术有自己独特的形式和内涵,草原地区出现"一人双兽"母题的时间较晚,从形式和内容来看,和南部农耕文明地区的此类文物颇为相近。

阿富汗北境席巴尔甘东北5千米处黄金冢2号墓出土一对金耳坠,式样为双龙守护国王,是典型的"一人双兽"母题,构思显然和西亚的一脉相承,但融入了当时草原文化的一些风格,如镶嵌的水滴形宝石和双兽后半身向后翻转的处理,具有典型的草原艺术特点。墓地的时代在公元前1世纪至公元1世纪,4号墓墓主被推定为大月氏王公丘就却之父,而类似的以龙为主题的艺术品应当是大月氏本族的文化艺术。所以,草原地带出现的"一人双兽"母题形式可能来自南部古典文明世界,这展示了这一母题随游牧人迁徙运动向西方的传播,也是草原文化在欧亚大陆西边残存的余绪。而随着草原丝绸之路的交往和蔓延,作为北魏时期重要政治、经济中心的山西出现"一人双兽"母题也就不足为奇了。

山西大同南郊北魏平城遗址一个窖藏出土八曲银洗和3件镏金高足杯风格近似希腊。1993年在大同发掘的齐家坡北魏平城晚期墓的木棺南铜铺首所呈现的图样,在兽面铺首的鼻上立一人,头顶二瑞鸟。二鸟相对,分腿站立,做回首衔翅状,这种设计和北方草原短剑柄首相似,应当是格里芬的形象。云冈石窟中有的龛柱为双龙,此形式在北朝时期是常见的,这既是以游牧经济起家的统治者对中国龙主题喜爱的一种表现,也是游牧文化人兽母题在佛教题材中的一种折射。此外,在云冈第二期的石窟中,大量地出现域外的建筑样式和装饰题材,如印度式样的塔,源自希腊爱奥尼亚式和科林斯式的柱头,形似波斯首都波斯波利斯的反向对兽柱的斗拱,印度"元宝式"柱头,希腊古典式的柱础,着紧身衣服露脚的飞天,源自希腊的各式卷草纹、璎珞纹、花绳、束苇纹,还有源自印度的金翅鸟等,反映了这一时期北魏同域外文化广泛的联系。

而在巴基斯坦北部甚至发现了"大魏使谷魏龙今向迷密使去"的铭刻,证实了北魏通过这条道路同中亚地区的联系。有关北魏同西域诸国交往的文献记载也很多,《北史·西域传序》综述往来之盛云:"太延中(435—440),魏德益以远闻,西域龟兹、疏勒、乌孙、悦般、渴槃陁、鄯善、焉耆、车师、粟特诸国王始遣使来献。……于是始遣行人王恩生、许纲等西使。……又遣散骑侍郎董琬、高明等多赍锦帛,出鄯善,招抚九国,厚赐之。……琬于是自向破洛那,遣明使者舌。……已而，琬、明东还，乌孙、破洛那之属遣使与琬俱来贡献者，十有六国。自后相继而来，不间于岁，国使亦数十辈矣。"

拓跋鲜卑是北方草原游牧民族，早期应当是萨满信仰，所以，本身并无很精深的文明和信仰，当他们入主黄河流域并广通西域后，不但接触到各种文化，即使从建构新文化的要求出发，也急需各种思想文化，因此汲取了很多中国和域外文化，所以其信仰是很复杂的，只要有用而且适合他们新的生活方式和口味，都稍加改变而吸收。反映到早期艺术形式上，就是一种明显的汲取，即来自各种文化背景的艺术形式不太成熟的融合，文化在这里只是吸收和碰撞，并未达到消化并创新的境界。从图案体现的宗教思想和盛行的时代背景来考察，"一人二龙"是以平城当时流行的佛教题材对"一人双兽"进行改造的结果，反映了当时社会佛教的发展程度。佛教因素介入墓葬，是传统丧礼让步的结果，也是对佛教本旨的突破。所以"一人二龙"图案也是佛教的中国化和北朝王朝汉化政策推行的表现之一，是汉代以来已有的装饰传统与平城佛教相结合的产物。

总之，"一人二龙"图案作为北朝山西与中亚文化交流的重要物证，是丝路文化和中国传统文化结合的产物。此外，我们还注意到北朝平城"一人二龙"图案中二龙多相对者，亦有少数相背者，这种共存现象在北朝之前的中国、中亚和印度均可见到，因此，本书认为其与西亚"一人双兽"母题之间可能有一定关系。"一人双兽"母题在很大的地域范围内长时间流传，其构图形式非常固定，但中间的神人在不同的民族中被赋予不同的形象和含义，相应地，其两旁的动物也各不相同。

第三节　从空间维度及风格上看山西北朝墓葬壁画与高句丽墓葬壁画的关系

空间关系是地区间文化交流的一个重要影响因素，高句丽与北朝统治地区之间的空间关系非常微妙，尤其是在地理位置和文化空间上，高句丽的地理位置使得其与北朝政权间的联系成为可能，加之中原文化对于北朝和高句丽的共同影响，使得两者产生了空间维度上的联系。而这种空间联系所带来的是北朝与高句丽墓葬壁画的风格属性上的接触和传递，通过实例比对可以发现其中的关联。

一、高句丽与北朝的空间关系

（一）高句丽与北朝统治区的地理关系

北魏政权建立于公元386年，彼时的高句丽在海东已经历了几代帝王的统治，然而两国在早期并没有正式接触的记载，从地理关系上来看，北魏政权的前身是地处黄河河套区域的代国，其与高句丽地区相距较远，加之辽东地区活跃的拓跋、慕容部势力的中断，高句丽并没有与早期的北魏政权产生联系。刘裕统一中国南方地区后，于420年建立了刘宋王朝，从地理上来看，刘宋的北方是西秦、夏、北魏和北燕，高句丽所在之北朝鲜半岛与刘宋管辖的山东半岛只有一海峡之隔，而与北魏之间则有北燕隔断。直到公元466年，由于海上距离与高句丽较近的刘宋政权衰落，高句丽才选择了最终向北魏臣服。由此可以发现，在当时的中原地区，只有北魏和刘宋可以支持高句丽防御来自北方契丹等少数民族的侵扰，最终刘宋的衰落使得高句丽建立了与北魏政权的正式联系，这种文化和政治联系则主要取决于两者的地理位置关系。北魏灭亡之后，东魏、北齐、北周承继了与高句丽的地缘关系。从另一方面来说，目前发现的高句丽壁画主要集中于我国辽东和朝鲜境内，辽宁发掘了三室墓、莲花墓、环纹墓、美人墓、四神墓、将军墓等，可见辽东地区的高句丽壁画墓与我国辽宁地区的北朝壁画墓产生了地区交叉。

（二）高句丽与北朝的文化空间之关系

高句丽自建立以来就与中原文化有着千丝万缕的联系。高句丽的墓葬文化受到南北两方汉文化中心的影响。一是以辽东郡和玄菟郡为核心的北方汉文化中心，一是以乐浪郡和带方郡为核心的南方汉文化中心。上述四郡自西汉以来隶属我国，而404年后，高句丽长期占据着辽东郡和玄菟郡，两郡的文化直接影响了作为高句丽第二个都城的集安国内城的墓葬壁画绘制风格。另外则是乐浪郡和带方郡，此两郡在313年被高句丽控制，北朝时期北燕攻取两郡安放汉民。427年，高句丽再次掌控两郡，原本居住于此的汉人与高句丽人融合，高句丽迁都平壤后，遗留汉民的文化对高句丽的墓葬壁画风格产生了更加深刻的影响。

此外，高句丽统治范围与中原文化统治范围的交叉带来了中原文化向高句丽进一步传播的可能性。

第一，高句丽使用汉字作为官方文字，包括其历史典籍如《三国史记》在内的文献均使用汉字书写。而北朝的早期统治者为了实现游牧文化向中原农耕文化的转化，也使用汉字作为官方语言，这就暗示了北朝各国与高句丽之间的文化走向同源性的可能性。在使用汉字作为官方语言的基础上，高句丽还使用来自中原的典籍作为学校之教材和启蒙读物，从这一方面来讲，高句丽在很大程度上与北朝接受了同样的文化属性和内容，这也是高句丽墓葬中壁画和北朝墓葬壁画所共同具备的文化内涵。

第二，中原的佛教、道教人士也在高句丽传播文化。高僧昙始在高句丽开始宣扬佛教，《高僧传》中记载，"释昙始，关中人，自出家以后，多有异迹。晋孝武太元之末，赍经律数十部，往辽东宣化……盖高句丽闻道之始也"[1]。高句丽王建武"又遣使请道教，诏沈叔将天尊像并道士讲五千文，开释之宗"[2]。可见，中原儒家传统文化以及佛家、道家宗教文化在高句丽文化中具有极其重要的地位，从宗教文化上来说，北朝与高句丽再次产生了联结。

第三，高句丽同样重视丧葬，其丧葬制度和习俗也多随中原，这就使得高句丽在墓葬形制上承袭了中原规制。北朝政权的情况与高句丽相似，在向中原文化靠拢的过程中，墓葬习俗也与中原贴近。

（三）高句丽与北朝地区之精神空间关系

丹纳在《艺术哲学》中指出，一件艺术作品的风格会受到社会时代精神的影响。因此，本书将从北朝、高句丽在当时的社会风俗与时代精神出发，找到两者在精神空间上的关联。

北朝社会与汉晋社会不同，在公元4世纪至7世纪之间，中国社会发生了巨大的变迁，原本统一的封建王朝先后分裂为数十个不同的地方政权，这就使得北朝时期的文艺家在创作上破除循规蹈矩，写实主义开始散发光辉。娄叡墓中对于马的描绘，相比秦汉时期的程式化形象有了十分长足的发展，壁画作者通过深入生活的观察，创造了更加生动的马形象。目前，学界通常认为娄叡墓壁画出自北齐宫廷画家杨子华之手。杨子华所绘马首形态丰富多样，富于变化，身体肌肉线条明显，充分反映了马匹的强壮，同时杨子华还赋予每匹马不同的神态，马匹眼睛呈现出差异性的情感，包括激昂、喜悦、温驯等。此外，杨子华笔下的人物形象，也非顾恺之清秀的特点，而是较为丰满圆润，这种社会化风格反映了北朝宫廷绘画的普遍追求。除娄叡墓外，徐显秀墓、忻州九原岗墓、

---

[1] 释慧皎.高僧传[M].汤用彤，校注.汤一玄，整理.北京：中华书局，1992:385.
[2] 高句丽王建武"又派遣使者向中原讨学道教文化，下诏让沈叔修建天尊像记录道士讲学的五千字，从而开启了道教文化传播的发端"。

大同云波里路壁画墓中的人物形象也有类似的特征。

高句丽的历史情境则受到北朝政权影响，公元 4 世纪中叶后，高句丽面临着长期的动乱战争。高句丽长寿王在位的 79 年（413—491）间，高句丽甚至与北魏发生了战事冲突。正是战乱导致的地区间人口流动，使得部分中原汉族画师流入高句丽境内，成为高句丽墓葬壁画创作的主要力量。高句丽三室墓第一室左壁上段的出行图中所绘之人物形象同样呈现出与娄叡墓中人物相似的丰腴之态，其面部线条相对比较简单，缺少棱角，观看视感与娄叡墓和水山里壁画墓墓室右壁上段以及徐显秀墓中的人物形象十分相似。可以说，高句丽的墓葬壁画在一定程度上承继了北朝的艺术创作的精神空间，从而进一步产生了两者在风格上的联系，下文将进一步探讨。

二、北朝墓葬壁画与高句丽墓葬壁画风格之关系

（一）北朝墓葬壁画与高句丽墓葬壁画的绘制技法

1. 山西北朝墓葬壁画绘画之技法

按照沃尔夫林在《美术史的基本概念》中所阐述的影响艺术作品的风格特征的因素，也就是艺术作品的再现形式来看，北朝墓葬壁画风格的形成与它们的创作者观察描绘对象的视觉方式有关。中国古代的绘画中，人们是通过轮廓来观察事物的，尤其是在南北朝时期，画论中十分强调线条的价值，尽管学习了来自天竺（注：天竺是古代中国以及其他东亚国家对当今印度和其他印度次大陆国家的统称）的晕染法，线条和所描绘对象的形态仍旧具有紧密的关联。

迄今为止，我国境内共出土北朝壁画墓葬 44 座，年代主要集中于 494—581 年，这一时期我国绘画理论有了巨大的进步，墓葬壁画的绘画技法呈现出逐渐成熟的趋势。1997 年，大同考古研究所在大同智家堡发掘了一座已被盗的北魏墓葬，墓葬中尚存有三块棺材板画（如图 5.15）。从绘画技法上来看，该绘画以棺材板为背景，以墨线勾勒轮廓作为起稿，之后再以色彩填充，上色手法以平涂和点染为主，这是北魏平城时期之墓葬壁画的主要绘制方法，也就是以先起稿，再填色，最后墨线勾边定型的流程为主。洛阳时期基本上沿袭了平城时代的技法流程，但是增加了分层的构图形式。

534 年，北魏分裂为东魏和西魏，以新都邺城为核心形成了邺城规制，该阶段的墓葬壁画规制与以晋阳为都城的北齐墓葬壁画规制基本一致。目前于山西、河北发掘的北朝墓葬均为砖室墓，墓葬内的甬道壁画多为湿壁画，使用白

图 5.15　智家堡墓棺材 A 板山水狩猎图 [1]

灰层涂抹砖壁后进行勾线作画，勾线起稿多使用毛笔或红赭石直接在墙壁上起稿绘制草图，随后填充颜料。在山西太原王郭村出土的娄叡墓壁画即按照上述方法起稿（如图 5.16），并在稿线的基础上勾勒墨线，这一时期的线条突出了"骨法用笔"的功力，利用线条的长短粗细、刚柔强弱、轻重缓急等技法展现了所绘对象的神韵与"形似"。这种线描方式在南北朝时期称为"兰叶描"。该线描往往苍劲有力而富有变化，以毛笔中锋运势，行笔速度较快，整体看上去活泼灵动。除"兰叶描"外，娄叡墓中的门官图也使用了高古游丝描的描线技法，线条提按变化不大，略短于"兰叶描"，但同样轻盈灵动，富有生机。

图 5.16　娄叡墓壁画出行图 [2]

1 刘俊喜，高峰. 大同智家堡北魏墓棺板画 [J]. 文物，2004(12):40.
2 山西博物院，山西省考古研究所. 壁上乾坤：山西北朝墓葬壁画艺术 [M]. 太原：山西人民出版社，2019:21-52.

于山西太原郝庄乡发掘的北齐徐显秀墓壁画也是北朝墓葬壁画的集大成之作。徐显秀墓壁画中，画师的描线虽然有更加放松的迹象，却没有改变基本的"骨法用笔"的技法，线条上有力但更加自由。在壁画中，画师使用了晕染和多次叠涂的技法对人物进行上色，其中对于人物面部的上色晕染方法追求"染高不染低"，晕染部位往往在人物的眼窝、嘴角、颈项等低凹处以橘黄色作退晕染，椭圆形拉长的面孔因此变得生动而真实[2]（如图 5.17），这种画法相比于传统的中原画法要显得更进一步。而多次叠涂的方法通常用于整涂，例如，徐显秀墓壁画的画师通过使用橘红色、赭红色、棕黑色分层叠涂马匹的身体，形成渐变的色彩效果，具备了初步的色彩透视关系。北朝墓葬壁画的色彩以"随类赋彩""以色貌色"相结合的方式赋彩，在《画山水序》中，宗炳提出"身所盘桓，目所绸缪，以形写形，以色貌色"的观点，以为绘画表现山水之貌时要按照现实中山水之色彩来为画中的山水赋色。山西忻州九原岗墓的狩猎图中描绘了狩猎场景中的山林风景，这些位于人物之后的山林虽然颜色比较暗淡，但仍能观察到山峦上青色的山体以及红色的树木，这样的赋色方法几乎是按照写实主义进行的。此外，在该狩猎图壁画中也含有一定的随类赋彩的赋色特征。随类赋彩来自南朝谢赫的《古画品录》中所提到的六法。随类赋彩体现出画师的主观意识作用，这种意识使得壁画的色彩不完全是客观世界的反映。例如，在九原岗壁画墓的狩猎图中，我们可以发现其画面中的几种不同描绘对象都具有相似或相近的色彩，以此来保证整个画面的色彩协调性。九原岗壁画墓墓道西壁的第三层狩猎图中的山峦主体均晕染为土黄色，山峰顶部复染一层石青色，之后以赤红色点缀点染山顶的树木，包括树干与树叶在内的树木，而不是分别描绘树干

图 5.17 徐显秀墓人物图局部[1]

---

1 太原市文物考古研究所. 北齐徐显秀墓[M]. 北京：文物出版社，2005:31.
2 罗世平. 北齐新画风——参观太原徐显秀墓壁画随感[J]. 文物，2003(10):63.

图 5.18　九原岗墓西壁第二栏狩猎图[1]

与树叶的颜色（如图 5.18）。

　　佛教的影响也表现在色彩技法上，佛教经典中通常含有五色的说法，这种五色的归类与中原传统中所提的五正色几乎一致，这五色一般为青、黄、赤、白、黑的正色，绯红、紫、绿、黄的间色。徐显秀墓墓室北壁的夫妇宴饮图中的色彩中包含了五正色的每一种颜色，男女主人都着赤红衣裳，两人四周的乐伎身着衣物中有青、黄、绯红，墓主人上方的幔帐则是白色幕帘，其上束有黑色系带，这一夫妇图有着十分丰富的色彩，具有北朝墓葬壁画色彩的代表性。再者，山西发掘的北朝墓葬壁画还体现出"随类赋色"的特征，壁画中人物所穿着的衣物色彩也取决于人物的地位等级。徐显秀墓墓道两壁上的出行仪仗图中，人物的衣裳有红、黄、紫、青等颜色，红色者等级最高，表现人物身份尊贵，这类人物往往站位相对靠前，两侧有手持华盖的侍者（如图 5.19）。

　　总体来说，北朝的中后期壁画之技法贴近当时的绘画创作理论，整体上表现出"气韵生动""骨法用笔""随类赋彩"等特点。综合上述汉族在高句丽地区的文化空间融合，朝鲜境内的高句丽大部分墓葬壁画应当出自逃亡画工之手，这些流亡画师一方面继承了北朝主流画家的技法，另一方面将这种技法运用到高句丽地区的墓葬壁画绘制中。

　　2. 高句丽墓葬壁画绘画之技法

　　在目前学者们的研究当中，高句丽墓葬壁画主要分为三个阶段：早期为 4—5 世纪，主要包括洞沟角抵墓、洞沟舞踊墓、洞沟万宝汀 M1368；中期为 5—6 世纪，包括五盔坟墓和三室墓等；晚期为 6 世纪中叶后，代表墓葬是五盔坟 M4、M5。[2] 其中中期和中晚期墓葬与北朝政权的存在时期大致重合。

---

[1] 张庆捷，张喜斌，李培林，等. 山西忻州市九原岗北朝壁画墓 [J]. 考古，2015(7):65.

图 5.19 徐显秀墓出行图局部[1]

目前发现的高句丽中期和中晚期墓葬壁画与北朝中原墓室壁画有诸多相似之处。以石砖墓为建造的高句丽壁画墓葬，墓葬内的墙壁并不平整，因此也常使用白泥铺涂后再作画，其壁画的绘制技法同样讲求形似与精神。在集安市出土的五盔坟高句丽壁画墓中，壁画早期的古拙线条向中原的高古游丝描的线描形式转变。例如，五盔坟 M4 中的神仙图，每一位神仙的线条都十分流畅，用线笔法成熟，行笔苍劲有力，线条圆润，线条根据造型进行变化，既有流畅的龙纹的曲线，也有勾勒疏密精致的网纹短线，不同颜色的轮廓线也清晰可见。这些线描和北朝墓葬壁画一样，往往使用赭石、毛笔进行起稿，两者皆按照先勾后染的顺序创作。

在上色技法上，高句丽壁画表现出与北朝墓葬壁画的高度一致性，遵循着"以色貌色""随类赋彩"的设色原则。根据敦煌研究院对于五盔坟壁画的研究解读，认为其壁画在上色上使用了晕染法和叠染法。首先，晕染法着重点染画面对象的"高"处，这一点与北朝中原壁画中"染高不染低"的晕染一致，主要集中于人物面部的眼部、颈项处，形成一种立体感。在大面积的涂染上，

---

1 徐光冀. 中国出土壁画全集：山西卷 [M]. 北京：科学出版社，2012:94.
2 尹国有. 集安高句丽墓室壁画的艺术特征与表现形式 [J]. 通化师院学报（社会科学版），1998(3):23-29.

高句丽壁画使用罩染的方法，也就是分层叠涂。五盔坟 4 号墓葬中托起人物的植物使用石青和石绿进行叠涂，使得植物枝叶富于颜色深浅明暗之变化，形成"渐变"的色彩效果（如图 5.20）。其次，高句丽墓葬壁画的赋彩模式与中原相似，虽然高句丽早期壁画在描绘上更加抽象，但其设色还是按照"以色貌色"的原则进行的。长川 1 号墓中狩猎图与北朝墓葬中的狩猎图内容相似，狩猎者的背景中有对山峦的描绘，山峦色彩以黄色为主对山体进行填充，山顶以赭色勾以轮廓。另外，为了将马匹与人物的色彩相区别，则使红衣者骑黄马，黄衣者骑红马。这在一定程度上暗示高句丽壁画也具有随类赋彩的特征，此外，可以佐证"随类赋彩"特征的还包括对于不同身份地位的人物的衣着色彩的变化，这与北朝的习惯一致。在大多数高句丽墓葬中，如安岳冬寿墓、双楹墓等墓葬中的墓主人夫妇图中墓主人的衣着通常都为赤色，可见赤色在高句丽与北朝壁画的赋色中都代表人物与众不同的身份地位。在其他墓葬中，我们也可以发现在出行图等一些所绘人物数量较多的壁画中，人物的衣着色彩也不尽相同，德兴里 1 号墓墓室石壁的出行图现已有所损毁，但仍旧可辨别其中首领人物所着确为赤色上衣，并且该人物体积明显大于其他随行人物，可以判断其身份地位之尊贵。这样来看，高句丽墓葬壁画在设色上也按照"随类赋彩""以色貌色"的方式进行。在壁画色彩种类上，高句丽墓葬壁画也以北朝墓葬壁画所使用的

图 5.20 五盔坟 4 号墓仙人图 [1]   图 5.21 五盔坟 4 号墓青龙图 [2]

1 徐光冀. 中国出土壁画全集：辽宁·吉林·黑龙江卷 [M]. 北京：科学出版社，2012:181.
2 杨雷. 古国的灵光——集安高句丽王陵及壁画的文化考古 [J]. 艺术品，2017(1):63.

五色为主，主要使用青、黄、赤、白、黑进行赋色，这与佛教在高句丽的兴盛也有一定的联系。我们可以看到，在五盔坟 4 号墓墓室的东西两壁所绘的青龙、白虎图中，赤、青、黄、白、黑五种色彩都得到了适当的运用，青龙身体为赤色，有黑色长纹，尾背部有黄色，增加了立体光亮感（如图 5.21），白虎为白色，带有青色斑点。

总而言之，高句丽中晚期墓葬壁画在线描和设色上很大程度地继承和学习了山西地区北朝墓葬中的壁画绘制技巧，沿袭了北朝壁画的高古游丝描、兰叶描的描线方式以及晕染法和叠染法的涂色方式以及"随类赋彩""以色貌色"的赋色原则，从而形成了与北朝墓葬壁画十分相似的风格。

（二）北朝墓葬壁画与高句丽墓葬壁画构图之对比

首先，从画面上来说，高句丽壁画的整体感十分明显，壁画基本上都是以中轴对称的形式进行构图的，通常以该形式进行构图可以提升墓葬壁画的庄严感和整体性。在长川 1 号墓中，墓室前室的东壁和其藻井东侧的画面经过了精心的设计，第三层藻井顶右上绘有完整的礼佛题材图像。东侧中心绘一佛像，其所坐须弥座左右侧各绘一只蹲伏的白色护法狮子，两只狮子体态大小均十分相似，以须弥座为对称轴，相互对称，而佛像面容端庄，其左侧绘有两供养人，分别为墓葬男主人与女主人，两人上方有两个俯身飞天形象，在空间上与女主人手持之华盖相对应。舞踊墓中发掘的夫妇宴饮图，也表现出中轴对称的空间关系，该图像位于墓室北壁，绘有一个大体量房屋建筑，梁柱两侧悬有对称的帷幔，室内男主人与女主人分坐于中线位置两侧，室内的三张木几在位置上也呈现出对称特征。

集安出土的五盔坟 5 号墓葬中发现的日月伏羲女娲图则更加明显，壁画左侧部分为人身蛇尾的女神女娲形象，女娲两臂以 45 度角向上扬起的火焰表示，头部上方为一白色的月；右侧部分为男神伏羲，其两臂与女娲形象类同，也以 45 度角向上的方向抬起，以羽翼的形式表现，头顶为石青色的日，画面左右两边分别绘有两棵相互对称的奇珍异草。该壁画从内容排布与人物形态上来说都呈现出中轴对称的特征（如图 5.22）。高句丽墓葬壁画对于对称的构图模式具有明显的偏好。相比之下，北朝墓葬中壁画的对称特征，主要体现在更大范围的布局上，从而提高墓葬中不同壁面上的壁画之间的联系与整体性。但无论北朝墓葬壁画还是高句丽墓葬壁画，都十分重视画面的对称性与整体性，从而使墓葬更能凸显出墓主人的身份地位和墓葬壁画的装饰性。

图 5.22　五盔坟 5 号墓伏羲女娲图[1]

其次，高句丽墓葬壁画在透视技法上也呈现出一定的规律。上文我们指明在山西发掘的北朝墓葬中的绘画，无一例外地使用了中国传统绘画的散点透视法，高句丽墓葬壁画与中原传统美学的深刻渊源关系，使这种透视关系在高句丽墓葬壁画中的运用十分普遍。三室墓的第一室北壁现存的攻城图完全未按照近大远小的西方透视法进行描绘，城外骑于马上的着战甲士兵在城前持矛交战，城墙上方有两人正在搏斗，城内则有人向外窥视，展现了一场激烈的战斗（如图 5.23）。在第一室南壁上，还绘有一幅面积较大的出行图。从左到右共分列 11 人，其中队伍前端的墓主人的身形体积相对较大，而其两侧持华盖的侍女则身体相对较小。因而，我们可以基本判断出，其壁画中的人物描绘并非以焦点透视的方法进行的，而是以所绘人物之身份地位来决定人物的大小，这与北朝墓葬乃至北朝时期的中原绘画是一致的。

图 5.23　三室墓北壁攻城图局部[2]

1 李海磊.4—6 世纪中国北方地区壁画色彩技术及应用研究 [D]. 上海大学，2019:63.
2 杨雷. 古国的灵光——集安高句丽王陵及壁画的文化考古 [J]. 艺术品，2017(1):62.

除三室墓的壁画外，长川1号墓北壁上部中发觉的百戏乐伎图，散点透视的关系更加明显，其中还蕴含了一定的时间关系。该画面从墓主人立于树下与其宾客共同观看耍猴戏表演开始，其上部左侧有一竿头戏表演者，墓主人乘坐于行走的马车上进行观看。同一平面内，百戏图讲述了墓主人在不同时间内的行为，使壁画内容具备了时间上的关系。

此外，高句丽壁画的散点透视还表现在画面所绘内容相互不遮挡、有序并列的特征上。长川1号墓中，墓室北壁下方有一山林狩猎题材壁画，由于主题内容的限定，该壁画中人物动物数量较多，种类较繁杂，其中包含了向左追逐猎物的狩猎部队和右侧对猎物进行包围的猎手，两者之间是老虎、狍子、猎鹰、山鸡等参与狩猎活动的动物。参照西方绘画的透视法则，像北朝墓葬中与高句丽墓葬中这类大体例的题材或场景，西方绘画的透视通常会在绘制时在不同对象之间形成前后纵深的关系，相互遮挡，但从此处来看，高句丽墓葬壁画所用的透视法也具备北朝墓葬壁画的同样手法的散点透视。

三、北朝墓葬壁画与高句丽墓葬壁画内容之比较

（一）人物图像的相似性

北朝墓葬仍然保持着秦汉以来中原民族"事死如事生"的生死观，首先是北朝墓葬壁画对于墓主人生活风俗表现的执着，从目前出土的山西北朝墓葬中我们可以发现出行图、狩猎图、宴饮图的数量和规模非常可观。2008年在山西朔州出土的水泉梁壁画墓中墓主人的夫妇宴饮图位于北壁壁画正中央，墓主人夫妇二人并排正坐于同一榻上，上方悬挂一浅青色幕帘，两侧有侍女、仆从共七人。在大多数北朝墓葬中，墓室中的夫妇图都是以并坐形式绘制的。其墓室西壁则为一牛车出行图，绘有一自北向南行驶的牛车，车后为跟随侍女五人的仪仗图，每人手持团扇、身着长裙。东壁则为鞍马仪仗图，壁画中央为一高大赤红黑鬃马，其左侧为两名持麈尾扇的引路人，右侧为一批骑马仪仗队伍。此类夫妇宴饮图和仪仗出行图是山西出土的北朝墓葬中较为常见的几种人物壁画。徐显秀墓与水泉梁墓相似，墓室壁画保存更加完整，北壁正中为夫妇宴饮图，图中徐显秀夫妇二人并坐于一长榻之上，二人身着赤红色衣裳，中间摆放一木质小几，其上放置有几种食物，夫妇二人两侧站立有乐师和仆从等十数人。另外，墓室使用了完整的东壁来绘制出行图、仪仗图，该壁上绘有一众出行侍女，人物面容精致动人，数量较多，两者所占的壁画面积比例都

相对较大。西壁上的狩猎图占据了 60 平方米有余（徐显秀墓壁画约 300 平方米），中央为一赤色大马，其后有持麈尾扇的仆从（如图 5.24）。相似的情况还出现在大同出土的云波里路北魏壁画墓中，该墓葬的墓室东壁绘有夫妇宴饮图，虽然该壁面有残损，但仍可以看出图中夫妇二人为并坐姿态，分别坐于两张短榻上，右侧有两位侍从在前后站立，再右侧有一分三层描绘的歌伎、乐师图。[1] 该墓葬南壁绘有狩猎图，画面背景中为连绵的山峰树林，左侧有三只正在奔跑的小鹿，其右侧的狩猎者身着交领红白条长褶、束腿裤、皂鞋，坐于高足坐具之上，右腿架于左腿之上，左手抚膝，右手执钵形物于嘴边[2]（如图 5.25）。此外，在山西大同发掘的北魏沙岭 7 号墓的墓室正壁上绘有并排而坐的夫妇图，宋绍祖墓石棺北壁绘有乐舞场景图等。

狩猎图是另一个较为重要的生活习俗题材，在山西忻州九原岗北朝壁画墓的墓道东西两壁上绘有长达 30.5 米的狩猎图，其第二层整体绘制狩猎场景，其中一部分展现了一名身着赤红窄袖圆领袍的男子正策马持弓追逐右侧的三只鹿，其后有起伏的群山作为背景。

从上面所述的山西地区发掘的北朝墓葬来看，夫妇宴饮图中夫妇二人通常为并坐，以此彰显墓主人夫妇之间的和谐感情。而生活习俗图景在北朝墓葬壁

图 5.24　徐显秀墓出行图[3]　　　　　　　　图 5.25　云波里墓夫妇图[4]

1　刘俊喜，高峰，侯晓刚，等 . 山西大同云波里路北魏壁画墓发掘简报 [J]. 文物，2011(12):25.
2　刘俊喜，高峰，侯晓刚，等 . 山西大同云波里路北魏壁画墓发掘简报 [J]. 文物，2011(12):24.
3　太原市文物考古研究所 . 北齐徐显秀墓 [M]. 北京：文物出版社，2005:24.
4　刘俊喜，高峰，侯晓刚，等 . 山西大同云波里路北魏壁画墓发掘简报 [J]. 文物，2011(12):17.

画中的地位同样重要，因其主要作用一是彰显墓主人的身份地位，二是创造死后墓主人生活的景象，这是山西已发掘北朝墓葬中最为主要的几种以人物形象为主要绘画内容的壁画类型。在高句丽墓葬中，人物图像也表现出一定的相似性，下文将进一步分析。

尽管在高句丽后期墓葬的壁画中生活风俗内容的表现有所减少，但生活场景内容的绘制仍然一直贯穿着高句丽各个时期的墓葬壁画创作。尤其是集安墓葬壁画同样是以社会风俗为主的壁画较多，所绘人物多衣着华丽，目的在于彰显上层贵族华贵的日常生活。在目前发掘的高句丽壁画墓中我们可以发现，以人物图像为主要绘画内容的壁画可以分为以下几个类别：墓主人夫妇图、舞踊图、狩猎图等。

墓主人夫妇图是最常见的一类，这与目前山西地区出土的北朝墓葬几乎一致，该图像属于墓主人身份地位的明示类主题壁画，在集安发掘的洞沟古墓、长川 1 号墓、五盔坟 4 号和 5 号墓中都存在墓主人夫妇图。高句丽墓葬中对夫妇图的描绘几乎都呈夫妇并坐于两张一人榻或同坐于一张两人长榻上，药水里壁画墓墓室东壁的夫妇宴饮图中墓主人夫妇同坐于一张双人榻上，两人身位平行，女主人右肩部稍靠后紧贴男主人。梅山里四神墓相对较为特殊，其墓主人生前有三名妾室，因而该墓葬中共有四位女墓主人，在描绘中四位女墓主人的形象有了相对身份的大小和位置变化，三名妾室女主人分别坐于三张单人榻上，而墓主人的正室则与男主人贴近，独坐一榻，男主人自己单坐一榻。角抵墓中的夫妇图的坐具与其他高句丽墓葬略有不同，男主人坐于木几上，两位女主人也分别坐于男主人旁的毛毡上（如图 5.26），三人的空间关系仍旧是平行的。由此可见，在高句丽墓葬壁画中，墓主人夫妇也表现出同时出现、身形并排的特征，展现出高句丽与北朝文化中相似的夫妻合葬习俗，这种观念一直存续在高句丽的墓葬壁画内容的选取之中。

舞踊图则集中出现在长川 1 号墓和舞踊墓中，北朝墓葬中的舞踊主题壁画数量相对较少，一般与夫妇宴饮图相结合，例如，山西大同出土的广远将军妻母墓等。在长川 1 号墓中，乐舞主题的壁画更加丰富，这与高句丽的民族习俗有关，墓葬前室北壁左上角集中表现了一组人物手持乐器参与百戏的场景，南壁则绘有群舞图，图中表现为一男子身穿带有舞袖的长衣和宽松花裤引领四名穿间花长裙女子起舞的场景（如图 5.27），在一定程度上展现了高句丽的群舞百戏场景。此外还有三室墓南壁发掘的一整幅出行图，图中绘有包括男主人、

图 5.26 角抵墓宴饮图 [1]　　　　　　　　图 5.27 舞踊墓南壁群舞图 [2]

女主人和各类侍从等人物共 11 人，规模相对较大。

狩猎图则更为重要，以狩猎为主题的壁画无论是在山西出土的北朝墓葬中，还是在我国境内或朝鲜境内出土的高句丽墓葬中都占据着十分重要的地位，高句丽民族与北朝统治者一样，都善于骑马射猎，因而狩猎图也是高句丽壁画的主要内容，该类壁画在舞踊墓和长川 1 号墓中均有发掘。舞踊墓的狩猎图位于墓室西壁（如图 5.28），其图像中描绘为两个部分，由一棵树进行分隔，左侧为狩猎场，其中绘有几名武士骑马狩猎的场景，队首一男子头戴双羽折风，可推测为墓主人，该人物手持弓箭用力开弓，上身向后扭转，箭矢指向人物身后的两只鹿样野兽，这样的狩猎态势在山西九原岗墓中有类似图像可循。此外，两者在墓葬壁画中都将虎、豹等融入狩猎。由此可见，生活图景的内容在北朝和高句丽墓葬壁画中表现出了相似的重要程度。

（二）道教内容的同源性

综观目前业已发掘的山西北朝墓葬，我们可以发现山西北朝墓葬壁画的创作在很大程度上吸收了来自汉晋的中原文化信仰，墓葬中有大量表现上古异兽题材的壁画。道教是诞生并成长于我国本土的宗教，在一定程度上保留了古代中原神话中的信仰，不论道教信仰是否占据中原宗教信仰的主体，道教信仰中的一些内容，始终或多或少影响着中原墓葬壁画的创作。在北朝时期，道教或称为玄学，一度成为最为广泛与重要的信仰文化，在太原发掘的徐显秀墓、娄叡墓，忻州发掘的九原岗壁画墓，大同发掘的云波里路墓、文瀛路墓等墓葬中，无一不具有描绘道教信仰内容的壁画，此处详谈其中保存较好的徐显秀墓和忻

---

[1] 杨雷. 古国的灵光——集安高句丽王陵及壁画的文化考古 [J]. 艺术品，2017(1):62.
[2] 杨雷. 古国的灵光——集安高句丽王陵及壁画的文化考古 [J]. 艺术品，2017(1):62.

图 5.28 舞踊墓狩猎图（局部）[1]　　　　　　图 5.29 徐显秀墓方相氏神兽图[2]

州九原岗墓中的壁画。徐显秀墓中与道教文化相关的壁画主要包括墓门所在的墓室南壁，墓室甬道南口上方以及甬道南端石门的方相氏、神鸟以及獬豸样神兽，墓室南壁壁画主要位于墓门上方，表现了一个兽首人身的神兽形象，发掘者并未对其命名（如图 5.29）。该神兽自上而下俯冲，面目狰狞，有四目，前掌后足均有利爪，上身披皮毛衣物，下身着红色垮裤，按照《周礼·夏官司马》的描述："方相氏掌蒙熊皮，黄金四目，玄衣朱裳，执戈扬盾，帅百隶而时难。以索室驱疫，大丧，先柩，及墓入圹，以戈击四隅，驱方良。"此外，其他已发掘的汉墓画像砖中也有类似的神兽形象，因而可以大致判断该神兽为方相氏。徐显秀墓中的神鸟壁画位于墓室甬道南门石门上额，壁画中心为一巨大龙首，龙首两侧即两只玄赤相间的鸟形象，尾部为一整体，有学者推断其为玄鸟[3]，也为我国古代汉文化信仰的神鸟。徐显秀墓中发现的獬豸样神兽形象位于墓室南门两扇石门上，其首似狼兽，头部有鹿角，肋间有两羽翼，偶蹄分开站立，口中衔有莲花枝。獬豸则更富有传统汉文化特色，《异物志》载：獬豸"见人斗，则触不直者；闻人论，则咋不正者"，可见其自战国时代已有流传。上述壁画内容均带有中原传统信仰中的神兽特征。徐显秀墓墓门上还绘有一组四神形象，其中左右两扇门的獬豸形象之下，是道教传统中的青龙白虎形象，两者下部还绘有一朱雀形象，该部分原本刻有青龙形象，之后画师又以彩墨绘上朱雀形象

---

1 李海磊 . 4—6 世纪中国北方地区壁画色彩技术及应用研究 [D]. 上海大学，2019:62.
2 太原市文物考古研究所 . 北齐徐显秀墓 [M]. 北京：文物出版社，2005:37.
3. 郝丽君 . 徐显秀墓的镇墓神兽壁画——逝者的神佑 [J]. 大众考古，2014(3):78.

（如图 5.30）。

　　而在九原岗壁画墓葬中，道教神话中的异兽也有所体现，墓道西壁绘有一幅四层道教神话题材壁画。虽然有所残缺，但仍可以从远离墓道口处的壁画中看到大量神兽形象，其中，第三个位置上的仙人所骑乘的是一个龙首兽身形象的神兽。由其形象，学者推测其可能为神话中的灵兽，其相邻位置有一雷公形象，其双手举起巨石，四周环绕有十三面鼓，其后还有一有翼马形象，口中衔有一只虎，可推测为"驳"[3]（如图 5.31）。除此之外，山西忻州出土的九原岗北朝壁画墓中也依照《山海经》之记载绘制了大量奇珍异兽，包括与方相氏十分相像的畏兽，除此之外还包括衔蛇的强良、周身带有火焰的玄鸟等。从上面的壁画内容来看，异兽是北朝墓葬壁画的一个重要题材。北朝墓葬受到中原传统道教文化的影响，还在壁画中展现飞升图的人物形象进行道教信仰的表达，在上述的忻州九原岗墓甬道的四层壁画中，绘有大量不同形态的仙人图像。如在第一兽和其后的两头猛兽之后，有一手持麈尾的仙人正向前奔跑，其后是灵兽麒麟，麒麟身上还骑乘着一个短发、秃顶的仙人。

　　除人物形象为内容的壁画外，还有以神异仙兽为题材的神兽图，而在目前出土的高句丽壁画墓中，考古学者也发现了许多描绘具有中原信仰中神兽形态

图 5.30 徐显秀墓墓门朱雀图[1]

图 5.31 九原岗墓道口壁画中的驳[2]

---

1 太原市文物考古研究所. 北齐徐显秀墓 [M]. 北京：文物出版社，2005:24.
2 张庆捷，张喜斌，李培林，等. 山西忻州市九原岗北朝壁画墓 [J]. 考古，2015(7):61.
3 张庆捷，张喜斌，李培林，等. 山西忻州市九原岗北朝壁画墓 [J]. 考古，2015(7):61.

的壁画内容，最具有代表性的是高句丽墓葬中的四神图。在目前发掘的 100 多座高句丽墓葬中，有近三分之一都绘制了四神图像，包括我国境内出土的五盔坟 4 号墓和 5 号墓、舞踊墓、四神墓、三室墓以及朝鲜境内出土的辽东城墓、药水里墓和南湖里墓在内的墓葬中均出土了四神题材壁画。[1] 四神形象来自上古中华民族信仰，后期逐渐被道教综合整理形成具有一定规格和形制的守护神信仰，道教传入高句丽后，有关神仙方术的宗教思想必然对墓葬壁画起到一定的影响作用。《三辅黄图》中记载，"苍龙、白虎、朱雀、玄武，天之四灵，以正四方"，四神形象在道教文化中具有特殊的文化内涵。

在目前发掘的高句丽墓葬壁画中，梅山里四神墓与五盔坟 4、5 号墓中的神兽壁画最为突出，集安发掘的五盔坟 5 号墓中墓室的南壁、东壁、西壁、北壁分别绘有以赤红为主的朱雀，以赤、黑、青、黄涂绘的向下俯冲的青龙，以白色为主绘以青色斑纹的白虎，以及呈现出向上盘绕的蛇首龟身的玄武形象。此外还有四神墓中出土的两幅绘有饕餮状蚩尤的壁画，该壁画中异兽表现为一角鸱面形神兽，其墓室的四壁上绘有大面积四神形象壁画，其中青龙的形象是作为仙人坐骑出现的龙身，更加接近兽体。

五盔坟 4 号墓中的神兽图保存相对较为完好，墓室内四壁绘有四神图像，其南壁为朱雀，身覆朱红色羽毛，展翅欲飞，东壁为青龙形象，北壁有龟身蛇首的玄武，西壁为白虎。五盔坟 5 号墓中四神形象缺失白虎，取而代之的是藻井顶部中心的龙虎之争图像。上述题材在山西北朝墓葬中也有所体现。高句丽四神壁画经历了从小到大、自藻井到墓室，逐渐替代风俗图的变化，成为高句丽墓葬壁画的主要内容。

除了绘制道教信仰中的神兽，北朝与高句丽还在墓葬壁画中绘制了一系列神仙主题的人物形象，德兴里墓的藻井中绘有一幅整体的星辰图像，其中包括一幅与牛郎、织女神话相关的银河星象（如图 5.32），在其西侧藻井中，还绘有一幅手持莲花向上飞升的仙人与玉女的形象，这大致反映了时人飞升成仙的理想。此外，沙岭 7 号墓甬道顶部绘有一幅中原传统的女娲伏羲图（如图 5.33），左侧伏羲与右侧女娲双手插袖，下半身为蛇尾，该形象具有浓厚的中原神话传说气质。上述壁画内容暗示了中原道教文化对于高句丽墓葬文化的影响，直接

---

1 尹国有. 高句丽壁画研究 [M]. 长春：吉林大学出版社，2003:112.

图 5.32　德兴里墓牵牛织女神话星象图[1]　　图 5.33　沙岭 7 号墓伏羲女娲图[2]

构建了北朝墓葬壁画和高句丽墓葬壁画在内容上的联系。

（三）佛教内容的共同表达

佛教在公元 4 世纪左右传入高句丽，一直到公元 6 世纪都是高句丽地区的主要信仰。许多壁画中绘有莲花或莲花化生图。佛教在东汉末年正式传入中国后于中原地区产生了巨大的影响，尤其是北朝时期北魏的拓跋氏族力图汉化的政策，使得佛教很大程度上被融入了北朝文化，墓葬丧仪中也多有佛教文化的身影。莲花作为佛教文化中一种具有指意象征的装饰性图案在北朝时期的山西墓葬中频繁出现，在目前已发掘的山西北朝墓葬中几乎都能看到以佛教为母题的壁画创作。如山西太原徐显秀墓墓室南壁的门洞上方绘有一硕大莲花图案。此外，在徐显秀墓墓门上的神鸟形象口中也衔有一莲花样祥瑞植物，佛教元素在其墓葬中与中原汉文化很好地相互融合在一起。

大同御河东侧出土的北魏沙岭壁画墓，其年代约为 435 年，其中可以看到北朝早期佛教文化在墓葬壁画创作中产生的影响。上文提到的沙岭 7 号墓伏羲女娲图虽然主体仍旧是中原传统道教信仰的题材，但在该壁画的人物间空白区域绘有一颗摩尼宝珠，其表现为以方形覆有红色焰火的宝石。在《大智度论》中描述摩尼宝珠有除病祛毒之功效，在北朝民间流传颇为广泛。摩尼宝珠取代

---

[1] 撷芳主人.牛郎织女——来自星空的神话[EB/OL].（2017-08-28）[2022-11-30] http://blog.sina.cn/dpool/blog/s/blog_49fa63870102xoo0.html？ref=weibocard.

[2] 高峰，李晔，张海雁，等.山西大同沙岭北魏壁画墓发掘简报[J].文物，2006(10):21.

原本传统伏羲女娲图中日月意象以表光明之意，说明在北魏平城时期，佛教已经很大程度加入了墓葬壁画的选题。

同地区发掘的大同云波里壁画墓中南壁上绘有一幅以忍冬纹和莲花纹为装饰的壁画，在该壁画的北端有一朵红色三叶忍冬花和一朵蓝色三叶忍冬花。从忍冬花的出现中我们可以看到，当时天竺（今印度）地区的佛教纹饰在北朝壁画中业已存在。除忍冬木纹之外，云波里路墓墓室西壁上还绘有一株由两朵忍冬花之间延伸出的莲花图案，该莲花的造型比较古朴，为一红黑圆形，莲花瓣与莲花心分离（如图 5.34）。

莲花装饰纹样在北朝墓葬壁画中的创作也经历了一个逐渐发展的趋势，在大同发掘的文瀛路北魏壁画墓中存有更加具象化的莲花纹饰，其墓室棺床前的踏步上平面绘有三朵 12 瓣莲花（如图 5.35），花朵中心为带有莲蓬的花芯。莲花纹饰在棺床附近的展现反映出北魏佛教在统治阶层中的接受度。除上述佛教纹饰外，在山西发掘的北朝墓葬中也存在针对人物形象进行的佛教化处理。在大同发掘的智家堡墓的石棺前后两面绘有两幅与佛教有关的人物图，东侧壁面上所绘的四名男侍从人物均手持莲花，西侧壁面则绘有四名仕女人物，四侍女手中并未持有莲花，但人物四周有悬浮于空中的三瓣忍冬花纹样，两壁画顶部均绘有一组两人的飞天图像，这是早期的北朝墓葬中所见的佛教相关人物的壁画。

图 5.34　云波里路墓南壁壁画[1]　　图 5.35　文瀛路墓棺床前踏步莲花壁画[2]

---

[1] 刘俊喜，高峰，侯晓刚，等. 山西大同云波里路北魏壁画墓发掘简报 [J]. 文物，2011(12):23.
[2] 刘俊喜，高峰，侯晓刚，等. 山西大同文瀛路北魏壁画墓发掘简报 [J]. 文物，2011(12):29.

佛教在高句丽文化中同样具有极其重要的地位，有关佛教传入高句丽的历史记载并不明确，但可以肯定的是，由中原传入的佛教因素在高句丽墓葬中的发现情况与北朝墓葬相似，都存在一种逐渐具象和丰富的趋势。朝鲜德兴里墓的年代大约为408年，这个时期佛教的影响尚未扩大，从时间上来看，德兴里墓和大同沙岭墓年份相差不多，基本上处于同一时期，因而佛教的传播状态也几乎一致。在德兴里墓中发掘的与佛教相关的壁画十分有限，仅余墓室后室东壁北侧、南壁东西两边绘有莲花图，以及藻井中的一组手持莲花的仕女形象。

在德兴里墓之后，5世纪中叶的集安舞踊墓中出现了数量更多内容也更为复杂的带有佛教文化因素的壁画。角抵墓中出现了僧人的图像，该形象位于墓室后壁，展现了墓主人与僧侣会见的场景，两位僧人短发无须，身着黑色袈裟与长下裳，正向墓主人讲话（如图5.36）。壁面上部绘有大面积莲花纹装饰，在左右两侧分别绘有一巨大盛开的莲花，下方一排为含苞莲花，这样的场景与装饰透露了佛教信仰的气息。

另外，与北朝墓葬壁画一致的是，高句丽墓葬壁画几乎没有直接表现佛教内容或完全以佛教文化为基础，所绘的带有佛教因素的壁画，通常都与中原文化相结合起来，例如，双楹冢甬道中的八角柱上所绘的黄龙莲花图。黄龙来源

图5.36 集安角抵墓僧人宴饮图（局部）[1]

---

1 孙力楠. 东北地区公元2—6世纪墓葬壁画研究[D]. 吉林大学，2008:158.

于中原道家文化，而其下方所绘的巨大莲花宝座则为佛教内容，这种母题之交叉性，正是北朝墓葬的一大特色。长川 1 号墓前室东壁藻井上有夫妻拜佛图，佛祖端坐于须弥座上，座中绘博山炉，左右有白狮，夫妻俯伏跪拜，四周有飞天形象、流云纹饰和莲花纹饰。[1] 在朝鲜出土的安岳 2 号古墓的藻井中也绘有一个三层的莲台，该莲台的第二层和第三层中绘有大量莲花纹饰。由此可见，在北朝统治者融入中原文化的过程中，处于东北地区的高句丽也吸收了这种变化，吸纳了中原地区具有重要影响力的佛教因素，肯定了北朝墓葬壁画对高句丽壁画影响的事实。

山西作为北朝政权长期统治的核心地区，出土了极具代表性的北朝壁画墓葬，通过探究高句丽统治区域与北朝政权统治区域之间的地理空间联系，我们可以发现从北魏定都平城（今山西大同）以来，北朝文化以山西为中心向北、南方（邺城地区）扩展，在很大程度上影响了北方的高句丽民族的墓葬文化。除地理空间外，高句丽壁画与山西发掘北朝墓葬壁画之间还存在文化空间和精神空间之间的联系。从文化空间上来说，高句丽墓葬壁画和山西发掘北朝墓葬壁画之间有明显的文化同源性，中原传统的汉民族文化在很大程度上为北朝和高句丽墓葬壁画的创作提供题材、文化内容上的指导，两者在壁画创作上都没有脱离中原文化的限定。从精神空间上来说，北朝的绘画风格具有主流性质，引导壁画创作形成一种具有时代特色的风格，而这种风格也由于民族、地区间的人口流动而传播到高句丽，从而直接影响了高句丽壁画的绘制。

而从形成绘画风格的几个重要因素——技法、构图和内容的角度上来看，高句丽墓葬壁画与山西北朝墓葬壁画有着明显的相似性和同源性，包括技法上所使用的兰叶描、高古游丝描和晕染法、叠染法等，都由山西北朝墓葬壁画所遵循的绘画理论指导而来。从壁画的内容上来说，高句丽墓葬壁画和北朝墓葬壁画中都包含了人物图、社会风俗图以及有关道教、佛教两大宗教信仰相关题材的壁画，这些题材、内容呈现出相关性，使得高句丽墓葬壁画与山西北朝墓葬壁画之间形成风格联系成为可能。尽管高句丽墓葬壁画不可否认地具有自己民族的特色，但其文化根源与北朝墓葬壁画一脉相承。总而言之，高句丽墓葬

---

1 常乐，郑京日. 北魏墓室壁画中的佛教因素对高句丽墓室壁画的影响 [J]. 兰州文理学院学报（社会科学版），2020，36(2):127.

壁画与山西北朝墓葬壁画在空间与风格上都具有突出的关联性。

小　结

　　山西北朝墓葬壁画具备独特性、重要性。北朝作为丝绸之路上东西方交流的漫长历史中的一个特定时刻，其墓葬壁画揭示了这一过程中文明交流的具体细节。通过探究这些壁画的叙事性内涵，能够重建当时的历史现实，因为许多历史因素的原点能够在这些研究的基础上被合理定位。在考察山西北朝墓葬壁画中的外域文明、中原本土文明的流变情况，以及这些壁画中的因素如何最终成为其当时的形态的过程中，丝绸之路在北朝时期的历史价值被重新建构起来，同时也证明山西与北方国家的联系延伸到了欧亚大陆。各民族参与艺术创作最终成为文明融合的主要催化剂，随着山西转变成容纳经济和政治精英的中心地带，这些精英争夺对财富来源的管理控制权，并努力与他们的跨洋和内陆伙伴建立和维持关系而建立联盟，使得整个地区的社会和政治稳定，进而促进了城市的繁荣。这些关系形成了一张网，将域内与域外甚至隔海相望的艺术联系在一起，这正是北朝时期各地区墓葬壁画的融合性、复杂性所依赖的核心因素之一。

第六章 结论

在上述山西历史与空间维度下的北朝墓葬壁画图像归纳、整理与比较中可以看到，北朝在政治、经济、文化、艺术和宗教上都呈现出高度交流与融合的状态，进而表明该时期丝绸之路上东西方文明之交流在北朝社会的巨大影响力。

一、绘画风格独特性

（一）技法

北朝的墓葬壁画向前衔接汉晋，向后启发隋唐，在我国古代绘画艺术史上风格独树一帜。就具体表现内容的变化上，帽子从厚重毡帽或风帽到轻巧折上巾冠或风帽、衣服出现上衣下裤、上衣下裙等特点。在表现技法上，北朝墓葬壁画在艺术手法上借鉴西域，吸收印度地区佛教绘画的技法，线条上形成了风格鲜明的柳叶描、兰叶描、铁线描等，赋色手法上讲求"染高不染低"，从汉代的平面化逐渐注重创作对象的立体性。从整体上来看，北朝的中后期壁画之技法贴近当时的绘画创作理论，整体上表现出"气韵生动""骨法用笔""随类赋彩"等特点。这些绘画理论自形成以来，极大程度上引导了我国古代绘画艺术的发展，在北朝墓葬壁画领域的运用为后来隋唐时期饱含中原传统文化内涵却又独具西域文化特色的融合性墓葬壁画建立了艺术与文化基础。

（二）构图

从整幅画面比较来看，构图从汉代平行排布绘制的结构延续到沙岭（如图6.1、6.2）等早期墓壁画，在水泉梁墓壁画中出现了空间大小的对比变化，再到九原岗墓、徐显秀墓（如图6.3、6.4）出现真人大小且平列节奏有序的水平真实场景再现式表现方法。

同时，通过两者墓道的差距，可以看到北朝后期墓道的变长为图像叙事的功能提供了物理空间的条件支撑，这样更加增强了从墓室变成了从墓道与墓室一体化的宏伟叙事结构。

南北朝时期虽然南北军事对立，但是民间文化交流却无间断，画面出现布

图 6.1 大同沙岭北魏壁画墓壁画

图 6.2 大同沙岭北魏壁画墓平、剖面图 　　图 6.3 太原北齐徐显秀墓平、剖面图

图 6.4 太原北齐徐显秀墓壁画

局结构疏密对比的这种变化很明显受到南朝影响，作为六朝四大家的东晋顾恺之不仅是卓越画家，而且著有《论画》，其绘画思想必然影响北朝，从以下《洛神赋图》（如图 6.5）的构图可看到其绘画对南北的影响。画面上部和下部呈现

图 6.5 东晋 顾恺之《洛神赋图》

东晋 顾恺之《洛神赋图》（局部）

第六章　结论　345

不同的空间内容的分布，不再是汉代绘画和北魏早期的绘画，完全布满整个画面内容，而是以故事为主线，按照情节节奏，安排画面内容的起伏变化。

通过比较可以看出，徐显秀墓壁画虽然没有《洛神赋图》那么大的节奏和韵律变化，但是在画面的上下空间中已经出现强烈的对比。北朝不同时期的山西墓葬壁画与同一时期的不同区域墓葬壁画也有着差异性，究其原因有两点。一是北朝没有建立大一统王朝，各个时期的墓葬壁画艺术没有形成统一的细节规范，早期壁画更接近汉晋壁画，古朴稚拙，线条简单，充满浪漫主义色彩；后期壁画经过艺术理论的长足发展形成富于变化的线条形态和追求生动的艺术造型。因此，时间跨度不大但属不同时代的山西北朝墓葬壁画表现出动态发展的特征。二是山西地区地理位置特殊，一方面在一定程度上抛开了"邺城规制"的影响，另一方面长期接受丝绸之路文化交流和南朝的影响，形成了北方山西墓葬壁画特有的艺术风格。

（三）人物造型表现

人物从早期笨拙简单的形态到独具北方特色眉目清秀个性化的特点，能塑造个性鲜明的墓主人形象。从西域来的高鼻深目粟特商人自始至终穿插在北朝墓葬壁画中，或者贩马、或者驾驭驼车。人物帽式也形成独特的折巾帽式。衣服样式由简入繁，形成多种装饰风格和不同材质的衣服形态。

二、特色鲜明的地域性特点

（一）历史时间特性

在继承了汉代丝绸之路的基础上，北朝时期的山西地区延伸了汉代长安——罗马丝绸之路的范围，将丝绸之路的影响扩展到了更远的东方。山西北朝墓葬借由这一桥梁性的地位发展出了独具地域特色的墓葬壁画体系。从图像本体上来看，山西北朝墓葬壁画也经历了一个较长的发展阶段，早期墓葬（如图 6.6、6.7）由于空间不足没有形成大规模壁画，而到了后期，尤其是北齐时期，墓葬规制的增大使得空间问题不再困扰壁画创作，大规模的仪仗图、出行图由此诞生。（如图 6.8、6.9、6.10、6.11）此类图像以空间为媒介，构建了独特的空间叙事特征。正如上文提到的，山西北朝墓葬壁画的目的在于构建亡者的死后世界，这个过程中通常包含了仪仗、宴饮、出行、乐舞等场景的壁上之作，这些题材有一个交叉特征——世俗还原性，这与我国"事死如事生"的传统理念有关。

（二）地域空间特性

与北齐高洋墓壁画及甘肃北朝墓壁画、南朝壁画以及高句丽墓壁画比较后

空间　　　　　　　　时间　　　　　　　　空间

图 6.8 新密打虎亭汉墓（东汉）

图 6.6 嘉峪关（魏晋墓）

图 6.9 北魏沙岭墓（435）

图 6.10 北齐娄叡墓（570）徐显秀墓（571） 　　图 6.12 高句丽王城、王陵及贵族墓葬

图 6.7 （河北）北齐高洋墓

图 6.11 山西唐墓／章怀太子墓（701）

可看到，高句丽墓葬壁画发展出了与北朝墓葬完全不同的风格，其目的在于描绘理想中的死后世界，这个世界是无须加入亡者生前所有之物的完美世界。这种观念在一定程度上承袭了中国南方地区早先时期的观念，因此，在高句丽墓葬（如图 6.12）中更多出现的是汉代墓葬中所具有的天界图像，如四神图、天象图、神话故事图、升仙图等。相比之下，山西北朝墓葬的独特之处就在于其丰富的政治叙事性。北朝统治者急切地试图证明自己的统治合法性，不仅继承了汉晋绘制天国理想的习俗，还试图在地下画卷中呈现墓主人生前的尊荣。

由此，从空间和时间上可看出山西北朝壁画墓因结构空间变化而逐渐形成的权威性、象征性、规制性的宏伟地域图像叙事特点。

三、北朝图像叙事的世界性

（一）图像中的世界性

山西作为丝绸之路通往东部的必经地区，在经济贸易上同样连贯东西，来自西域的商人进入中国地区后通常会进入山西地区（如图 6.13），因而在山西北朝墓葬中也留下了西域商人的足迹（如图 6.14、6.15）。山西地区从 3 世纪初开始，发展成为中国国内最活跃的文物交流场所之一，各路宗教在这里流入，各类奇异商品也在此被交易。北朝定都平城期间，与西亚、中亚的交流十分频

第六章　结论　347

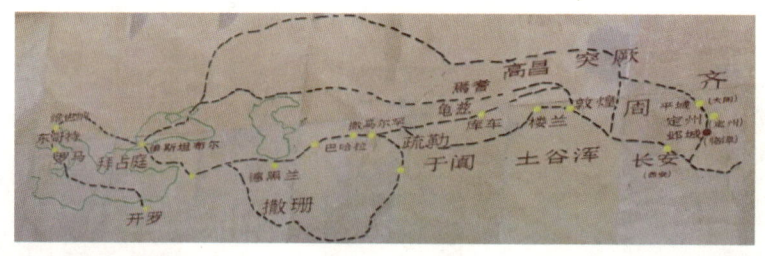

图 6.13 北朝粟特人入华路线图

图 6.14 胡人形象图像　　　　　　图 6.15 西域乐器图像

繁,且贯穿平城时代始终。见于史籍的、早于太和初年抵达平城的西亚和中亚人主要有吐火罗、粟特、波斯、悉万斤、嚈哒等。实际上,西域胡人进入山西域内早在两汉时期就已经开始了。之所以从北朝到隋唐时期,大量的西域胡人再次进入黄河流域,这与当时大的社会背景是分不开的。陈寅恪先生在《隋唐制度渊源略论稿》中,特别强调"北齐之宫廷尤以其末年最为西域胡化",并举《北齐书》卷五十《恩幸传》所载关于音乐歌舞者皆出于西胡之种类为证。据更为详细的《北史》卷九十二《恩幸传》记载,这些安吐根、安息(波斯或粟特)胡人因为能舞工歌及善音乐而多为府仪同等官职。相较山西地区北朝前的墓葬,虽也有胡人形象出现,但其多为经商者的形象。而在北朝后期的墓葬壁画中,粟特人的身份定位发生了一些变化,一些粟特人甚至能够以墓主人朋友或侍从的身份出现在墓葬壁画中。这无疑说明胡商贸易带来的人口流动在北朝时已成事实,随着商贸进入中国地区的西域人在这里获得了统治者的青睐,甚至获得了一定的政治身份。

(二)山西北朝文化的包容性

尽管山西北朝墓葬壁画中的外来宗教色彩强烈,但这并不意味着中国本土神话信仰在此时失去了受众。在对死后世界图景的构建上,山西北朝墓葬并未完全脱离道教文化,上述壁画内容不仅延续社会教化、向生意愿与升仙理想,而且我们还可以从中看到腾云驾雾的仙人(如图 6.16)和中原道教神话传说中的神兽形象(如图 6.17、6.18),此类形象脱胎于时人对于死后世界的幻想,带有明显的修仙、神秘气质，而这也是北朝墓葬壁画在创作中对于汉晋时代中原汉族精神信仰文化的选择性保留。山西地区独特的地理位置使得各种精神文化信仰相互杂糅，这样的情况此前从未出现，北朝墓葬开启了这一先河，不同的文化在山西北朝墓葬中异常和谐地共融了。

印度佛教文化则贯穿了整个山西北朝墓葬发展进程。在北魏、北齐时期的墓葬壁画中，佛教文化符号始终穿插其中（如图6.19）。与祆教文化的表现方式类似，佛教文化也以纹样（如图6.20、6.21）的形式出现，山西北朝墓葬中较常见的即莲花纹样，此类纹样不断增加的数量明确了佛教在中国北方地区的快速传播以及统治者对于佛教文化的接纳程度。

图6.16 道教仙人

图6.17 祆教神鸟

图6.18 伏羲女娲

图6.19 七叶生命树（右）

图6.20 波斯联珠纹佛教（左）

图6.21 摩尼宝珠纹（右）

山西地区桥梁地位使得北朝统治者无形中接受了来自丝绸之路中西部地区文化的影响，正如前文所述的，包含西亚地区的萨珊波斯文化、中亚地区的印度佛教文化。萨珊波斯文化以祆教文化为主，主要集中体现在北齐时期的墓葬中。北齐统治者的宗教文化十分复杂，墓葬中的精神信仰内容相互杂糅，但毋庸置疑的是祆教文化始终都是他们关注的重点之一。九原岗墓门楼图上方的圣树以及徐显秀墓中的联珠团窠纹、Senmurv等图像证明祆教文化的重要性。毫无疑问，这样的图像在中国地区的其他任何时候都是不常见的。隋唐墓葬由

第六章 结论　349

于承接北朝，出现了类似的情况，但显然宗教的意味变淡了。

（三）山西北朝图像叙事的审美特性

山西北朝墓葬壁画中都有乐队图像的存在，这些存在伴随着乐队在墓室中的位置关系也产生不一样的变化。首先在沙岭墓壁画（如图 6.22）中 A 是与出行队伍混在一起的抬阁、敲鼓等乐队表演队伍，在墓室侧墙上。B 是墓主人主墙，与墓主人同在一个画面中的有生活饮食场景、有出行牛车等。到北齐时期乐队围绕墓主人旁形成一个合围同属一面墙壁 C（如图 6.23），同时存在的有饮食活动安排，牛车到了侧面的墙壁。这些图像形式的变化，体现出生活中对生产工具的依赖性逐渐减弱，退居到第二位，生活精神审美体验逐渐与饮食一样处于同等地位，音乐成为生活中非常重要的存在，也体现出山西北朝时期精神审美体验上升到较高地位。

总而言之，山西北朝墓葬壁画是这一历史阶段山西地区的图像史料，其中包括彼时丝绸之路上其他地区文化对山西北朝墓葬壁画艺术创作的影响。山西北朝墓葬壁画的叙事研究对于我们进一步洞悉 5、6 世纪丝绸之路上的文化传播具有重要价值，因其作为丝路沿线文化遗产，影射了丝绸之路的历史，也正是在丝路文明的交流中，山西北朝墓葬形成了自身独有的地域特色。

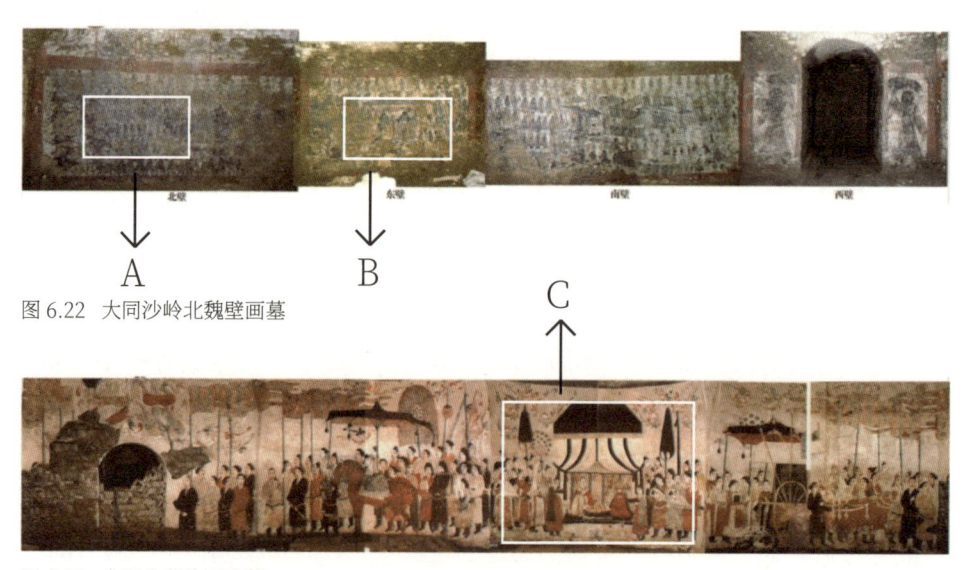

图 6.22 大同沙岭北魏壁画墓

图 6.23 太原北齐徐显秀墓

参考文献

一、专著类

[1] 冯·贝塔朗菲. 一般系统论：基础、发展和应用 [M]. 林康义, 等译. 北京：清华大学出版社, 1987.

[2] 上海古籍出版社, 天津市艺术博物馆. 天津市艺术博物馆藏敦煌文献 [M]. 上海：上海古籍出版社, 1996.

[3] 楼晓勉. 敦煌遗书墨迹选 [M]. 长春：吉林文史出版社, 2011.

[4] 沙武田. 敦煌画稿研究 [M]. 北京：民族出版社, 2006.

[5] 英国皇家人类学会. 田野调查技术手册 [M]. 何国强, 等译. 上海：复旦大学出版社, 2016.

[6] 中国社会科学院历史研究所, 等. 英藏敦煌文献 [M]. 成都：四川人民出版社, 1992.

[7] 沈乐平. 敦煌书法精粹：五代北宋卷 [M]. 上海：上海书画出版社, 2014.

[8] 段文杰. 中国敦煌壁画全集1：敦煌北凉·北魏 [M]. 天津：天津人民美术出版社, 2006.

[9] 中国敦煌壁画全集编辑委员会. 中国敦煌壁画全集 [M]. 天津：天津人民美术出版社, 1996.

[10] 徐光冀. 中国出土壁画全集 [M]. 北京：科学出版社, 2012.

[11] 国家文物局古文献研究室, 等. 吐鲁番出土文书 [M]. 北京：文物出版社, 1981.

[12] 张锡厚. 全敦煌诗：1—20[M]. 北京：作家出版社, 2006.

[13] 孙毅华. 解读敦煌·创造敦煌 [M]. 上海：上海人民出版社, 2007.

[14]Buddhism, diplomacy, and trade [M]. Honolulu:University of Hawai'i Press, 2003.

[15] 敦煌研究院. 敦煌石窟全集 [M]. 上海：上海人民出版社, 2001.

[16] 秦增果, 于彩华. 大美敦煌：敦煌石窟艺术聚珍集 [M]. 北京：文物出版社, 2009.

[17] 敦煌石窟鉴赏丛书 [M]. 兰州：甘肃人民美术出版社，1990.

[18] 余欣. 敦煌的博物学世界 [M]. 兰州：甘肃教育出版社，2013.

[19] 王重民. 敦煌古籍叙录新编 [M]. 台北：木铎出版社，1986.

[20] 王惠民. 敦煌宝藏 [M]. 上海：上海古籍出版社，1996.

[21] 佚名. 中亚蒙兀儿史：拉失德史 [M]. 乌鲁木齐：新疆人民出版社，2014.

[22] 北京大学图书馆，上海古籍出版社. 北京大学图书馆藏敦煌文献 [M]. 上海：上海古籍出版社，1995.

[23] 敦煌文物研究所. 敦煌译丛：1[M]. 兰州：甘肃人民出版社，1985.

[24] 黄永武. 敦煌丛刊初集 [M]. 台北：新文丰出版公司，1985.

[25] 俄罗斯国立艾尔米塔什博物馆，上海古籍出版社. 俄藏敦煌艺术品：6[M]. 上海：上海古籍出版社，2005.

[26] 彭慕兰，史蒂夫·托皮克. 贸易打造的世界——社会、文化与世界经济 [M]. 黄中宪，译. 西安：陕西师范大学出版社，2008.

[27] Thakur S. The world that trade created : society, culture, and the world economy, 1400 to the present[M]. New York: M.E. Sharpe, 1999.

[28] 基佐. 欧洲文明史 [M]. 程洪逵，沅芷，译. 北京：商务印书馆，1998.

[29] 香川默识. 西域考古图谱 [M]. 北京：学苑出版社，1999.

[30] 荣新江. 中古中国与粟特文明 [M]. 北京：生活·读书·新知三联书店，2014.

[31] Aruz J, Fino E V. Afghanistan :Forging Civilizations Along the Silk Road[M]. Metropolitan Museum of Art, New Haven: Yale University Press, 2012.

[32] 李小荣. 敦煌佛教音乐文学研究 [M]. 福州：福建人民出版社，2007.

[33] 维尔·杜伦. 东方的文明 [M]. 李一平，等译. 青海人民出版社，1998.

[34] 华喆. 欧亚历史文化文库·帝国的背影——1368年后的蒙古 [M]. 兰州：兰州大学出版社，2014.

[35] R. 格鲁塞. 从希腊到中国 [M]. 常书鸿，译. 杭州：浙江人民美术出版社，1985.

[36] 费正清. 费正清中国史 [M]. 张沛，张源，等译. 长春：吉林出版集团有限责任公司，2015.

[37] 宁夏固原博物馆. 固原北魏墓漆棺画 [M]. 银川：宁夏人民出版社，1988.

[38] 耿铁华.高句丽古墓壁画研究[M].长春：吉林大学出版社，2008.

[39] 林梅村.古道西风：考古新发现所见中西文化交流[M].北京：生活·读书·新知三联书店，2000.

[40] 罗丰.固原南郊隋唐墓地[M].北京：文物出版社，1996.

[41] 宫治昭.犍陀罗美术寻踪[M].李萍，译.北京：人民美术出版社，2006.

[42] 张庆捷.胡商 胡腾舞与入华中亚人：解读虞弘墓[M].太原：北岳文艺出版社，2010.

[43] 汪小洋.汉墓壁画中的宗教信仰与图像表现[M].上海：上海古籍出版社，2012.

[44] 熊昭明，李青会.广西出土汉代玻璃器的考古学与科技研究[M].北京：文物出版社，2011.

[45] 勒内·格鲁塞.草原帝国[M].蓝琪，译.北京：商务印书馆，1998.

[46] 何建平，张志诚.殡葬与宗教文化[M].北京：中国社会出版社，2010.

[47] 苏珊·伍德福德.古代艺术品中的神话形象[M].贾磊，译.济南：山东画报出版社，2006.

[48] 蔡鸿生.唐代九姓胡与突厥文化[M].北京：中华书局，1998.

[49] 魏义天.粟特商人史[M].王睿，译.桂林：广西师范大学出版社，2012.

[50] 吕一飞.胡族习俗与隋唐风韵——魏晋北朝北方少数民族社会风俗及其对隋唐的影响[M].北京：书目文献出版社，1994.

[51] 向达.唐代长安与西域文明[M].石家庄：河北教育出版社，2001.

[52] 张庆捷，李书吉，李钢.4—6世纪的北中国与欧亚大陆[M].北京：科学出版社，2006.

[53] 林许文二，陈师兰.印度朝圣之旅.桑奇佛塔[M].海口：海南出版社，2012.

[54] 曹意强.艺术与历史[M].杭州：中国美术学院出版社，2001.

[55] 巫鸿.武梁祠：中国古代画像艺术的思想性[M].柳扬，岑河，译.北京：生活·读书·新知三联书店，2006.

[56] 巫鸿.黄泉下的美术：宏观中国古代墓葬[M].施杰，译.北京：生活·读书·新知三联书店，2010.

[57] 亡灵书[M].锡金，译.吉林人民出版社，1957.

[58] 黄忏华.图释中国佛教史[M].长春：吉林出版集团有限责任公司，2010.

[59] 白桂思.吐蕃在中亚：中古早期吐蕃、突厥、大食、唐朝争夺史[M].付建河，

译 . 乌鲁木齐：新疆人民出版社，2012.

[60] 岑仲勉 . 突厥集史 [M]. 北京：中华书局，1958.

[61] 王昆吾 . 唐代酒令艺术 [M]. 上海：知识出版社，1995.

[62] 湖北省博物馆 . 随县曾侯乙墓 [M]. 北京：文物出版社，1980.

[63] 郭春梅，张庆捷 . 世俗迷信与中国社会 [M]. 北京：宗教文化出版社，2001.

[64] 巫鸿 . 中国古代艺术与建筑中的"纪念碑性"[M]. 李清泉，郑岩，等译 . 上海：上海人民出版社，2009.

[65] 王霄冰 . 仪式与信仰 [M]. 北京：民族出版社，2008.

[66] 叶奕良，伊朗学在中国研讨会 . 伊朗学在中国论文集 [M]. 北京：北京大学出版社，1993.

[67] 林梅村 . 西域文明 [M]. 北京：东方出版社，1995.

[68] 何山 . 西域文化与敦煌艺术 [M]. 兰州：甘肃人民美术出版社，2014.

[69] 甘肃省文物考古研究所 . 西戎遗珍：马家塬战国墓地出土文物 [M]. 北京：文物出版社，2014.

[70] 柴焕波 . 西藏艺术考古 [M]. 北京：中国藏学出版社，2002.

[71] 图奇 . 西藏考古 [M]. 向红笳，译 . 拉萨：西藏人民出版社，2004.

[72] 巫鸿 . 重屏：中国绘画中的媒材与再现 [M]. 文丹，译 . 上海：上海人民出版社，2009.

[73] 巫鸿 . 时空中的美术：巫鸿中国美术史文编二集 [M]. 梅玫，等译 . 北京：生活·读书·新知三联书店，2009.

[74] 巫鸿 . 美术史十议 [M]. 北京：生活·读书·新知三联书店，2008.

[75] 陈得芝 . 蒙元史与中华多元文化论集 [M]. 上海：上海古籍出版社，2013.

[76] 张庆捷 . 民族汇聚与文明互动：北朝社会的考古学观察 [M]. 北京：商务印书馆，2010.

[77] 费正清 . 剑桥中国史 [M]. 杨品泉，译 . 北京：中国社会科学出版社，1992.

[78] 戈登·柴尔德 . 历史发生了什么 [M]. 李宁利，译 . 上海：上海三联书店，2008.

[79] 巫鸿 . 礼仪中的美术：巫鸿中国古代美术史文编 [M]. 北京：生活·读书·新知三联书店，2005.

[80] 白鸟库吉 . 康居粟特考 [M]. 傅勤家，译 . 北京：商务印书馆，1936.

[81] 魏风华 . 绝版魏晋：《世说新语》另类解读 [M]. 济南：山东画报出版社，2008.

[82] 季羡林 . 印度古代文学史 [M]. 北京：北京大学出版社，1991.

[83] 陈鼓应. 庄子今注今译: 下 [M]. 北京: 商务印书馆, 1978.

[84] 朱绍侯. 中国古代史研究入门 [M]. 郑州: 河南人民出版社, 1989.

[85] 韩昇. 正仓院 [M]. 上海: 上海人民出版社, 2007.

[86] 阎宗临. 中西交通史 [M]. 桂林: 广西师范大学出版社, 2007.

[87] 费正清. 中国: 传统与变迁 [M]. 张沛, 译. 北京: 世界知识出版社, 2002.

[88] 司马迁. 白话史记 [M]. 陈霞, 译. 南昌: 晨光出版社, 2014.

[89] 阿道夫·希尔德勃兰特. 造型艺术中的形式问题 [M]. 潘耀昌, 等译. 北京: 中国人民大学出版社, 2004.

二、硕博论文

[1] 梁芳. 北朝后期丝绸之路的重要节点——晋阳 [D]. 山西大学, 2013.

[2] 周丰伟. 山西北齐壁画墓男子服饰研究 [D]. 山西大学, 2018.

[3] 张慧中. 大同地区辽代壁画墓研究 [D]. 山西大学, 2015.

[4] 董永刚. 太原北齐徐显秀墓墓葬形制、壁画等几个问题的研究 [D]. 山西大学, 2011.

[5] 白曙璋. 北魏乐舞百戏形象研究 [D]. 山西大学, 2014.

[6] 鹿颖超. 山西东魏北齐墓葬壁画出行图研究 [D]. 山西大学, 2018.

[7] 赵晋. 壁画墓中的门楼图研究——以九原岗壁画墓门楼图为例 [D]. 山西大学, 2018.

[8] 文莉莉. 云冈石窟莲花装饰纹样的调查研究 [D]. 山西大学, 2013.

[9] 王金平. 明清晋系窑房同构建筑营造技术研究 [D]. 山西大学, 2016.

[10] 赵洋. 娄叡墓宗教图案研究 [D]. 山西大学, 2011.

[11] 王娟. 北朝乐器发展轨迹 [D]. 山西大学, 2012.

[12] 赵海丽. 北朝墓志文献研究 [D]. 山东大学, 2007.

[13] 韩小囡. 宋代墓葬装饰研究 [D]. 山东大学, 2006.

[14] 贾名杰. 宋辽金屏风研究——以考古材料为中心 [D]. 郑州大学, 2016.

[15] 杨远. 河南北宋壁画墓析论 [D]. 郑州大学, 2004.

[16] 司晓洁. 北朝女性墓志考古学研究 [D]. 郑州大学, 2018.

[17] 王象尧. 九原岗北朝墓室壁画艺术特征研究 [D]. 太原理工大学, 2018.

[18] 聂炜. 晋北地区金代墓室壁画图像研究 [D]. 太原理工大学, 2019.

[19] 胡鹤文.山西境内北朝时期木构架建筑特征——基于石窟、壁画、墓葬史料的北朝木构建筑研究[D].太原理工大学,2015.

[20] 王嘉璐.北齐墓葬壁画鞍马图像研究[D].太原理工大学,2019.

[21] 赵晶晶.河西走廊魏晋墓室壁画宴饮题材研究[D].西北师范大学,2019.

[22] 高雪.固原南郊隋唐史氏墓葬中的文化因素研究[D].西北师范大学,2017.

[23] 宋涛.山西汾阳东龙观金代壁画墓主要图像研究[D].西北师范大学,2014.

[24] 孙俊峰.试析辽代墓葬壁画中表现的汉化与契丹化并行现象[D].内蒙古大学,2016.

[25] 董玥.北朝乐器的考古学观察[D].内蒙古大学,2019.

[26] 瞿鑫.山西九原岗北朝壁画墓研究[D].兰州大学,2019.

[27] 黄亮.河南北宋壁画墓世俗题材研究[D].兰州大学,2013.

[28] 朱文楷.唐墓壁画仪卫图研究[D].兰州大学,2013.

[29] 谭浩源.关中盛唐壁画墓中的四神图像研究[D].中央美术学院,2014.

[30] 信佳敏.敦煌莫高窟唐代屏风画研究[D].中央美术学院,2013.

[31] 王奕澄.北齐墓葬壁画人物图像研究[D].中央美术学院,2016.

[32] 李垚.北魏平城时期墓葬壁画研究[D].中央民族大学,2010.

[33] 李林.石室丹青[D].中央美术大学,2011.

[34] 许若茜.山西金墓分区分期研究[D].中央美术大学,2011.

[35] 张榆.北朝"胡人俑"与"胡人"[D].中央民族大学,2012.

[36] 赵志飞.北魏泛戏剧形态研究[D].山西师范大学,2017.

[37] 杨国林.隋末唐初太原战略地位变迁研究[D].山西师范大学,2018.

[38] 黄剑波.五代十国壁画研究——以墓室壁画为观察中心[D].上海大学,2015.

[39] 王若芝.大同地区北魏墓葬中的民族融合现象[D].赤峰学院,2016.

[40] 郑岩.魏晋南北朝壁画墓研究[D].中国社会科学院研究生院,2001.

[41] 谢雨桐.中国北方早期青瓷研究[D].中国社会科学院研究生院,2015.

[42] 牛加明.宋代墓室壁画研究[D].华南师范大学,2004.

[43] 王环宇.北朝棺床艺术探究[D].西安美术学院,2018.

[44] 宫万琳.中原汉墓壁画的历史演变及其艺术成就[D].首都师范大学,2003.

[45] 孙高悦.河北地区北朝壁画墓研究[D].天津师范大学,2019.

[46] 姜赢鑫.高句丽壁画的形态流变[D].吉林艺术学院,2008.

[47] 王鹏粉.山西长治地区金代墓室壁画《二十四孝图》研究[D].华中师范大

学，2019.

[48] 何茭. 北齐服饰研究——以山西地区为例 [D]. 西北大学，2014.

[49] 古丽扎尔·吐尔逊. 唐代丧葬习俗中手握的综合研究 [D]. 西北大学，2019.

[50] 孙武军. 北朝隋唐入华粟特人墓葬图像的文化与审美研究 [D]. 西北大学，2012.

[51] 尹夏清. 北朝隋唐石墓门及其相关问题研究 [D]. 四川大学，2006.

[52] 马草. 魏晋南北朝形式问题研究 [D]. 南开大学，2017.

[53] 郝青松. 形式的流传与意义迁移——青州傅家北齐画像石的主题和风格研究 [D]. 天津美术学院，2006.

[54] 何培. 唐代以前的梯形棺 [D]. 暨南大学，2010.

[55] 黄良莹. 北齐服饰文化研究——以山西太原壁画墓为案例 [D]. 苏州大学，2005.

[56] 王霄凡. 南北朝出行仪仗图像研究——以墓葬材料为中心 [D]. 南京大学，2017.

[57] 刘丹. 徐显秀墓志、库狄迴洛夫妇墓志校释——兼论北齐政治中的"胡汉"问题 [D]. 南京大学，2011.

[58] 吕朋珍. 北魏壁画墓研究 [D]. 内蒙古师范大学，2013.

[59] 沙武田. 敦煌画稿研究 [D]. 兰州大学，2005.

[60] 毕波. 中古中国的粟特胡人——以长安为中心 [D]. 北京大学，2011.

[61] 김선주. 中國 5—6 世紀 北朝 古墳壁畵〈墓主出行圖〉研究 [D]. 고려대학교 대학원 석사학위청구논문 2016.

[62] 권혜영. 北朝時代 敦煌 石窟壁畵와 高句麗 古墳壁畵에 나타난 一般服飾의 比較 研究 = A Comparative Study on the Dress and ItsOrnaments which appeared in the Tunhuang Mural of PookjoPeriod and the Ancient Tomb Mural of Kogoory[D]. 성신여자대학교 대학원 석사학위청구논문 2001.

[63] 송준혁. 중국 북조 고분미술과 고구려 벽화의 비교 연구 [D]. 韓國學中央研究院 박사학위청구논문 2018.

[64] 함미라. 中國北齊徐顯秀墓 研究 [D]. 숙명여자대학교 대학원 석사 학위청구논문 2017.

[65] 류상우. 고구려 고분벽화에 나타나는 서역인상 연구 [D]. 홍익대학교 대학원 석사학위청구논문 2018.

[66] 김진형. 고구려와 고대 중국의 유물에 나타난 건축요소 비교 연구: 3∽6세기의 고분과 석굴을 대상으로 = Comparative studies on thearchitectural elements from the relics of Goguryeo and ancient-China[D]. 성균관대학교 일반대학원 석사학위청구논문 2011.

三、期刊

[1] 常一民. 太原市神堂沟北齐贺娄悦墓整理简报 [J]. 文物季刊, 1992(3):33-38+100-101.

[2] 荣新江. 略谈徐显秀墓壁画的菩萨联珠纹 [J]. 文物, 2003(10):66-68.

[3] 张庆捷, 常一民. 北齐徐显秀墓出土的嵌蓝宝石金戒指 [J]. 文物, 2003(10):53-57.

[4] 常一民, 渠传福, 阎跃进. 太原北齐库狄业墓 [J]. 文物, 2003(3):26-36+1.

[5] 常一民, 赵恒富. 太原北齐贺拔昌墓 [J]. 文物, 2003(3):11-25+1.

[6] 荣新江. 北周史君墓石椁所见之粟特商队 [J]. 文物, 2005(3):47-56+1.

[7] 萧汶.《北齐东安王娄叡墓》出版发行 [J]. 考古, 2006(12):77.

[8] 张庆捷, 张喜斌, 李培林, 等. 山西忻州市九原岗北朝壁画墓 [J]. 考古, 2015(7):51-74+2.

[9] 张庆捷, 刘俊喜. 大同新发现两座北魏壁画墓年代初探 [J]. 文物, 2011(12):52-54.

[10] 郑岩. 北朝葬具孝子图的形式与意义 [J]. 美术学报, 2012(6):42-54.

[11] 倪润安. 南北朝墓葬文化的正统争夺 [J]. 考古, 2013(12):71-83.

[12] 赵俊杰, 马健. 平壤及周边地区高句丽中期壁画墓的演变 [J]. 考古, 2013(4):83-95+2.

[13] 张庆捷, 吕金才, 冀保金, 等. 山西大同县湖东北魏墓 (M11) 发掘简报 [J]. 文物, 2014(1):28-36.

[14] 张涌泉. 敦煌经部文献合集 [J]. 文史知识, 2008(10).

[15] 倪润安. 唐李寿墓壁画的"贞观探索" [J]. 考古, 2016(11):104-112+2.

[16] 张庆捷, 吕金才, 冀保金, 等. 山西大同操场城北魏二号遗址发掘简报 [J]. 文物, 2016(4):4-25+1.

[17] 张庆捷，吕金才，冀保金，等.山西大同湖东北魏墓群发掘简报[J].中国国家博物馆馆刊，2018(2):47-79.

[18] 张庆捷.可汗祠探源[J].历史研究，2019(1):36-54+190.

[19] 魏斌.从领民酋长到华夏长吏：库狄干石窟的兴造与部落记忆[J].历史研究，2018(3):21-38+190.

[20] 渠川福.太原南郊北齐壁画墓[J].文物，1990(12):1-10+98-101.

[21] 田立坤.袁台子壁画墓的再认识[J].文物，2002(9):41-48.

[22] 渠传福.徐显秀墓与北齐晋阳[J].文物，2003(10):50-52+65.

[23] 刘俊喜，高峰.大同智家堡北魏墓棺板画[J].文物，2004(12):35-47+1.

[24] 高峰，李晔，张海雁，等.山西大同沙岭北魏壁画墓发掘简报[J].文物，2006(10):4-24+1.

[25] 张志忠，尹刚，古顺芳，等.山西大同南郊区田村北魏墓发掘简报[J].文物，2010(5):4-18+1.82.

[26] 渠传福，刘岩，霍宝强，张慧敏，等.山西朔州水泉梁北齐壁画墓发掘简报[J].文物，2010(12):26-42+1.

[27] 曹臣明.平城附近鲜卑及北魏墓葬分布规律考[J].文物，2016(5):61-69.

[28] 韦正.宝山1号辽代壁画墓再议[J].文物，2017(11):51-60+1.

[29] 王炜，张丹华，冯钢.赫连山、赫连简墓壁画的绘制、描润与配置——兼谈唐代壁画墓的"太原模式"[J].文物，2019(8):68-75+1.

[30] 王克林.北齐库狄回洛墓[J].考古学报，1979（3）.

[31] 吴小平.六朝青铜容器的考古学研究[J].考古学报，2009(2):185-216.

[32] 王元林.东亚地区墓葬壁画十二辰图像的起源与流变[J].考古学报，2013(3):325-346.

[33] 倪润安.北魏平城时代平城墓葬的文化转型[J].考古学报，2014(1):33-66.

[34] 韩钊.中国唐壁画墓和日本古代壁画墓的比较研究[J].考古与文物，1999(6):72-92.

[35] 韩钊.中国魏晋南北朝壁画墓和日本装饰古坟的比较研究[J].考古与文物，2007(2):69-82.

[36] 倪润安.怀仁丹阳王墓补考[J].考古与文物，2012(1):62-67.

[37] 褚馨.汉唐之间组玉佩的传承与变革[J].考古与文物，2012(6):87-99.

[38] 罗世平.地下画卷：中国古代墓室壁画[J].美术研究，2009(3):19-31.

[39] 邓菲. 宋金时期砖雕壁画墓的图像题材探析 [J]. 美术研究，2011(3):70-82.

[40] 白炳权. 门吏的神格化——北魏平城时代武士壁画 [J]. 美术观察，2019(5):41-49.

[41] 李雅君. 九原岗墓室壁画中的佛教因素 [J]. 美术观察，2019(5):49-52.

[42] 倪润安. 北京石景山八角村魏晋墓的年代及墓主问题 [J]. 故宫博物院院刊，2012(3):37-61+160-161.

[43] 李静杰，相宛升. 枣形腹、石榴形腹细颈瓶与梨形腹束颈瓶的谱系 [J]. 故宫博物院院刊，2017(1):6-26+160.

[44] 倪润安. 北魏平城时代平城地区墓葬文化的来源 [J]. 首都师范大学学报（社会科学版），2011(6):26-34.

[45] 持志，刘俊喜. 北魏毛德祖妻张智朗石椁铭刻 [J]. 中国书法，2014(7):120-123.

[46] 侯纪润. 浅论北朝至唐代壁画墓中的屏风图像——以"树下老翁"为中心 [J]. 文博，2011(3):50-54.

[47] 赵昆雨. 戎华兼采，鲜卑当歌——北魏平城时代乐舞文化中的鲜卑因素 [J]. 中国音乐，2015(4):7-14+33.

[48] 潘攀. 东魏北齐壁画墓的发现与研究述评 [J]. 南京艺术学院学报（美术与设计），2016(2):60-65+187-188.

[49] 吴桂兵. 北朝墓葬壁画星象图与信仰 [J]. 南京大学学报（哲学·人文科学·社会科学），2019，56(6):134-146.

[50] 张志忠. 北魏宋绍祖墓相关问题的研究 [J]. 文物世界，2007(4):13-15.

[51] 陶春慧. 北魏平城墓葬绘画简述 [J]. 文物世界，2013(2):48-51.

[52] 梁芳. 北朝后期丝绸之路的重要节点——晋阳 [J]. 文物世界，2013(3):20-23.

[53] 胡文英. 朔州水泉梁北齐墓葬壁画病害的初步调查与分析 [J]. 文物世界，2013(1):76-80.

[54] 胡文英，王宝金. 水泉梁墓葬壁画实验块的保护修复 [J]. 文物世界，2014(6):88-91.

[55] 海青. 山西北朝陶俑首服研究 [J]. 文物世界，2015(1):21-27.

[56] 霍宝强. 忻州九原岗北朝壁画巨制 [J]. 文物世界，2015(6):3-6.

[57] 王利霞. 试论大同辽金壁画墓的布局与特点 [J]. 文物世界，2019(6):7-10.

[58] 侯晓刚. 大同市云波里华宇二期壁画墓的年代 [J]. 文物世界，2020(1):12-15.

[59] 韩小囡. 论北朝墓壁画的艺术风格 [J]. 中原文物, 2005(3):54-62.

[60] 徐锦顺. 尔朱荣或尔朱兆?——从《狩猎图》看忻州九原岗北朝壁画墓墓主 [J]. 中原文物, 2015(6):82-86.

[61] 韩茗. 河南焦作嘉禾屯铜器窖藏年代及相关问题 [J]. 中原文物, 2019(2):82-93.

[62] 李熙慧. 王家峰北齐壁画墓入选十大考古新发现 [J]. 今日山西, 2003(3):22-24.

[63] 商彤流. 太原唐墓壁画之"树下老人"[J]. 上海文博论丛, 2006(3):20-23.

[64] 苏铉淑. 东魏武定年间白石半跏思惟像研究 [J]. 考古, 2017(9):94-108.

[65] 刘宁. 记北燕冯素弗墓出土的几件青铜器 [J]. 辽宁省博物馆馆刊: 第三辑, 沈阳: 辽海出版社, 2008.

[66] 李洋. 唐代墓室仕女画的兴盛及原因 [J]. 大众文艺 (理论), 2009(4):97-98.

[67] 何京. 太原北齐徐显秀墓"羽翼兽"试析 [J]. 文物春秋, 2009(2):24-29.

[68] 王毅. 北朝胡俑类型研究 [J]. 文物春秋, 2014(1):14-23.

[69] 宋佳. 试析契丹驼车起源 [J]. 东北史地, 2012(3):37-40+5.

[70] 张慧. 太原地区北齐壁画墓的考古学观察 [J]. 长治学院学报, 2013, 30(1):8-11.

[71] 王江鹏. 魏晋南北朝墓葬图像与佛教图像之关系探析 [J]. 西北美术, 2014(2):88-90.

[72] 郭智勇. 浅析山西朔州水泉梁北齐壁画墓的时代特征 [J]. 沧桑, 2014(3):56-58.

[73] 马旭东, 李斯娜. 近十年北魏墓葬研究综述 [J]. 宜宾学院学报, 2010, 10(2):59-64+67.

[74] 朱浒. 胡貌异征: 魏晋南北朝考古图像中的胡人外貌 [J]. 形象史学研究, 2015(1):57-75.

[75] 孙晓岗. 论河西与高句丽壁画墓的关系 [J]. 艺术探索, 2015, 29(5):37-43+4.

[76] 刘中伟. 从北魏王朝核心区域墓葬看拓跋鲜卑的汉化过程 [J]. 南都学坛, 2015, 35(4):22-27.

[77] 汪小洋. 南北朝帝陵壁画墓的图像体系讨论 [J]. 民族艺术, 2015(4):85-91.

[78] 白曙璋, 张庆捷. 山西忻州九原岗北朝壁画墓的发掘 [J]. 大众考古, 2016(5):28-34.

[79] 宋丙玲. 考古发现所见北朝颈饰研究 [J]. 四川文物, 2016(3):56-64.

[80] 云娜. 北魏墓室画像研究综述 [J]. 内蒙古民族大学学报 (社会科学版), 2016, 42(3):45-53.

[81] 徐锦顺, 邵丹. 从古代墓葬壁画看马嘴的平与尖 [J]. 自然科学博物馆研究, 2016, 1(S2):101-103.

[82] 杨敬凯. 浅析北魏平城时代壁画墓中的文化因素——以大同文瀛路北魏壁画墓为例 [J]. 赤峰学院学报 (汉文哲学社会科学版), 2017, 38(2):16-19.

[83] 李杰. 魏晋南北朝墓室壁画题材配置规制 [J]. 唐都学刊, 2017, 33(3):94-103.

[84] 张国文. 拓跋鲜卑殉牲习俗探讨 [J]. 南方文物, 2017(2):212-218.

[85] 吴天华, 潘星辉. 礼制、巫术与风尚：古代丧葬、祭祀中的女性真容 [J]. 绍兴文理学院学报 (人文社会科学), 2018, 38(1):107-114.

[86] 樊哲昀, 李建英, 刘一萱. 北魏平城时代射艺文化研究——以云冈石窟及北魏平城地区壁画墓为例 [J]. 体育与科学, 2018, 39(5):70-76.

[87] 王飞峰. 忻州九原岗北朝壁画墓门楼图建筑用瓦考略 [J]. 北方文物, 2018(3):46-52.

[88] 孙晨. 北朝粟特人墓葬与中原墓葬对比研究 [J]. 客家文博, 2020(1):47-52.

[89] 员雅丽. 北齐韩祖念墓出土鎏金铜器和金银器的无损检测研究 [J]. 文物保护与考古科学, 2018, 30(2):89-100.

[90] 张峰, 李彦颉. 万影千姿馆内藏——大同市博物馆典藏壁画资料赏析 [J]. 文物天地, 2019(7):32-35.

[91] 张志忠. 大同云波路北魏石椁墓解读 [J]. 收藏家, 2019(9):99-106.

[92] 魏健鹏. 元荣抄经与莫高窟第 249 窟的营建关系探析 [J]. 敦煌学辑刊, 2020(1):124-107.

[93] 员雅丽, 冯钢. 北齐韩祖念墓出土玻璃杯考——兼论魏晋南北朝时期波斯玻璃器之东传 [J]. 华夏考古, 2020(2):98-108.

[94] 韩香. 中西亚印章及艺术的东传 [J]. 西域研究, 2020(2):124-135+172.

[95] 马尔夏克, 毛铭. 突厥人、粟特人与娜娜女神 [J]. 全国新书目, 2016(12):95-95.

[96] 刘波. 佛像的起源 [J]. 中华儿女, 2015(8):96-96.

[97] S.P. 亨廷顿. 文明的冲突 [J]. 张林宏, 译. 国外社会科学, 1993(10):20-25.

[98] 范小鹏. 新绛福胜寺彩塑艺术探析 [J]. 美术大观, 2014(6):68.

[99] 徐光冀，江达煌，朱岩石. 河北磁县湾漳北朝墓 [J]. 考古，1990(7):601-607.

[100] 彼得·弗兰科潘. 丝绸之路——一部全新的世界史 [J]. 邵旭东，译. 全国新书目，2016, 863(11):26-26.

[101] 孙英刚，何平. 犍陀罗文明史 [J]. 读书，2018(4):57.

[102] 牛济普. 格国、佣国考 [J]. 中原文物，2003(4):63-64.

[103] 唐嘉弘，徐难于. 东周时期山西民族融合鸟瞰 [J]. 文史知识，1989(12).

[104] 杨益民，郭怡，谢尧亭，等. 西周佣国墓地绿松石珠微痕的数码显微镜分析 [J]. 文物保护与考古科学，2008, 20(1):46-49.

[105] 马保春. 山西绛县横水西周佣国大墓的相关历史地理问题 [J]. 考古与文物，2007(6):37-43.

[106] 佚名. 大月氏——寻找中亚谜一样的民族 [J]. 博览群书，2017(4):60-60.

[107] 佚名. 论贵霜钱币与汉画像的宗教艺术关联 [J]. 美术观察，2018(1):134-134.

[108] 杰克·斯奈德. 从投票到暴力：民主化和民族主义冲突 [J]. 上海人大月刊，2017(4):57.

[109] 约翰·W. 本内特. 文化人类学 [J]. 王士文，邹儒安，译. 安庆师院学报（社会科学版），1989(4):108-113.

[110] 向筱路. 于阗国名对音补论 [J]. 西域研究，2020（1）：90-95.

[111] 约翰·马歇尔. 犍陀罗佛教艺术 [J]. 许建英，译. 新疆艺术，1999(6):26-35.

[112] 柴泽俊. 山西寺观壁画 [J]. 美术研究，1985(4):72-76.

[113] 罗彪. 世界佛教与佛教世界 [J]. 书画世界，2019(4):94-95.

[114] 伊木. 印度的商人与佛教 [J]. 文史知识，1986(9).

[115] Hugill P-J .The World That Trade Created: Society, Culture, and the World Economy, 1400 to the Present. By Kenneth Pomeranz and Steven Topik. Armonk, N.Y.: M. E. Sharpe, 1999: xvii + 256 . Abbreviated bibliography and index. Cloth, $34.95. ISBN 0-765-60249-0[J]. Business History Review, 2000, 74(3):256-554.

[116] Nonnenmacher T. From Silver to Cocaine: Latin American Commodity Chains and the Building of the World Economy, 1500-2000[J]. Hispanic American Historicalreview, 2007, 85(3):231-233.

[117] Biedermann H , Hulbert H , Bauer M R , et al. Dictionary of

symbolism : cultural icons and the meanings behind them[J]. Meridan, 1994.

[118] Good J . The Year 1000: When Explorers Connected the World – and Globalization Began by Valerie Hansen[J]. Arthuriana, 2020, 30(4):70-72.

[119]Ceteris Paribus: Some Notes on Methodology[J]. Southern Economic Journal, 1958, 24(3):259.

[120] Batmanglij N . The silk road[J]. Vegetarian Times, 2003.

[121] 张庆捷, 赵曙光, 曾昭东 . 从西域到平城——北魏平城的外来文明艺术 [C]// 云冈石窟研究院 .2005 年云冈国际学术研讨会论文集：研究卷 . 北京：文物出版社，2006.

四、会议、辑刊、报纸

[1] 常一民，彭娟英 . 太原地区发现的北齐墓葬 [C]// 山西省考古学会，山西省考古研究所 . 山西省考古学会论文集（四）. 太原：山西人民出版社，2006:238-250+337.

[2] 张庆捷 . 丝绸之路与北朝晋阳 [C]// 中国魏晋南北朝史学会、山西大学 . 中国魏晋南北朝史学会第十届年会暨国际学术研讨会论文集 . 中国魏晋南北朝史学会，山西大学：中国魏晋南北朝史学会，2011:16.

[3] 倪润安 . 北京石景山八角村魏晋墓的年代及墓主问题 [C]// 中国魏晋南北朝史学会、山西大学 . 中国魏晋南北朝史学会第十届年会暨国际学术研讨会论文集 . 中国魏晋南北朝史学会，山西大学：中国魏晋南北朝史学会，2011:15.

[4] 孟苗 . 千年《狩猎图》再现北朝繁华 [N]. 山西日报，2014-01-07(A03).

[5] 葛承雍 . 新发现北朝壁画墓的考古标本意义 [N]. 中国文物报，2014-03-28(5). 山西省政协，山西省政协文史和学习委员会 . 娄叡墓壁画 [M]. 山西省政协文史研究中心 .

[6] 任复兴 . 北朝壁画墓墓主应是元魏骠骑大将军刘贵 [N]. 忻州日报，2017-11-26(1).

[7] 倪润安 . 北魏平城墓葬分期标准探讨 [M]// 中国人民大学北方民族考古研究所，中国人民大学历史学院考古文博系 . 北方民族考古：第 5 辑 . 北京：科学

出版社，2018.

[8] 中国文化遗产研究院，等.文物保护科技专辑Ⅲ：高句丽墓葬壁画原址保护前期调查与研究 [M].北京：文物出版社，2014.

[9] 胡文成，胡文和.从图像学角度探讨成都南朝佛像与犍陀罗，秣菟罗，笈多佛像造型艺术流派的关系 [M]// 成都文物考古研究所.南方民族考古：第八辑.北京：科学出版社，2012.

[10] 郭物.一人双兽母题考 [M]// 余太山.欧亚学刊：第四辑.北京：中华书局，2004.

[11] 陈思源.试论西晋至北朝墓葬中的牛车鞍马组合 [M]// 裴建平.碑林论丛：第23辑.西安：三秦出版社，2018.

[12] 冉万里.汉代以来月宫图像的考古学观察 [M]// 咸阳师范学院，中国秦汉史研究会.秦汉研究：第八辑.西安：陕西人民出版社，2014.

[13] 朱浒.传承与分立：魏晋南北朝墓室壁画中所见胡人形象 [M]// 中国社会科学院历史研究所文化史研究室.形象史学研究（2014）.北京：人民出版社，2014:30-46.

[14] 荣新江.北朝隋唐粟特人之迁徙及其聚落补考 [M]// 余太山，李锦绣.欧亚学刊：第六辑.北京：中华书局，2007.

[15] 陈凌.马镫起源及其在中古时期的传播新论 [M]// 余太山，李锦绣.欧亚学刊：第九辑，北京：中华书局，2009.

[16] 苏铉淑.北齐皇家石窟与睡莲系统莲花纹——北响堂石窟北洞与中洞莲花纹的渊源及其内涵 [M]// 中国古迹遗址保护协会石窟专业委员会，龙门石窟研究院.石窟寺研究：第四辑.文物出版社，2013.

[17] 倪润安.北魏平城地区墓葬文化来源略论 [M]// 文化遗产研究与保护技术教育部重点研究室，西北大学文化遗产与考古学研究中心.西部考古：第五辑.西安：三秦出版社，2011.

[18] 董淑燕.执麈凭几的墓主人图 [M]// 浙江省博物馆.东方博物：第四十辑.杭州：浙江大学出版社，2011:49-59+4.

[19] 文军.晋冀豫墓葬壁画现状调查 [M]// 陕西历史博物馆.陕西历史博物馆馆刊：第21辑.西安：三秦出版社，2014.

[20] 韦正.小横山南朝画像砖墓管窥 [M]// 巫鸿，朱青生，郑岩.古代墓葬美术研究：第3辑.长沙：湖南美术出版社，2015.

[21] 吴桂兵.洞房石室与珉床雕户——关于北朝墓葬与佛教窟龛关联的思考[M]// 巫鸿，朱青生，郑岩.古代墓葬美术研究：第3辑.长沙：湖南美术出版社，2015.

[22] 武光文.北齐徐显秀壁画墓原址保护述论[M]// 中国古迹遗址保护协会石窟专业委员会，龙门石窟研究院.石窟寺研究：第六辑.北京：科学出版社，2016.

[23] 彭善国.3－6世纪中国东北地区出土的釉陶[M]// 教育部人文社会科学重点研究基地，吉林大学边疆考古研究中心.边疆考古研究：第7辑.北京：科学出版社，2008:235-248.

[24] 倪润安.朝阳地区北魏墓葬研究[M]// 教育部人文社会科学重点研究基地，吉林大学边疆考古研究中心，等.边疆考古研究：第22辑，北京：科学出版社，2017:219-239.

[25] 周杨.关中地区十六国墓葬出土坐乐俑的时代与来源——十六国时期墓葬制度重建之管窥[M]// 文化遗产研究与保护技术教育部重点实验室，西北大学丝绸之路文化遗产保护与考古学研究中心，边疆考古与中国文化认同协同创新中心，等.西部考古：第14辑.北京：科学出版社，2017:119-135.

[26] 文军.晋冀豫墓葬壁画现状调查[M]// 陕西历史博物馆.陕西历史博物馆馆刊：第21辑.西安：三秦出版社，2014:233-240.